Damaris Kofmehl · Ritter des Ku-Klux-Klan

Damaris Kofmehl

Ritter des Ku-Klux-Klan

Die Geschichte des Richard C. Harris

SCM Hänssler

SCM

Stiftung Christliche Medien

Dieses Buch basiert auf einer wahren Geschichte. Sie wird aus Dr. Richard C. Harris' Perspektive weitergegeben und muss nicht unbedingt die Ansichten der Autorin oder die Empfindungen von Dritten widerspiegeln. Einige Namen und Details wurden aus Gründen des Persönlichkeitsschutzes geändert.

Dieses Werk einschließlich aller seiner Teile ist urheberrechtlich geschützt. Jede Verwendung außerhalb der engen Grenzen des Urheberrechtsgesetzes ist ohne vorherige schriftliche Einwilligung des Verlages unzulässig und strafbar. Das gilt insbesondere für Vervielfältigungen, Übersetzungen und die Einspeicherung und Verarbeitung in elektronischen Systemen.

© der deutschen Ausgabe 2012
SCM Hänssler im SCM-Verlag GmbH & Co. KG · 71088 Holzgerlingen
Internet: www.scm-haenssler.de; E-Mail: info@scm-haenssler.de

Umschlaggestaltung: agentur krauss, Arne Claußen
Titelbild: shutterstock.com
Satz: Breklumer Print-Service, Breklum
Druck und Bindung: CPI – Ebner & Spiegel, Ulm
Gedruckt in Deutschland
ISBN 978-3-7751-5416-1
Bestell-Nr. 395.416

*Ich widme dieses Buch all denen,
die von der Gesellschaft diskriminiert und ausgegrenzt werden,
sei es wegen ihrer Hautfarbe,
ihrer Herkunft oder ihrer Andersartigkeit.*

Inhaltsverzeichnis

Vorwort von Damaris Kofmehl 9
Prolog 13
  1 Das Ritual 19
  2 Sei ein Mann! Komm zum Klan! 27
  3 Mr KKK 38
  4 Das geheimnisvolle Mädchen 49
  5 Wer ist sie? 59
  6 Eine gewagte Anfrage 67
  7 Das Treffen 76
  8 Käsekuchen und Geschichten 86
  9 Kein Spiel mehr 96
10 Begegnung mit dem Kaiserlichen Hexenmeister 103
11 Ganz oder gar nicht 115
12 Klangeheimsprache 124
13 Falsche Wortwahl 134
14 Die Garage 143
15 Mr Bowe kommt ins Schwitzen 152
16 Psychoterror und Geistergeschichten 162
17 Von Verbündeten und Verhassten 172
18 Ein neues Amt 184
19 Ein vermeintlicher Sieg 194
20 Aufstieg zur Macht 203
21 Unversehrt aus Chicago 213
22 Bomben basteln 224
23 Der Fluch 234
24 Der Anschlag 244

25 Enttarnung	252
26 Ausstieg eines Großdrachen	266
27 Ein letztes Mal	275
28 Big brother is watching you	288
Epilog	298
29 Zusatzinfos	305
KKK und Rechtsextremismus in Europa	305
KKK-Begriffe	306
KKK-Chronik	307
KKK in Deutschland	308

Vorwort von Damaris Kofmehl

Im Jahr 1865, lange vor den Nazis, wurde in den Südstaaten der USA ein rassistischer Geheimbund gegründet: der Ku-Klux-Klan. Ich wusste lange Zeit nicht viel über den Ku-Klux-Klan, den KKK, nur, dass sie weiße Kutten und Kapuzen tragen, Kreuze anzünden und Schwarze ermorden. Und jedes Mal, wenn ich irgendwo ein Bild vom KKK sah, wurde es mir doch etwas unheimlich zumute.

2002 lernte ich meinen Mann kennen – er ist Afroamerikaner und kommt aus den Südstaaten – und nach unserer Hochzeit sagte er etwas, das ich nie vergessen werde: »Schatz, wir könnten niemals in den Südstaaten Amerikas leben.« Als ich ihn fragte, wieso, sagte er: »Ein gemischtes Ehepaar wie wir? Die Leute würden uns dafür umbringen. Sind dir auf der Durchreise die vielen Südstaatenflaggen aufgefallen, die an den Häusern hängen? Wer eine solche Flagge aufhängt, ist entweder beim Ku-Klux-Klan oder vertritt dessen Ideologie.«

Der Ku-Klux-Klan ist noch immer aktiv? In der heutigen modernen Welt? Ich war schockiert. Und gleichzeitig wollte ich mehr darüber erfahren. Ich begann, mich intensiver mit dem Thema Rassismus und Ku-Klux-Klan auseinanderzusetzen, und der Wunsch wurde immer größer, eines Tages ein Buch darüber zu schreiben. Aber nicht irgendein Sachbuch. Ich wollte die Geschichte eines echten Mitgliedes des Klans. Ich wollte wissen, was einen Menschen dazu bewegt, einer rassistischen Organisation wie dem Ku-Klux-Klan beizutreten, wie das Leben eines Klansmannes tatsächlich aussieht und ob es möglich ist, da auch wieder rauszukommen. Ich wollte keine Legenden, sondern die Wirklichkeit, die Geschichte eines Insiders.

Mehrere Jahre stöberte ich im Internet, bis es mir endlich gelang, zu einem ehemaligen Führer des Ku-Klux-Klan Kontakt aufzunehmen. Und nachdem dieser mich von vorne bis hinten durchleuchtet hatte, um sicherzugehen, dass ich nicht beauftragt worden war, ihn umzubringen, erklärte er sich bereit, mir seine Geschichte zu erzählen.

Hier ist sie also, die unglaubliche Geschichte von Dr. Richard C. Harris, dem Mann, der in den späten 70er-Jahren als »Großdrache« den größten Ku-Klux-Klan des Mittleren Westens Amerikas anführte. Mich hat die Geschichte gefesselt. Und ich hoffe, Ihnen wird es genauso ergehen.

Damaris Kofmehl

*»Ich habe einen Traum,
dass meine vier kleinen Kinder
eines Tages in einer Nation leben werden,
in der man sie nicht nach ihrer Hautfarbe,
sondern nach ihrem Charakter beurteilen wird.«*

Martin Luther King

Prolog

In den Siebzigerjahren. Knapp 200 km südöstlich von Chicago, an der South Main Street in Kokomo, Indiana

Ein lauter Schrei. »Dad!«

Pastor Larry, ein junger, leidenschaftlicher Mann Mitte dreißig, sah von der Bibel auf. Seine elfjährige Tochter Hannah kam im Nachthemd ins Arbeitszimmer gestürmt. Das blanke Entsetzen stand ihr ins Gesicht geschrieben. Sie sah aus, als hätte sie einen Geist gesehen.

»Hannah, Liebes, was ist denn los? Müsstest du nicht längst im Bett sein?«

Hannahs Lippen bebten. Mit zitternden Fingern deutete sie zum Fenster. Es war bereits tiefste Nacht. Doch draußen in der Dunkelheit leuchtete etwas hell auf. Etwas Großes. Larry war so in sein Bibelstudium vertieft gewesen, dass er es gar nicht bemerkt hatte. Erst jetzt sah er das Flackern in der Fensterscheibe und hörte das unverkennbare Knistern. Hatte etwa ein Haus in der Nachbarschaft Feuer gefangen?

»Du lieber Gott«, murmelte der Pastor. Er griff nach seiner Brille neben den Predigtnotizen, sprang aus dem Drehsessel und eilte zum Fenster, um zu sehen, was da los war. Und da traf ihn beinahe der Schlag.

Es war kein Haus, das brannte. Es war ein Kreuz! Ein brennendes Holzkreuz!

Es war mindestens vier Meter hoch, stand mitten in seinem Vorgarten und brannte lichterloh.

Für ein paar Sekunden stand Larry da wie angegossen. Ein Schauer lief ihm den Rücken hinunter.

»Der Ku-Klux-Klan ...«, hauchte er tonlos.

Hannah kuschelte sich ängstlich an ihren Vater und wimmerte leise.

»Werden sie uns jetzt töten?«

Larry schluckte. »Geh, weck deine Mom auf. Schnell!«

Hannah rannte davon, und Larry hechtete zurück zum Schreibtisch. Er griff nach dem Telefon, um die Feuerwehr anzurufen. Doch die Leitung war tot.

»Das darf doch nicht ...« Das Knistern und Knacken von draußen klang immer bedrohlicher. Larry schielte besorgt zum Fenster hinüber. Die hohen Flammen spiegelten sich im Glas. Fehlte nur noch, dass die Funken des brennenden Kreuzes auf das Haus übersprangen.

»Komm schon, komm schon!«

Nervös hackte der Pastor mit dem linken Zeigefinger auf der Gabel herum, den Telefonhörer am rechten Ohr, um endlich das erlösende Freisprechzeichen zu erhalten. Erfolglos. Der Summton blieb aus. Die Leitung war tot, aus welchem Grund auch immer. Larry warf den Hörer auf die Gabel zurück und ging hinüber zur Kommode, auf der sein CB-Funkgerät stand. Wenn das Telefon schon nicht funktionierte, dann wenigstens seine Funkstation. Doch schon beim Einschalten merkte er, dass auch hier etwas nicht stimmte. Kein Rauschen, kein Pfeifen war zu hören. So sehr er auch an den Knöpfen herumdrehte, die Anlage blieb genauso stumm wie das Telefon; gerade so, als hätte sich jemand absichtlich daran zu schaffen gemacht, auch wenn das eigentlich nicht möglich war. Oder etwa doch?

»Larry?! Um Gottes willen!« Seine Frau Caroline stand in der Tür, im Morgenmantel, das Haar zerzaust, der Blick verstört. Hannah klammerte sich an ihren Rockzipfel und weinte.

»Hast du die Feuerwehr schon gerufen?«

Larry schüttelte den Kopf. »Geht nicht! Die Leitungen sind tot!«

»Was?!«

»Lauf hinüber zu den Nachbarn! Ich will sehen, ob ich das Feuer selbst löschen kann!«

»Larry, das ist zu gefährlich! Hast du gesehen, wie groß das Kreuz ist?«

»Ich weiß selbst, wie groß das Kreuz ist! Jetzt geh schon! Geh!«

»Na gut«, nickte Caroline hastig und knöpfte ihren Morgenmantel zu. »Hannah, du kommst mit mir!«

Doch Hannah rührte sich nicht von der Stelle. Sie schluchzte. »Ich hab Angst, Mom! Ich will nicht sterben!«

»Hey«, sagte die Mutter, so einfühlsam es ihr in der Hektik möglich war, »niemand wird hier sterben, hörst du? Es ist nur ein brennendes Kreuz. Nichts weiter. Wir gehen jetzt zu den Nachbarn und rufen die Feuerwehr, okay?«

Aber Hannah versteifte ihren Körper und weigerte sich, auch nur einen Schritt zu tun. »Sie werden uns alle erhängen!«, rief sie mit quiekender Stimme. »Genau wie damals die Ratte in meinem Spind!«

Caroline und Larry tauschten ein paar vielsagende Blicke. Nur zu gut erinnerten sie sich an den Vorfall. Hannah war tränenüberströmt von der Schule nach Hause gekommen und hatte erzählt, sie hätte in ihrem Spind eine tote Ratte gefunden, die von einem Galgenstrick baumelte. Und daneben klebte eine Visitenkarte des Ku-Klux-Klan. Das Ereignis hatte Hannah derart traumatisiert, dass sie sich tagelang nicht mehr in die Schule getraut hatte. Woher der Klan wusste, welche Schule sie besuchte und welches ihr Garderobenschrank war, blieb ein Mysterium, genauso wie das Motiv. Larry konnte sich keinen Reim darauf machen, warum der Ku-Klux-Klan es ausgerechnet auf seine Familie abgesehen hatte. Sie waren keine Bürgerrechtler, keine Schwarzen, keine Juden, keine Mexikaner und auch keine Katholiken. Sie waren protestantische, weiße amerikanische Staatsbürger. Und dennoch lagen seit gut einem halben Jahr ständig irgendwelche Hass- und Drohbotschaften in ihrem Briefkasten. Hannah hatte Angst, in die Schule zu gehen. Caroline hatte Angst, den Briefkasten zu öffnen. Und Larry hatte Angst vor dem, was als Nächstes kommen würde. Es war der reinste Albtraum.

Draußen waren aufgeregte Stimmen zu hören. Wahrscheinlich hatte das brennende Kreuz in der Zwischenzeit die halbe Nachbarschaft auf die Straße gelockt.

»Hannah!«, sagte Larry und sah seine Tochter streng an. »Du gehst jetzt mit deiner Mom!«

»Aber Dad!«

»Jetzt sofort!«

»Komm!«, sagte Caroline. Die Elfjährige zitterte noch immer am ganzen Leib, aber ihre Mutter packte sie an der Hand und zog sie mit sich fort. Während die beiden eilends das Haus verließen, stürmte Larry hinunter in die Küche, stellte einen Plastikeimer in die Spüle und drehte den Wasserhahn auf. Als der Behälter voll war, spurtete er damit nach draußen und schleuderte das Wasser gegen das Kreuz. Aber es verdunstete wie Tropfen auf einem heißen Stein, und die Flammen bleckten eifrig weiter. Es hatte keinen Sinn. Das Kreuz war zu groß. Die Feuerwehr musste her, und zwar schnell.

Larry schaute sich um. Immer mehr Schaulustige versammelten sich auf der Straße. Kopfschüttelnd standen sie da. Schockiert. Verständnislos. Beunruhigt. Einige tuschelten miteinander. Larry konnte ihre Blicke nicht deuten und er wollte es auch gar nicht. Er starrte an dem riesigen flammenden Kreuz empor, das Furcht einflößend mitten in seinem Vorgarten stand, fest verankert in einem eigens dafür geschaufelten Loch. Nie hätte Larry gedacht, dass das Symbol seines Glaubens sich von einem Moment auf den andern in ein Symbol des Grauens verwandeln könnte. Doch das war soeben geschehen und es machte ihm Angst.

Larry hörte die quietschenden Reifen eines Autos unmittelbar vor seinem Gartenzaun. Er sah auf und erkannte den Wagen sofort. Er gehörte seinem ersten Diakon, der nur ein paar Straßen weiter auf dem Gelände der evangelisch-methodistischen Kirche wohnte.

»Brad?«, stellte Larry verwundert fest und trabte zum Gartentor. Die Nachricht des brennenden Kreuzes schien sich rasend schnell verbreitet zu haben. Der Diakon stieg aus. Mit weit aufgerissenen Augen kam er Larry entgegen, so, als wäre der Teufel persönlich hinter ihm her.

»Großer Gott«, stammelte er mit einem Blick auf das brennende Kreuz und wandte sich dann Pastor Larry zu. »Was geht hier nur vor?«

»Das fragen wir uns alle, Brad. Danke, dass du gekommen bist.«

»Deswegen bin ich nicht hier«, sagte der Diakon atemlos. »Ich hab versucht, Sie zu erreichen, Reverend. Aber es ist niemand rangegangen.«

»Ich weiß, jemand hat die Leitung gekappt«, erklärte Larry schnell. »Was ist los?«

»Die Kirche«, sagte Brad aufgeregt. »Sie müssen mitkommen, Reverend. Jetzt gleich!«

»Brad, ich kann hier nicht weg!«

»Sie müssen aber!«

»Du siehst doch, dass hier die Hölle los ist!«

»Vor der Kirche auch!«, rief der Diakon bestimmt. »Die ... die haben auch eins vor der Kirche angezündet, Reverend! Es lehnt direkt am Haupteingang und steckt bald die ganze Kirche in Brand!«

»Was?!« Larry spürte, wie seine Knie weich wurden. »Das darf doch nicht wahr sein! ... Caroline!« Er winkte seine Frau zu sich, die gerade mit Hannah aus dem Haus der Nachbarn kam. Sie trafen sich auf dem frisch gemähten Rasen zwischen den beiden Häusern. Larry sah sie eindringlich an.

»Caroline, Brad sagt, die haben auch eins vor der Kirche angezündet!«

»Um Gottes willen«, flüsterte Caroline und hielt sich bestürzt die Hand vor den Mund. Sie schwankte. Ein brennendes Kreuz war schon schwer zu verdauen. Aber gleich zwei?

»Warum tun die das?«, flüsterte sie kraftlos. Larry gab ihr keine Antwort. Er hatte keine. Er zog seine Frau zu sich hin und schloss sie tröstend in die Arme. Mit der rechten Hand tastete er nach seiner Tochter und hielt sie ebenfalls fest. Ein paar Sekunden lang stand die Familie eng umschlungen da. Hannah zitterte noch immer am ganzen Leib. Caroline standen die Tränen in den Augen. Erst all die Hassbriefe. Dann die gelynchte Ratte in Hannahs Spind, und jetzt die beiden Kreuze. Es war einfach zu viel.

»Reverend Jones?«, fragte der Diakon.

Larry löste sich aus der Umarmung und nickte. Er kämpfte mit seinen Gefühlen, doch er versuchte, für seine Frau und seine Tochter stark zu sein. Wenigstens einer musste jetzt einen kühlen Kopf bewahren.

»Hör zu«, sagte Larry, Caroline zugewandt. »Du bleibst mit Hannah hier. Ich fahr kurz mit Brad rüber zur Kirche und seh mir das an.«

»Bitte geh nicht, Dad!«, flehte ihn Hannah mit tränenerstickter Stimme an und krallte sich an sein Hosenbein. »Bitte geh nicht!«

Larry bückte sich zu ihr hinunter und wischte ihr eine blonde Haarsträhne aus dem blassen Gesicht. »Hey, ich bin gleich zurück. Du passt hier solange auf Mom auf, okay?«

»Dad!«, schluchzte sie. Und dann platzte es einfach aus ihr heraus. »Ich will weg hier! Ich will hier nicht mehr länger wohnen, Dad! Bitte lass uns von hier wegziehen! Bitte, Dad ... bitte!«

Die Verzweiflung in ihren Augen brach Larry schier das Herz. Er drückte seiner Tochter einen Kuss auf die Stirn. »Wir werden eine Lösung finden, Hannah«, sagte er leise, »das versprech ich dir.«

»Kommen Sie, Reverend! Kommen Sie!«, drängte Brad.

Larry strich Hannah sanft über den Kopf, küsste seine Frau und ging los. Brad rannte voraus, und Larry folgte ihm. Sie stiegen ins Auto, der Diakon warf das Steuer herum und raste zur Kirche, die nur ein paar Häuserblocks entfernt war. Sie trafen fast gleichzeitig mit der Feuerwehr ein. Larry riss die Beifahrertür auf, noch bevor Brad den Wagen richtig gestoppt hatte, und bahnte sich zwischen den Schaulustigen einen Weg zur Kirche. Das brennende Kreuz war nicht zu übersehen. Es lehnte schräg am Vordereingang und hatte die schwere Holztür bereits angesengt. Auch wenn das Feuer rechtzeitig gelöscht werden würde, die Brandspuren des Kreuzes würden bleiben und damit auch die unmissverständliche Botschaft des Ku-Klux-Klan: »Legt euch bloß nicht mit uns an!«

Ein tiefer Schmerz ging durch die Seele des jungen Predigers. Er sank in die Knie, ließ seinen Kopf in den Nacken fallen und blickte mit feuchten Augen nach oben.

»Wann nimmt das endlich ein Ende?«, schrie er lautlos in den erleuchteten Nachthimmel hinauf. »Wann ist es endlich genug, o Herr?«

Doch der Herr antwortete ihm nicht.

1 Das Ritual

Sechs Jahre nach der Ermordung Martin Luther Kings, ebenfalls in Kokomo, Indiana

Mit verbundenen Augen saß ich neben meinem Mentor Jake auf dem Rücksitz des Wagens. Wir waren noch nicht losgefahren. Mir war speiübel. Das Blut rauschte in meinem Kopf.
»Nervös?«, fragte mich Jake.
»Nicht wirklich«, log ich, dabei hatte ich das Gefühl, als müsste ich mich jeden Moment übergeben.
»Das sagen alle«, hörte ich Jakes unbeeindruckte, fast kalte Stimme neben mir. »Dabei macht sich jeder fast in die Hosen vor Angst. War bei mir genauso. Aber keine Sorge, Richard: Du stehst das schon durch.«
Er klopfte mir aufmunternd auf die Schulter. Doch beruhigen konnte er mich damit nicht. Ich war viel zu aufgeregt. Und ich hatte Angst. Und Zweifel. Und das grausame Empfinden, den größten Fehler meines jungen Lebens zu begehen.
Was zum Geier tust du hier eigentlich? Das ist eine Nummer zu groß für dich, Richie. Du bist ein gewöhnlicher Teenager, kein Terrorist. Wenn dein Vater wüsste, was du treibst, würde er dir den Hals umdrehen! – Noch gehörst du nicht dazu. Noch bist du keiner von ihnen. Noch hast du die Chance, das Ganze abzublasen, ihnen zu sagen, dass du es dir anders überlegt hast. Du musst das nicht tun! Niemand zwingt dich dazu! Nimm die Augenbinde ab und steig aus dem Wagen! Steig aus, bevor es zu spät ist!
Doch anstatt Reißaus zu nehmen, saß ich nur steif da, als hätte mich jemand auf dem Rücksitz festgenagelt, und etwas in mir drin flüsterte mir zu, dass ich genau das Richtige tat.
Ist es nicht das, was du schon immer gewollt hast? Ein Mitglied des berühmten Ku-Klux-Klan zu werden? War das nicht immer dein Wunsch?

Ich hörte, wie Don den Zündschlüssel drehte. Das Auto setzte sich in Bewegung – jetzt gab es kein Zurück mehr.

Die Fahrt ins Ungewisse begann. Ich versuchte mich anhand der Kurven und Abzweigungen zu orientieren. Mal dachte ich, wir wären bei meiner Highschool, dann wieder kam es mir so vor, als würden wir an Vaters Autohaus oder unserer Villa vorbeifahren. Kreuz und quer fuhren wir durch die nächtlichen Straßen Kokomos, bis ich nicht mehr wusste, ob wir noch im südlichen, vorwiegend von Weißen besiedelten Teil Kokomos waren oder irgendwo in einem Negerviertel im Norden der Stadt. Irgendwann fuhren wir eine kleine Rampe hoch und ich hörte das surrende Geräusch einer elektrischen Garagentür. Wir rollten in die Garage, und nachdem sich das Tor wieder hinter uns geschlossen hatte, nahm Jake mir die Augenbinde ab.

»Warte hier«, sagte er.

Er und Don verschwanden durch eine Tür. Ich sah mich um und überlegte, wem wohl das Haus gehörte, in das sie mich gebracht hatten. Nach einer Minute kam Don zurück. Er führte mich durch dieselbe Tür in einen Kellerraum, in welchem ich von zwei Männern in weißen Satinkutten und nach oben zugespitzten Kapuzen erwartet wurde. Sie sagten kein Wort und rührten sich nicht von der Stelle. Wie zwei gewaltige Wächter aus einer anderen Welt, die Hände vor dem Bauch zusammengelegt, standen sie vor mir und schauten durch die schwarzen Löcher ihrer Masken auf mich herab. Sie wirkten edel und Furcht einflößend zugleich. Mich fröstelte bei ihrem Anblick. Was auch immer auf mich zukam, ich würde besser den Mund halten und alles tun, was sie von mir verlangten.

Don ging in die Garage zurück und ich hörte, wie die Garagentür auf- und wieder zuging und Don mit dem Wagen davonfuhr.

Vermutlich, um Platz für den nächsten Kandidaten zu machen, dachte ich.

Etwa zehn Minuten verstrichen, ohne dass etwas geschah. Wir starrten uns einfach nur an und warteten. Ich schwieg. Die Kapuzenmänner schwiegen. Das Einzige, was sich ab und zu bewegte, waren ihre kleinen gespenstischen Augen in den dunklen Ausschnitten ihrer weißen Kegelhüte. Dann endlich passierte etwas. Eine zweite Tür, die ins Haus hineinführte, wurde geöffnet und ein Mann in einer schwarzen Robe, mit schwarzer Kapuze und einem weißen Umhang erschien in der Türöffnung.

»Würdiger Fremder«, sprach er mich theatralisch an, wobei mich der Klang seiner Stimme und die geschwollene Sprache sehr an eine Szene aus einem Ritterfilm oder einer Shakespeare-Inszenierung erinnerten. »Seine Exzellenz, der erhabene Zyklop, direkter Repräsentant Seiner Majestät, unseres Kaisers und obersten Hüters des Portals des Unsichtbaren Reiches, hat mich offiziell gebeten, Euch zu unterweisen, dass es die stetige Bereitschaft eines Klansmannes ist, diejenigen zu unterstützen, welche nach noblen Gedanken und Taten streben, und dem Würdigen die helfende Hand auszustrecken.«

Mehrere Minuten dauerte die poetische und schwer verständliche Ansprache, in der es darum ging, welch außergewöhnliche Ehre es war, dass der Klan es überhaupt in Erwägung gezogen hatte, mein Beitrittsgesuch zu beachten. Ich hörte Begriffe wie Licht, Gerechtigkeit und Ehre, Patriotismus, Treue und christliche Vollendung. Dann zog sich der schwarz gekleidete Klansmann zurück und ein Mann in rotem Gewand, roter Kapuze und grünem Umhang trat an seine Stelle. Er forderte mich auf, meine linke Hand auf mein Herz zu legen und die rechte Hand wie zu einem Schwur in die Höhe zu strecken. Dann fragte er mich:

»Ist Eure Motivation, ein Klansmann zu werden, ernst und selbstlos?«

»Ja«, antwortete ich.

»Seid Ihr ein gebürtiger, weißer und ehrenhafter Amerikaner?«

»Ja.«

»Glaubt Ihr an die Grundsätze der christlichen Religion?«

»Ja.«

»Glaubt und strebt Ihr nach der unvergänglichen Erhaltung der weißen Vorherrschaft?«

»Ja.«

»Kann man sich jederzeit auf Euch verlassen?«

»Ja.«

Der Mann drehte sich um und rauschte davon. Kurz darauf wurde die Tür weit geöffnet. Vor mir lag ein Raum, bei dem es sich wahrscheinlich um ein gewöhnliches Wohnzimmer handelte. Doch durch das gedämpfte Licht wirkte er eher wie eine Grotte oder ein Mausoleum. Bestimmt drei Dutzend Klansmänner in verschiedenfarbigen Gewändern und zugespitzten Kapuzen hatten sich darin versammelt. Sie standen in einem Kreis, Furcht einflößend wie Geister und stramm und stumm wie Soldatenfiguren aus einer frühchinesischen Grabanlage. In der Mitte des Kreises befand sich eine Art Podest, auf dem ein Altar aufgebaut war. Und hinter dem Altar stand ein erhabener, weiß gewandeter Mann mit weißer Kapuze und rotem Umhang. Er hatte eine gleichsam mystische wie machtvolle Ausstrahlung.

Plötzlich hörte ich aus der Dunkelheit ein leises Pfeifen und gleich darauf eine laute Stimme, die verkündete:

»Eure Exzellenz! Ich höre ein Zeichen aus der fremden Welt!«

»Meine Schrecken und Klansmänner, einer und alle«, sagte daraufhin der Mann hinter dem Altar, »rüstet euch!«

Ich kannte die Stimme der Exzellenz. Es war eindeutig die von Jake! Augenblicklich wurde das bereits schwache Licht auf ein Minimum reduziert. Es war jetzt fast ganz dunkel in dem Raum. Die Kapuzenmänner verschwommen zu schwarzen Schatten. Ein Klansmann in rotem Gewand, rotem Spitzhut und grünem Umhang – seiner Stimme nach derselbe Mann, der mich vor ein paar Minuten befragt hatte – löste sich aus der Gruppe und sagte, mir zugewandt:

»Sir, das Tor des Unsichtbaren Reiches ist für Euch geöffnet worden. Eure aufrichtigen Gebete wurden erhört. Ihr habt Gnade gefunden in den Augen des erhabenen Zyklopen und der Versammlung seiner Klansmänner. Folgt mir und seid bedacht!«

Ich wurde durch die Mitte des Raumes zum Altar geleitet. Mir wurde es immer mulmiger zumute. Ich wagte weder nach rechts noch nach links zu schauen, nur stur geradeaus. Mit weichen Knien blieb ich vor der Plattform stehen und blickte zu dem imposanten Kapuzenmann vor mir hoch. Dass sich Jake unter dem weißen Kostüm befand, war nur schwer vorstellbar. Jake war nicht besonders groß. Doch mit seiner um zwei Stufen erhöhten Position und der zugespitzten Kegelkapuze auf dem Kopf kam er mir auf einmal riesig vor. Ich fühlte mich klein und hilflos, nicht wie ein Konfirmand vor seinem Pastor, sondern wie ein zum Tode Verurteilter vor seinem Henker.

Was tust du nur?, dachte ich die ganze Zeit, während mein Puls immer schneller wurde und die Hitze sich in meinem Körper staute. *Was zum Teufel tust du nur?!*

Mein Blick wanderte zum Altar. Er war geschmückt mit einer amerikanischen Flagge und einer Südstaatenflagge (die bekannte Kriegsflagge mit den 13 weißen Sternen auf einem blauen Kreuz mit rotem Hintergrund, welche für den Klan die Vorherrschaft der weißen Rasse symbolisiert). Verschiedene Gegenstände waren auf dem Altar ausgebreitet: ein Schwert, eine offene Bibel und ein paar silberne Schalen.

Aber der mit Abstand eindrücklichste Gegenstand war das Kreuz. Es war so groß wie ein Schwert, stand aufrecht auf dem Opfertisch und brannte lichterloh. Im ersten Moment wunderte ich mich, warum es mir nicht sofort ins Auge gestochen war, als ich den Raum betreten hatte.

Aber im Verlauf der Zeremonie merkte ich, dass die Flammen sich regulieren ließen. Das Feuer wurde offenbar mit Gas gespeist wie bei einem Herd, und je nach gewünschter Atmosphäre drehte jemand die Flammen höher oder niedriger.

Manchmal dröhnte Jakes Stimme gewaltig und Furcht einflößend durch den Raum, und die Flammen loderten dabei gefährlich in alle Richtungen. Dann wieder senkte Jake seine Stimme zu einem raunenden Flüstern, und das Kreuz glomm nur noch schwach.

Seine liturgischen Worte und das flackernde Kreuz versetzten mich in eine Art Trancezustand. Ich hatte alle Mühe, mich zu konzentrieren. Der Schweiß trat mir aus allen Poren. Taumelnd starrte ich in die züngelnden Flammen, während endlose Reden in schwulstiger Sprache auf mich herabrieselten, um mir den Treueschwur zu erklären, den ich im Begriff war zu leisten.

Ist dir überhaupt klar, was dieser Eid bedeutet? Du gelobst dem Klan und dem Kaiserlichen Hexenmeister bedingungslose Treue! Du schwörst absolute Verschwiegenheit und dass du lieber sterben würdest, als geheime Informationen preiszugeben! Du bist gerade mal sechzehn! Das ist doch Wahnsinn!

»Gott, gib uns Männer!«, hallte es über meinem Kopf hinweg. »Männer mit starkem Verstand und einem Willen. Männer mit einem wahrhaften Glauben und bereitwilligen Händen. Männer, die Ehre haben und Charakter. Männer, die nicht lügen. Männer, die vor einem Politiker stehen können und ihn ohne Augenzwinkern für seine betrügerischen Schmeicheleien verdammen können. Dann wird das Unrecht beseitigt und das Recht wird die Welt regieren. Gott gib uns Männer!«

Bei diesen Worten durchflutete es mich plötzlich wie ein heißer Strom.

Du bist der Mann!, hörte ich eine Stimme in mir flüstern. *Es ist deine Bestimmung, dem Klan beizutreten! Es ist kein Wahnsinn, was du hier tust! Es ist deine Bestimmung, Richard! Deine Bestimmung!*

Ich wusste nicht, woher die Gedanken in meinem Kopf kamen. Ich glaubte nicht wirklich an so etwas wie Schicksal. Ich hatte mich selbst dafür entschieden, diesen Schritt zu wagen, aus freiem Willen. Es konnte also keine Bestimmung sein, dass ich hier war. Oder etwa doch?

Jake blickte durch die runden Löcher seiner weißen Maske auf mich herab. »Sir, wollt Ihr in Eurem täglichen Leben als Klansmann ernsthaft bestrebt sein, eine Antwort auf dieses Gebet zu sein?«

»Ja!«, hörte ich mich mit geschwellter Brust antworten.

»Es gibt keinen stärker bindenden Eid, den ein sterblicher Mensch ablegen könnte«, mahnte mich Jake. Seine Stimme klang bedrohlich und andachtsvoll zugleich. »Nur Charakter und Mut werden Euch befähigen, ihn zu halten. Erinnert Euch immer daran, dass die Erfüllung dieses Schwurs Ehre, Glück und Leben bedeuten. Aber ihn zu brechen bedeutet Schande, Unehre und Tod!«

O Gott, du bist verloren!, dachte ich.

»Kniet nieder!«

Im selben Moment drückten mich zwei starke Hände von hinten auf den Boden, und mehrere Männer – es klang wie ein Quartett – begannen leise eine Hymne zu singen:

»Zu dir, o Gott, ich rufe zu dir – treu zu meinem Eid, oh, hilf mir zu sein! Ich habe meine Liebe, mein Blut, mein Alles versprochen; oh, gib mir Gnade, damit ich nicht falle.«

Ein Klansmann in weißer Robe trat von der Seite hinzu. Auf seinen ausgestreckten Händen lag ein Messer. Von der anderen Seite kam ein Klansmann in schwarzer Kutte. Er nahm das Messer, trat zum Altar und wärmte die Klinge an dem flammenden Kreuz. Mir war gar nicht mehr wohl in meiner Haut.

»O Gott!«, betete Jake laut. »Wir flehen dich an, ihn mit der Fülle deines Geistes zu segnen. Hilf ihm, den heiligen Schwur unseres edlen Anliegens zu halten, zur Ehre deines großen Namens. Amen!«

»Amen!«, antworteten alle im Chor.

Feierlichkeit lag in der Luft. Die ganze Atmosphäre triefte geradezu vor Mystik und Magie. Das Ritual näherte sich eindeutig seinem Höhepunkt. Zwei Männer traten aus der Masse heraus und packten meinen rechten Arm. Der schwarz gekleidete Klansmann näherte sich mir ohne Eile mit dem Messer, setzte die scharfe Klinge unterhalb meines Handballens an und zog das Messer quer über mein Handgelenk. Ein kurzer, stechender Schmerz ging durch meinen Körper. Rasch begann die Schnittwunde zu bluten. Der Mann drehte meine Handfläche nach unten und führte sie über eine der silbernen Schalen, die er vom Altar genommen hatte. Ich sah, wie mein Blut hineintropfte. Mir wurde auf einmal ein wenig schwindlig.

Nachdem der gesamte Boden der Schale mit meinem Blut bedeckt war, brachten die Männer, die bislang meinen Arm gehalten hatten, Gazen und weiße Bandagen und verbanden die Wunde. Jake legte die Urkunde mit dem geschriebenen Treueschwur auf den Altar und reichte mir einen Federkiel.

»Unterzeichne!«, befahl er mir.

Mit zittriger Hand tauchte ich die Federspitze in mein eigenes Blut und unterzeichnete. Dann trat ich einen Schritt zurück und der

Mann mit dem schwarzen Gewand nahm das Dokument und hielt es so lange gegen das flammende Kreuz, bis es vollständig verbrannt und zu Asche zerfallen war.

Es war vollbracht. Und ich konnte noch immer nicht ganz fassen, dass ich es wirklich getan hatte: Ich war dem Ku-Klux-Klan beigetreten!

2 Sei ein Mann! Komm zum Klan!

Ich erinnere mich noch sehr genau an jenen Abend, als ich zum allerersten Mal offiziell mit dem Ku-Klux-Klan in Berührung kam. Es war ein Dienstagabend im August 1969, ich war elf. Ich lag auf meinem Bett und las in einem Science-Fiction-Roman, als mein siebzehnjähriger Bruder Steve in mein Zimmer kam und sagte:

»Richi, komm mit, ich muss dir was zeigen.«

Ich sah von meinem Buch auf und brauchte erst ein paar Sekunden, um von der dramatischen Schlacht der Moniten gegen die finsteren Kreaturen des Planeten Auron zurück auf die Erde zu kommen. Ich betrachtete Steve durch meine Brille, die einen breiten schwarzen Rand und Gläser so dick wie Flaschenböden hatte. »Tschuldigung, was hast du gesagt?«

Steve grinste verheißungsvoll. »Ich sagte, ich muss dir was zeigen, Brüderchen. Etwas, das dein Buch bei *Weitem* in den Schatten stellt.«

Damit hatte er mein Interesse definitiv geweckt. »Was ist es denn? Werden wir deswegen Ärger kriegen?«

Mein Bruder lachte. »Bestimmt nicht. Komm!«

Ich klappte das Buch zu und folgte Steve in sein Zimmer. Ein süßlicher Geruch hing in der Luft. Ich dachte, es wäre Zigarettenrauch. Steve schloss die Tür hinter sich zu, was die ganze Sache noch geheimnisvoller machte. Wir setzten uns auf sein Bett. Ich platzte schier vor Neugier.

»Rate mal, wem ich heute begegnet bin«, sagte mein Bruder.

»Keine Ahnung, wem denn?«

Steve zog seine Brieftasche aus der hinteren Hosentasche und klaubte eine Postkarte hervor. »Weißt du, was das ist?«, fragte er mich und reichte mir die Karte.

Ich drehte sie zwischen den Fingern, und mein Herz begann auf einmal höher zu schlagen: »Ritter des Ku-Klux-Klan« stand auf der Vorderseite geschrieben. Auf der Rückseite war ein Mann in weißer Kutte und konischer Kapuze abgebildet. Er saß auf einem sich aufbäumenden Pferd, das wie die Pferde in Ritterfilmen einen Überwurf trug, der alles außer den Beinen, dem Schwanz und den Augen des Tieres bedeckte. Seitlich an dem weißen Überwurf war das Emblem eines Kreuzes aufgedruckt. Dasselbe Emblem trug der Mann auf seiner Brust. Außerdem hielt er ein brennendes Kreuz in Händen, das er wie ein Schwert in die Luft hielt. Die Schwarz-Weiß-Abbildung wirkte so dynamisch, dass ich beinahe das Wiehern des Pferdes und den Siegesschrei seines Reiters hören konnte. Und darunter stand mit großen schwarzen Buchstaben geschrieben: »Be a man, join the Klan!« Sei ein Mann, komm zum Klan!

Eine Karte des Ku-Klux-Klan!, dachte ich. *Wie cool ist* das *denn?!*

Ich wusste nicht viel über den Ku-Klux-Klan, außer, dass er in den vergangenen Jahren immer wieder für Schlagzeilen gesorgt hatte. Den weißen Kapuzenmännern wurden verschiedene Bombenanschläge und Morde zur Last gelegt. Seit Beginn der Bürgerrechtsbewegung Ende der 50er-Jahre und den damit verbundenen Rassenunruhen gingen zahlreiche gewaltsame Angriffe gegen Schwarze und Bürgerrechtler auf das Konto des Klans. Manche endeten tödlich. Wo der Klan auftauchte, floss Blut, und das nicht zu wenig. Der KKK war definitiv nichts für kleine Jungs. Doch ich war ja kein kleiner Junge mehr (das war jedenfalls *meine* Meinung!), und als ich diese Karte mit dem weißen Ritter des Ku-Klux-Klan in meinen Händen hielt, geschah etwas Merkwürdiges: Eine wohlige Wärme durchströmte meinen Körper. Ich konnte es mir nicht wirklich erklären. Es war, als ob eine Saite in mir zum Schwingen kam, von der ich bis zu dieser Stunde nicht einmal gewusst hatte. All die Jahre hatte etwas in meinem Innern geschlummert und nur darauf gewartet, zum Leben erweckt zu werden. Der Aufruf schien sich regelrecht aus der Karte herauszulösen. Ich wusste, er galt mir. Mir ganz persönlich.

Sei ein Mann! Komm zum Klan!

Sei ein Mann! Komm zum Klan!

»Na, was denkst du?«, fragte Steve und riss mich aus meiner Gedankenwelt.

»Äh, cool«, sagte ich. »Echt cool. Wer hat dir die Karte gegeben?«

»Ein Klansmann«, sagte Steve und nahm mir die Karte wieder aus der Hand.

»Echt jetzt?«, fragte ich mit großen Augen. »Du bist einem begegnet? Einem *echten* Mitglied des KKK?«

»Ja«, nickte Steve. »Vor dem Supermarkt. Er wollte mich anwerben, schätze ich. Hat irgendwas von White Power und Gottes Gerechtigkeit und Kampf gegen die Aufhebung der Rassentrennung gequasselt und mir die Karte in die Hand gedrückt.«

»Trug er eine Kutte?«

Mein Bruder lachte. »Nein. Er war ganz normal gekleidet. Jeans und ein Hemd. Sah aus wie ein Student oder so.«

»Wow«, murmelte ich fasziniert. »Du bist einem echten Klansmann begegnet. Ich fass es nicht. Abgefahren.«

Ich war beinahe ein wenig neidisch auf meinen Bruder. Schließlich war der Ku-Klux-Klan keine harmlose Pfadfindergruppe, die an Haustüren klingelte und Kekse verkaufte. Es war eine mysteriöse und gefährliche Gruppe, und die Chance, einmal jemanden persönlich kennenzulernen, der dazugehörte, war praktisch gleich null. Aber Steve war einem begegnet, einem echten Klansmann. Das war in meinen Augen der absolute Hammer.

»Darf ich die Karte noch mal sehen?«, fragte ich meinen Bruder.

»Jungs! Essen ist fertig!«, erklang in diesem Moment Mutters Stimme aus dem Erdgeschoss.

»Vielleicht ein andermal«, sagte Steve und steckte die Karte zurück in seine Brieftasche. Doch auch ohne sie noch einmal betrachten zu können, sah ich den Geisterreiter auf der Rückseite noch immer deutlich vor mir. Und die Worte hallten wie ein Schlachtruf in meinem Kopf wider:

Sei ein Mann! Komm zum Klan!

Sei ein Mann! Komm zum Klan!

Steve und ich stürmten die Treppe hinunter ins Wohnzimmer. Meine Mutter brachte gerade eine Schüssel mit dampfenden Spiralnudeln aus der Küche und stellte sie auf den Tisch. Es war für drei Personen gedeckt. Vater war wohl noch bei der Arbeit, und David besuchte bestimmt irgendeinen Abendkurs am College. David war der älteste von uns drei Brüdern. Er war neunzehn Jahre alt und hatte begonnen, Medizin zu studieren. Seitdem er an der Uni war, war er nur noch selten zu Hause, was ich sehr bedauerte. Ich mochte David sehr, ja, ich bewunderte ihn. Er war einer von jenen Menschen, denen einfach alles gelingt, was sie anpacken.

Wenn ich groß bin, will ich einmal genau so werden wie er, dachte ich öfter, auch wenn ich wusste, dass dieser Traum sich nie erfüllen würde. Ich war in jeder Beziehung völlig anders als mein Bruder. David war ein selbstbewusster, attraktiver Bursche, der von allen geliebt wurde. Ich war weder selbstbewusst noch attraktiv noch beliebt. Na ja, meine Eltern liebten mich natürlich schon, aber in der Schule wurde ich andauernd gehänselt. Kein Wunder: Ich war spindeldürr und im Sport eine absolute Niete. Mann, ich hasste den Sportunterricht. Es war jedes Mal eine einzige Tortur. Ich konnte weder Bälle fangen noch schnell laufen oder klettern noch war ich gut in Fußball oder Basketball. Ich war immer der Letzte, der für ein Mannschaftsspiel gewählt wurde. Es ist einfach nur demütigend, wenn einer nach dem andern gewählt wird und du bist der Einzige, der bis zum Schluss übrig bleibt, weil keine Mannschaft dich haben will. Ich war eben der typische Nerd, der Sportbanause, der Streber, der viel zu intelligent für sein Alter war. Und dann trug ich noch diese blöde dicke Brille mit dem schwarzen Rand, die mir den Spitznamen »Vier-Auge« einbrachte, weil die Gläser so dick waren, dass meine Augen riesig aussahen.

Manchmal fragte ich mich, ob etwas mit mir nicht stimmt. Wieso war ich so? Wieso konnte ich nicht sein wie alle andern Jungen in meinem Alter? Wieso hatte ausgerechnet ich alle schlechten Karten gezogen? Wieso musste ausgerechnet ich der Außenseiter sein? Es machte mich wütend. Und es schmerzte. Während die normalen Jungs sich auf dem Pausenplatz prügelten – wie es sich meiner Meinung nach für richtige Jungs gehört –, verkroch ich mich meistens mit einem Fantasy- oder Science-Fiction-Roman in eine einsame Ecke und tauchte in meine eigene Welt ab. Ich stellte mir dann vor, ich wäre der Held der Geschichte, würde gegen Drachen und Bösewichte kämpfen und wäre all das, was ich im wirklichen Leben nicht war: stark, mutig und von allen respektiert.

»Setzt euch«, sagte meine Mutter, während sie bereits damit begann, uns eine gehäufte Portion Nudeln auf die Teller zu laden.

Steve und ich setzten uns. Meine Mutter – sie war eine schlanke Frau mit hochtoupiertem Haar und dezent geschminkten Lippen – sprach ein Tischgebet, und wir machten uns wie hungrige Wölfe über unsere Teller her.

»Meinst du, Dad kommt heute etwas früher nach Hause?«, stellte ich die Frage, die ich fast jeden Abend stellte, obwohl die Antwort eigentlich immer gleich ausfiel.

»Ich glaube nicht«, antwortete meine Mutter und rückte ihre Brille zurecht. »Du weißt doch, er hat viel zu tun.«

»Ja, ich weiß«, nickte ich enttäuscht und zuckte die Achseln. »Hätt ja sein können.«

Mein Vater aß äußerst selten mit der ganzen Familie. Er kam häufig erst spät von der Arbeit nach Hause, manchmal sogar, wenn ich längst im Bett lag. Natürlich hätte ich mir gewünscht, mein Vater würde etwas mehr Zeit für mich haben. Aber ich verstand auch, dass das nicht so leicht für ihn war. Er arbeitete fast rund um die Uhr, tagsüber im Autohaus, das er vor ein paar Jahren gegründet hatte, und abends im familieneigenen Restaurant. Mein Vater war ein einflussreicher und angesehener Geschäftsmann. Man kannte ihn in der ganzen Gegend – nicht nur ihn, sondern eigentlich unsere ganze Familie. Die Harris' waren seit Generationen in der Stadt Kokomo verwurzelt. Es gab sogar eine Straße, die nach uns benannt worden war. Das ganze Gebiet um die »Harris Road« herum hatte einst zum Familienbesitz gehört.

Auch heute noch gehörten uns viele Ländereien. Im Süden des Staates Indiana besaßen wir eine Viehranch und im Norden eine ganze Insel mit dazugehörigem Seehaus, wo wir manchmal die Ferien verbrachten. (Da war mein Vater auch immer dabei; wir gingen zusammen angeln und ich hatte ihn ganz für mich allein!) Außerdem waren wir stolze Besitzer einer Pferderanch und eines Schlosses mit zwanzig Zimmern, der imposanten »Harris-Villa«. Ich hatte mein eigenes Zimmer in der Villa, obwohl wir fast nie dort waren. Wir wohnten in einer etwas bescheideneren Residenz, die aber immer noch sehr großzügig gebaut war. Außerdem hatten wir einen eigenen Gärtner, ein Zimmermädchen und sogar einen eigenen Chauffeur, der mich jeden Morgen zur Schule fuhr.

Für mich war es absolut normal, in einer Limousine vor dem Schultor abgesetzt und nach dem Unterricht wieder in der Limousine nach Hause gefahren zu werden. Mein Vater hatte schon immer eine Schwäche für große, teure Autos gehabt, und als Inhaber eines Autohauses saß er natürlich direkt an der Quelle. Das kleinste Fahrzeug, das wir je besessen hatten, war ein Cadillac, natürlich das neueste Modell, und sobald ein neueres Modell auf den Markt kam, war mein Vater der Erste, der es kaufte. Aber am meisten liebte er Limousinen, weil sie so schön geräumig und komfortabel waren, und die ganze Familie wunderbar Platz darin hatte.

Ja, wir waren Millionäre. Trotzdem wäre es mir nie in den Sinn gekommen, meine Familie als reich zu bezeichnen. Ich war mit dem ganzen Luxus aufgewachsen. Ich kannte nichts anderes. Natürlich wusste ich, dass es auch Menschen gab, die nicht so wohlhabend waren wie wir. Aber erstens war ich noch nie wirklich mit Armut konfrontiert worden und zweitens gab es ja auch noch andere Kinder, die mit Limousinen zur Schule gebracht wurden. Es gab sogar welche, die zu Hause einen Butler hatten! Wir hatten zwar auch Angestellte, aber einen Butler hatten wir nicht. Und das war in meinen Augen der kleine, aber feine Unterschied zwischen einer Familie der oberen Mittelklasse wie der unseren und den *wirklich* Reichen.

»Reichst du mir mal die Bohnen, Richard?«

Ich gab meiner Mutter die Schüssel mit den Bohnen und schöpfte mir Nudeln nach. Plötzlich flog die Eingangstür auf und mein Vater kam hereingeplatzt.

»Dad!«, rief ich hocherfreut. Ich sprang vom Stuhl und rannte meinem Vater entgegen. »Ich hab gewusst, dass du heute früher kommst!«

»Hi, Richard«, sagte mein Vater trocken und lief an mir vorbei ins Wohnzimmer. Er schien es eilig zu haben.

Ich setzte mich auf meinen Platz zurück und plapperte fröhlich drauflos: »Dad, wir haben heute die Matheprüfung zurückgekriegt! Rate mal, wie ich abgeschnitten habe!« Ich strahlte durch meine dicken Brillengläser wie ein Honigkuchenpferd, und als mein Vater nicht reagierte, beantwortete ich die Frage eben selbst. »Ich hab 'ne glatte Eins geschrieben! Dabei hab ich nicht mal auf die Prüfung gelernt. Ist das nicht toll, Dad?«

Mein Vater gab mir keine Antwort. Etwas schien ihn zu belasten. Er begrüßte Steve und meine Mutter flüchtig und kam unverzüglich zur Sache: »Wir haben ein Problem. Die Neger planen, unser Autohaus in die Luft zu jagen.«

Meine Freude über das frühe Nachhausekommen meines Vaters war mit einem Schlag wie weggeblasen. Meine Mutter ließ die Gabel in den Teller fallen. »*Wie* bitte?«

»Ich hab es erst vor Kurzem erfahren. Das FBI war da, um uns zu warnen«, schilderte mein Vater die Situation.

»Das FBI?«, fragte Steve interessiert.

»Ja. Ihnen ist offenbar eine Liste zugespielt worden. Darauf sind mehrere Gebäude und Geschäfte von Weißen vermerkt, auf die die Neger anscheinend in den nächsten Tagen Brandanschläge planen.«

»Um Gottes willen«, murmelte meine Mutter. »Und was willst du dagegen unternehmen, Liebling?«

»Wir sind dabei, die Wagen vom Verkaufsgelände zu holen. Bis heute Abend müssen alle weg sein. Sollten die tatsächlich angreifen und ihre Molotowcocktails auf unsere Autos schleudern, könnt ihr euch ja selbst ausmalen, was passiert. Der erste Tank explodiert, das Feuer springt rüber auf das nächste Auto, und innerhalb von Sekunden fliegt uns das ganze Autohaus in die Luft. So weit darf es nicht kommen.«

»Mein Gott«, flüsterte meine Mutter.

Eine erstickende Stille legte sich über den Raum. Meine Eltern tauschten besorgte Blicke aus. Ich wusste, dass die Lage ernst war. Schon seit Monaten brodelte es auf den Straßen. Und das nicht nur in Kokomo. Es machte den Anschein, als stünde das ganze Land in Flammen, seitdem die Bürgerrechtler darauf plädierten, dass

Schwarze und Weiße gleichgestellt werden sollten. Überall gab es Krawalle und Verwüstungen. Die schlimmsten Rassenunruhen waren 1965 in Watts und 1967 in Detroit gewesen. In Watts hatte es innerhalb von sechs Tagen 34 Tote gegeben. In Detroit waren es sogar 43 Tote gewesen, sowie 1 100 Verletzte, 7 000 Verhaftungen und über 2 000 zerstörte Gebäude. Die Polizei war hoffnungslos überfordert gewesen. Der Präsident der Vereinigten Staaten musste schließlich sogar die Nationalgardisten in die Stadt schicken. Und die brauchten immer noch fünf Tage, um den Aufstand niederzuschlagen. Es waren die zweitbrutalsten Rassenunruhen in der amerikanischen Geschichte gewesen.

Ein Jahr später wurde Martin Luther King ermordet, woraufhin es erneut in Hunderten von Städten zu Ausschreitungen kam. Diesmal war auch Kokomo davon betroffen. Es herrschten beinahe kriegsähnliche Zustände in unserer einst so friedlichen Stadt. Nachts waren Schüsse zu hören, Gebäude wurden in Brand gesteckt, Geschäfte geplündert. Es wurde so schlimm, dass die Staatspolizei von Indiana anrücken musste, um die Ordnung aufrechtzuerhalten. Gott sei Dank war unsere Familie bisher immer von Vandalismus und Brandbombenanschlägen verschont geblieben. Aber wie es aussah, waren diese Zeiten nun vorbei. Die Neger hatten es auf uns abgesehen. Dabei hatten wir ihnen überhaupt nichts getan. Ich verabscheute sie dafür.

»Wir haben begonnen, die Autos in der ganzen Stadt zu verteilen«, berichtete mein Vater. »Ich hab sämtliche Verwandten und Freunde um Hilfe gebeten, damit wir die Wagen in ihren Garagen und Ställen abstellen können, bis die Bedrohung vorüber ist.«

»Und was ist mit den Scheunen?«, fragte meine Mutter besorgt. Unser Autohaus bestand aus mehreren umgebauten Scheunen und Lagerhallen, die sich auf einem Familiengelände im südlichen Stadtteil von Kokomo befanden. »Was ist, wenn sie versuchen, sie niederzubrennen?«

»Daran hab ich auch schon gedacht«, sagte mein Vater. »Es bleibt uns nichts anderes übrig, als nachts Wache zu schieben und das Gelände zu verteidigen, notfalls mit Waffengewalt. Ein paar der Angestellten haben sich freiwillig gemeldet und werden uns dabei helfen. Wir brauchen alle Männer, die wir kriegen können.«

Mein Vater schritt hinüber zu einem Wandschrank und holte zwei Schrotflinten heraus. Mir wurde es auf einmal mulmig zumute. Ich wusste, dass mein Vater Gewehre besaß und auch, wo er sie aufbewahrte. Aber es war meines Wissens das erste Mal, dass er es für nötig hielt, sie zu benutzen. Mein Vater kam zurück zum Esstisch und hielt Steve eines der Gewehre hin.

»Hier. Nimm. Und dann komm. Wir haben keine Zeit zu verlieren.«

Steve grinste unternehmungslustig, schnappte sich die Flinte und erhob sich. Gefährliche Aktionen wie diese waren ganz nach seinem Geschmack. Mutter schien darüber nicht sehr erfreut zu sein. Aber sie sagte nichts.

»Wenn David von der Uni kommt«, sagte mein Vater, »schick ihn gleich ins Geschäft. Je mehr Leute wir sind, desto besser.«

»Was ist mit mir?«, warf ich ungeduldig dazwischen. »Ich könnte mich oben auf den Heuboden stellen und Ausschau halten.«

Mein Bruder unterdrückte ein Prusten, und meine Mutter legte sofort ihr Veto ein: »Kommt überhaupt nicht in Frage! Du bleibst hier, Richard!«

»Aber Mom!«

»Das ist was für Männer, Richie«, sagte Steven und zwinkerte mir provozierend zu. Er wusste genau, wie allergisch ich darauf war, immer nur als der kleine, lästige Bruder abgetan zu werden, der überall im Weg stand.

»Ich bin elf!«, protestierte ich beleidigt und blickte zurück zu meiner Mutter. Aber sie sah mich mit diesem gewissen Blick an, der keine Widerrede duldete.

»Mom, bitte!«, flehte ich sie an und wandte mich Hilfe suchend an meinen Vater. »Dad?«

»Du hast deine Mom gehört«, sagte er knapp und winkte Steve. »Gehen wir.«

Steve stolzierte wie ein Cowboyheld um den Tisch herum und streifte mich im Vorbeigehen absichtlich mit dem Gewehr. Er kam sich unheimlich wichtig vor mit der Schrotflinte, und auch wenn er nichts sagte, hätte ich ihm für sein arrogantes Getue am liebsten den Hals umgedreht.

Mein Vater und mein Bruder verabschiedeten sich von uns und gingen. Ich aß zu Ende und half meiner Mutter, den Tisch abzuräumen. Dann ging ich in mein Zimmer hoch, um mein Buch weiterzulesen. Ich las zwei Seiten, aber so spannend die Schlacht der Sterne auch beschrieben war, sie packte mich nicht mehr. Immerzu musste ich daran denken, dass vielleicht noch in dieser Nacht die Neger unser Geschäft in Brand stecken würden. Und ich konnte nichts tun, um sie daran zu hindern. Es war einfach nicht fair! Keiner traute mir etwas zu! Alle dachten, ich sei ein Schwächling, nur weil ich aussah wie einer. Und das Tragische dabei war: sie hatten recht. Ich war ein Schwächling. Ich war ein Niemand, ein Versager, eine absolute Katastrophe. Warum konnte ich nicht so sein wie die Helden in meinen Büchern? Warum konnte ich nicht mutig und entschlossen sein, ein Gewehr in die Hand nehmen und kämpfen wie ein Mann?

Unwillkürlich musste ich an die Karte denken, die mir mein Bruder vor dem Abendessen gezeigt hatte. Wieder sah ich den maskierten Reiter vor mir, das sich aufbäumende Pferd, das brennende Kreuz.

Wenn ich im Klan wäre, würde mich niemand mehr für ein Weichei halten, dachte ich. *Niemand würde mich mehr wie ein unmündiges Kind behandeln oder blöde Sprüche über mich reißen wegen meiner Brille oder meiner Figur. Wenn ich im Klan wäre, dann wäre alles anders.*

Sei ein Mann! Komm zum Klan!

Ich konnte die Worte fast hören. Sie riefen nach mir wie flüsternde Geisterstimmen aus einer magischen Welt. Sie wollten mir helfen. Sie verstanden mich. Sie wollten meiner Schmach ein Ende bereiten. Sie wollten mir Ansehen verleihen und Respekt. War es nicht das, wonach ich mich sehnte? Wieder ging es wie ein warmer Strom durch mein Herz. Und ich wusste, eines Tages, *eines* Tages würde ich es tun. Ich würde dem Klan beitreten. Und dann würden alle sehen, was für ein Mann in mir steckte.

Die werden sich alle noch wundern, dachte ich und ballte meine Fäuste. *O ja, das werden sie. Ich werd es ihnen zeigen! Meiner Familie, meinen Klassenkameraden – und den Niggern sowieso!*

3 Mr KKK

Mehrere Nächte verbrachten mein Vater und meine Brüder auf dem Gelände unseres Autohauses, die Schrotflinten im Anschlag, um jeden Schwarzen zu vertreiben, der es wagen sollte, sie anzugreifen. Gott sei Dank passierte nichts. Wahrscheinlich war unser Geschäft von der Liste gestrichen worden, nachdem die Attentäter feststellen mussten, dass wir gewarnt worden waren. Es hätte mich brennend interessiert zu erfahren, wer es eigentlich gewesen war, der dem FBI die Liste zugespielt und dadurch unser Autohaus gerettet hatte. Aber wahrscheinlich würde das für immer ein Geheimnis bleiben.

Eines Abends, als mein Vater draußen im Garten saß und die Buchhaltung des Restaurants überprüfte, setzte ich mich zu ihm und stellte ihm eine Frage, die mir seit Tagen auf der Zunge brannte:

»Sag mal, Dad, was genau ist eigentlich der Ku-Klux-Klan?«

Mein Vater klappte einen Ringordner zu und blickte mich etwas verdutzt an.

»Der Ku-Klux-Klan? Warum interessierst du dich für den Ku-Klux-Klan?«

Ich zuckte unschuldig die Achseln. »So halt. Was weißt du darüber?«

»Ich weiß, dass es gewalttätige, rassistische Idioten sind, die glauben, das Gesetz selbst in die Hand nehmen zu müssen.«

»Warst du mal im Klan?«

»Ich?« Mein Vater schüttelte energisch den Kopf. »Um nichts in der Welt würde ich bei so was mitmachen. Ich hab im Zweiten Weltkrieg gegen die Nazis gekämpft. Ich hab genug Rassenhass und Gewalt gesehen, glaub mir.« Er machte eine kurze Pause, als wäre ihm soeben etwas eingefallen. »Aber dein Urgroßvater war dabei.«

Meine Augen begannen zu leuchten. »Mein *Urgroßvater* war im *Klan*? *Ehrlich*?« Vermutlich klang ich ein wenig begeisterter, als ich es eigentlich wollte. Aber mein Vater schien es nicht zu bemerken.

»Ja«, sagte er. »Das war 1920, 1930, um den Dreh rum. Damals war der Klan viel mächtiger als heute. Wer zum Beispiel ein politisches Amt belegen wollte, musste im Klan sein oder er konnte es gleich vergessen. Der Klan gründete sogar eigene Spitäler. Das St.-Josef-Spital, in dem du geboren wurdest, gehörte ursprünglich dem Klan.«

»Echt?«, staunte ich. Ich fand das alles ungemein spannend. *Ich bin in einem Klankrankenhaus zur Welt gekommen!,* dachte ich fasziniert. *Das ist ja ein Ding!*

»Und was ist mit Urgroßvaters Klankostüm?«, bohrte ich weiter. »Haben wir das noch? Das Gewand und die Kapuze?«

»Nein. Irgendjemand hat es wohl fortgeworfen, schätze ich.«

»Schade. Sonst hätte ich es vielleicht an Halloween tragen können.«

»Junge, das wäre keine gute Idee«, sagte mein Vater und sah mich ernst an. »Hör zu, Richard: Ich weiß nicht, woher dein plötzlicher Wissensdurst kommt. Aber der Klan ist eine sehr gewalttätige und sehr gefährliche Organisation. Ich bin weiß Gott kein Niggerfreund. Aber die Gräueltaten des Klans sind mir zuwider. Und das sollten sie dir auch sein. Gewalt ist nie eine Lösung. Merk dir das, mein Junge.« Er bohrte mir seinen Zeigefinger in die Brust, als wolle er sichergehen, dass seine Botschaft bei mir angekommen war. »So«, sagte er. »Und jetzt lass mich arbeiten. Ich hab hier noch eine Menge zu tun.«

»Okay, Dad«, sagte ich mit einem Blick auf die vielen Ordner und Unterlagen.

Ich ging ins Haus und hoch in mein Zimmer, die Worte meines Vaters noch immer im Ohr. Wohl hatte er versucht, mich vor dem Ku-Klux-Klan zu warnen. Aber alles, was er mir darüber erzählt hatte, weckte meine Neugier umso mehr. Immerhin war sogar mein Urgroßvater im Klan gewesen, und ich war in einem Klanskrankenhaus zur Welt gekommen! Es floss also Klansblut in meinen Adern! War es da nicht so etwas wie meine Pflicht, mich intensiver mit dem Thema zu beschäftigen? Egal, wie mein Vater über den Klan dachte, ich war fest entschlossen, mehr über den KKK in Erfahrung zu bringen. Das war ich meinem Urgroßvater schuldig.

Von nun an saugte ich jede Information über den Klan wie ein trockener Schwamm gierig in mich auf. Ich verbrachte Stunden in der Bibliothek und las jedes Buch über den Klan, das mir in die Finger kam. Ich ließ mich von meinen Eltern in die öffentliche Bibliothek fahren, um mir Material zu beschaffen, das es in unserer Schulbibliothek nicht gab. Ich bat meinen Bruder Steven, mir sämtliche Bücher zu besorgen, die er in seiner Highschool-Bibliothek über den Klan finden konnte. Bald war ich ein wandelndes Lexikon, was den Ku-Klux-Klan anbelangte.

Der Ku-Klux-Klan war vor über hundert Jahren, 1865, ein Jahr nach Ende des amerikanischen Bürgerkrieges, gegründet worden. In dem Krieg zwischen den Nord- und den Südstaaten war es vor allem um die Sklavereifrage gegangen. Die Nordstaatler waren *für* die Freilassung aller Sklaven, die Südstaatler strikt *dagegen* gewesen. Der Norden gewann, die Sklaverei wurde abgeschafft, und die Konföderation, also die Südstaaten, hatten ein Einsehen. Zu dieser Zeit taten sich in Pulaski, Tennessee, sechs Kriegsveteranen der Konföderation zusammen und gründeten einen geheimen Club. Sie nannten sich »Ku-Klux-Klan«. Ku-Klux kommt vom griechischen Wort kuklos, was so viel wie Kreis bedeutet.

Anfänglich mehr aus Spaß als aus Ernst ritten die Männer des nachts in wallenden Kostümen und mit verhüllten Häuptern zu schwarzen Familien und verkündeten, sie wären die Geister der im Krieg gefallenen Südstaatler. Weil sich die Schwarzen durch die nächtlichen Geisterreiter offenbar einschüchtern ließen, erhielt der Klan plötzlich Zustrom aus dem gesamten Süden. Die Gewalt eskalierte. Schwarze wurden mitten in der Nacht aus ihren Häusern geschleppt. Sie wurden ausgepeitscht, geteert, gefedert, kastriert oder gehenkt, ihre Schulen und Häuser wurden niedergebrannt. Allein in den ersten zehn Jahren wurden Schätzungen zufolge über 3000 Schwarze vom Klan gelyncht. Die Gruppe wuchs zu einer gefürchteten rassistischen Terrororganisation heran. In den Jahren 1920 bis 1925 zählte der KKK sage und schreibe sechs Millionen Mitglieder. Im Lauf der Zeit richteten sich die Akte des Terrors auch gegen Homosexuelle, Juden, Mexikaner und Mischlinge sowie in den Sechzigerjahren gegen die Bürgerrechtler, die sich um mehr Rechte für die Schwarzen bemühten. Eine Geschichte, die während dieser Zeit für viele Schlagzeilen gesorgt hatte, war die Geschichte der Freedom Rider:

Alles begann damit, dass eine Frau namens Rosa Parks verhaftet wurde, weil sie sich geweigert hatte, in einem Bus für einen Weißen aufzustehen. Das war 1955, als es noch nicht erlaubt war, dass Schwarze und Weiße nebeneinander in einem Bus saßen. Die Geschichte sorgte im ganzen Land für heftigen Wirbel. Unter anderem erregte sie auch das Interesse eines jungen Baptistenpredigers, der erst seit Kurzem in Montgomery lebte: Martin Luther King. Zu dieser Zeit kannte ihn noch niemand. Doch Parks' Verhaftung veranlasste den damals 26-Jährigen dazu, die Bevölkerung von Montgomery zu einem Busboykott aufzurufen mit dem Resultat, dass der Oberste Gerichtshof die Rassentrennung in Bussen, Gaststätten und Wartesälen aufhob.

Obwohl das neue Gesetz nun existierte, wurde es noch lange nicht von allen beachtet – vor allem nicht vom rassenfeindlichen Süden. Und so beschlossen 1961 ein paar weiße und schwarze Bürgerrechtler, mit zwei Bussen in den Süden zu fahren, um auf das Problem des Rassenwahns aufmerksam zu machen und die Regierung zum Handeln zu zwingen. Der Ku-Klux-Klan bekam Wind von der Sache und machte es sich zum Ziel, die »Freedom Rider«, wie sie sich nannten, um jeden Preis zu stoppen. In Anniston legten sie sich auf die Lauer. Als der erste der beiden Busse eintraf, griffen sie ihn an, zwangen ihn anzuhalten und schlitzten seine Reifen auf. Dann steckten sie den Bus in Brand und hielten die Türen zu, damit die Insassen bei lebendigem Leib verbrennen würden. Als es den Fahrgästen nach der Explosion des Tanks trotzdem gelang, sich ins Freie zu retten, schlug der Mob erbarmungslos auf sie ein und versuchte sogar, ein paar von ihnen zu lynchen. Erst als ein paar Polizisten Warnschüsse abfeuerten, ließen die Angreifer von ihren Opfern ab.

In der Zwischenzeit hatte der zweite der beiden Überlandbusse den Busbahnhof erreicht. Acht Klansmänner stiegen ein, verprügelten die Freedom Rider und warfen sie halb bewusstlos in den hinteren Teil des Busses. Weiter ging die Fahrt nach Birmingham, wo bereits der nächste Mob wartete, bestehend aus Mitgliedern des Klans und der örtlichen Polizei. Sie prügelten mit Baseballschlägern, Fahrradketten und Eisenstangen auf die bereits verletzten Freedom Rider ein und richteten sie übel zu. Von den ursprünglich dreizehn Freedom Ridern waren nur noch zwei in der Verfassung, die Reise fortzuführen. Aber zehn neue Anhänger der gewaltlosen Protestbewegung fuhren kurzerhand mit dem Bus nach Birmingham, um sich den beiden anzuschließen und gemeinsam nach Montgomery weiterzufahren. Auch hier wurden sie wieder vom Klan in Empfang genommen und brutal zusammengeschlagen. Die Situation eskalierte immer mehr.

Die Freedom Rider suchten Zuflucht in der örtlichen Baptistenkirche, wo sich ihretwegen bereits 1500 Sympathisanten versammelt hatten. Martin Luther King leitete den Gottesdienst, während sich draußen vor der Kirche über 3000 Leute zusammenrotteten. Die Stimmung war aufgepeitscht. Die Masse tobte und schrie, sie würde die Kirche niederbrennen. Backsteine flogen durch die Luft, Glasfenster wurden eingeworfen. Die Menschen in der Kirche flüchteten sich in den Keller. Martin Luther King telefonierte mit dem Bruder des Präsidenten, während die Scheiben klirrten und Tränengasschwaden in das Gebäude eindrangen. Die ganze Nacht dauerte die Belagerung, und erst am nächsten Morgen gelang es der Nationalgarde, die Meute auseinanderzutreiben.

Doch die waghalsige Aktion der Freedom Rider zeigte Wirkung: Im darauffolgenden halben Jahr gab es mehr als 400 schwarze und weiße Freedom Rider, die mit Bussen in den Süden reisten. Die gewaltlosen Protestaktionen der Bürgerrechtler fanden immer mehr Anhänger, und am 28. August 1963 versammelten sich 200 000 Menschen in Washington D.C., um in einem friedlichen Marsch das Ende der Rassendiskriminierung zu fordern. Martin Luther King hielt dabei seine berühmte »I-have-a-dream«-Rede. Es war einer der Höhepunkte der Bürgerrechtsbewegung.

Seither war einiges ins Rollen gekommen, was die Gleichberechtigung der Rassen angeht. Neue Gesetze wurden erlassen. Aber natürlich gab es auch viele, die sich mit Händen und Füßen gegen diese Entwicklung wehrten. Einige schreckten auch vor Mord nicht zurück. Drei Monate nach der Demonstration in Washington D.C. wurde John F. Kennedy erschossen, zwei Jahre darauf der Bürgerrechtler Malcom X und 1968 Martin Luther King.

Das war nun ein Jahr her. Die Zeitungen waren voll davon gewesen. Die Menschen hatten um den Baptistenprediger getrauert wie um einen Helden. Ich sah das freilich etwas anders, seit ich mich intensiv mit dem Klan beschäftigte. Es faszinierte mich, mit welcher Unerschrockenheit und Entschlossenheit der Klan für seine Ziele kämpfte. Und genau so wollte ich auch sein: mutig und draufgängerisch, jemand, der sich nicht scheute, seine Meinung zu sagen, und bereit war, für die Rechte der Weißen und die Aufrechterhaltung der Rassentrennung seinen Mann zu stehen.

Ich erhielt meine Chance und die nötige Aufmerksamkeit, die ich mir wünschte, als ich in die sechste Klasse kam und etwas geschah, womit ich nie und nimmer gerechnet hatte und womit ich überhaupt nicht klarkam: Unsere weiße Schule öffnete ihre Tore für die Farbigen. Eigentlich hatte das Oberste Gericht schon 1954 ein Gesetz erlassen, welches getrennte Schulen für rechtswidrig erklärte. Aber bisher hatte sich niemand die Mühe gemacht, die Schüler an den Grund- und Mittelschulen tatsächlich zu vermischen, ganz einfach deshalb, weil jeder dort zur Schule ging, wo er wohnte. Und da – etwas überspitzt formuliert – die Weißen reich und die Schwarzen arm waren und deswegen nicht in denselben Stadtvierteln wohnten, besuchten sie auch nicht dieselben Schulen. Doch das sollte sich ändern, und die staatliche Lösung dafür lautete: Schulbusse.

Ab sofort wurden Schwarze mit Schulbussen durch die ganze Stadt zu unserer Schule in den Süden transportiert, und umgekehrt wurden Weiße, die bisher unsere Schule besuchten, durch die ganze Stadt zu einer schwarzen Schule im Norden gefahren. Ich fand das Ganze ziemlich bescheuert. Und natürlich war ich nicht der Einzige. Wieder kam es überall zu Protesten. Brandbomben flogen in

Schulhäuser, Feuerwehrleute und Polizisten wurden attackiert. Ein schwarzer Reporter wurde beinahe gelyncht. Auch der Ku-Klux-Klan trug seinen Teil dazu bei. Im August 1971 steckten Klansmänner in Pontiac, Michigan, zehn leere Schulbusse in Brand und sorgten damit einmal mehr für Schlagzeilen. Ich sah den Bericht im Fernsehen und hörte, wie Mitglieder des Klans sich öffentlich gegen die Aufhebung der Rassentrennung aussprachen.

Jawohl!, dachte ich. *Gebt es diesen Niggerfreunden!*

Dass der Klan, um sich Gehör zu verschaffen, Schulbusse in die Luft gejagt hatte, fand ich völlig in Ordnung. Irgendjemand *musste* schließlich etwas tun! Dieses neue System zur Integration der Rassen an den Schulen war Kacke! Wir waren eine Schule mit hohem Niveau. Wir hatten die besten Lehrer, wir hatten besseres Schulmaterial als die meisten Schulen, wir hatten besser eingerichtete Schulzimmer und Sporthallen. Alles war nur vom Feinsten. Und da kamen auf einmal diese minderbemittelten schwarzen Gettokinder und Jugendlichen aus dem Norden Kokomos und invadierten unsere elitäre, weiße Schule. Das bedeutete nichts anderes als Krieg.

Ich erinnere mich noch genau an den Tag, als die Farbigen zum ersten Mal an unsere Schule kamen. Ich stieg aus unserer eleganten, auf Hochglanz polierten Limousine, und sie stiegen aus einem klapprigen, halb verrosteten gelben Schulbus. Ich beobachtete sie argwöhnisch. Nie zuvor hatte ich mit Schwarzen in meinem Alter zu tun gehabt, geschweige denn mit einem von ihnen gesprochen. Ich war ihnen allerhöchstens ein paar Mal im Einkaufszentrum begegnet. Mehr nicht. Und jetzt waren sie hier, an *meiner* Schule, in *meiner* Welt. Ich hasste sie dafür. Es war einfach falsch! Sollten die doch in ihrem Getto bleiben! Sie hatten doch schon ihre Rechte! Sie waren uns doch schon gleichgestellt! Sie durften doch schon in Bussen neben uns sitzen! Warum konnten sie sich damit nicht zufrieden geben und mussten dem Ganzen immer noch eins draufsetzen?

Sie waren Menschen zweiter Klasse und gehörten einfach nicht hierher! Punkt.

Es gab einen Grundsatz, der 1896, dreißig Jahre nach Ende des Bürgerkrieges, eingeführt worden war, und der lautete: Getrennt, aber gleich. Es war dieser eine Satz gewesen, der es erlaubt hatte, die Schwarzen in sämtlichen öffentlichen Einrichtungen räumlich von den Weißen abzutrennen. Und es war unter anderem dieser eine Satz gewesen, der die Bürgerrechtsbewegung angetrieben hatte. Aus meiner Perspektive hätte man das Motto »Getrennt, aber gleich« ruhig beibehalten können, zumindest, was die Schulen anbelangte. Dass ein Schwarzer sich im Bus neben mich setzen durfte, war mir relativ egal. Ich fuhr sowieso fast nie mit dem Bus. Aber hier ging es um *meinen* Alltag, um *meine* Schule, und ich war nicht gewillt, sie mit diesen Eindringlingen zu teilen. Sie waren anders als wir. Sie verhielten sich anders, hörten andere Musik, kleideten sich anders und hatten ihren eigenen Slang.

Ich empfand nichts als Abscheu für sie und nahm kein Blatt vor den Mund, wenn es darum ging, sie meine Verachtung spüren zu lassen.

»Geht nach Hause, Nigger!«, fauchte ich sie an, wenn sie im Flur an mir vorbeigingen. »Ihr verpestet unsere weiße Luft!«

Anfangs staunte ich selbst über meinen Mut. Doch mit der Zeit wurde ich immer dreister, und die weiße Schülerschaft unterstützte mich sogar noch dabei! Es entwickelte sich eine regelrechte »Weiß-gegen-Schwarz«-Mentalität an der Schule. Und ich, ausgerechnet ich, hatte die größte Klappe von allen. Es war ein völlig neuartiges und befriedigendes Gefühl. Auf einmal war nicht mehr *ich* der Außenseiter – sondern die Schwarzen waren es. Endlich gab es eine Gruppe, auf der *ich* herumhacken konnte und der ich alles zurückzahlen konnte, was früher *mir* an den Kopf geworfen worden war. Wie hieß es doch so schön: Ein gemeinsamer Feind vereint. Und genauso war es. Ich trug zwar immer noch Brillengläser so dick wie Flaschenböden und war immer noch dünn und unsportlich, und eigentlich war ich tief in mir immer noch der kleine Junge ohne Selbstwertgefühl, doch ich übertünchte meine Unsicherheit mit so viel Spott und flotten Sprüchen, dass ich an mich selbst zu glauben begann.

Einer, der diese Entwicklung mit viel Skepsis beobachtete und nicht zu feige war, mir dies auch offen und ehrlich zu sagen, war Mr Moore, der Vater von Slikk. Slikk (eigentlich hieß er Christian, aber so hatte ich ihn noch nie genannt) war seit der ersten Klasse mein bester Freund. Wir unternahmen fast alles gemeinsam. Ich ging oft zu Slikk nach Hause, und wenn sein Vater da war, hatten wir immer die heißesten Diskussionen. Mr Moore war Pastor einer Freien Methodistengemeinde. Er war ein sehr gebildeter und gleichzeitig sehr herzlicher Mann. Ich fühlte mich immer sehr willkommen bei den Moores, und auch wenn Mr Moore und ich fast nie einer Meinung waren, empfand ich tiefen Respekt für ihn.

»Ich weiß nicht, Richard«, sagte er einmal, als ich bei den Moores zum Abendessen eingeladen war. »Warum dieser ganze Hass auf Schwarze? Durch ihre Adern fließt dasselbe Blut wie durch deine und meine. Oder hast du schon einmal eine Blutkonserve gesehen, die mit ›schwarz‹, ›weiß‹ oder ›braun‹ beschriftet ist? Nein. Weil wir nämlich alle aus demselben Blut sind.«

»Das beweist gar nichts«, entgegnete ich überzeugt. »Nigger haben in unserer weißen Welt nichts verloren. So sieht es aus. Und ich bin bei Weitem nicht der Einzige, der so denkt.« Ich stopfte mir ein paar Pommes in den Mund. »Nehmen Sie zum Beispiel George Wallace. Der ist Gouverneur von Alabama und denkt genauso. Das hat er schon vor acht Jahren getan, als er den Eingang der Universität in Tuscaloosa blockierte.« Ich spielte damit auf den sogenannten »Stand in the Schoolhouse Door« an, durch den die ersten beiden schwarzen Studenten davon abgehalten werden sollten, das Gebäude zu betreten.

»Und er trat erst beiseite, als John F. Kennedy die Nationalgarde schickte«, ergänzte Slikks Vater und schlürfte an seinem kalten Tee. »Ich kenne die Geschichte, Richard. Und weißt du was? Ich finde diesen ganzen Rummel um die Integration von Schwarzen an weißen Schulen einfach krank. Sie haben eine andere Hautfarbe. Na und?«

»Na und?!«, gab ich entsetzt zurück. »Schwarze gehören nicht an unsere weiße Schule, Mr Moore! So einfach ist das!«

»Und was ist mit Mr Alsup? Gehört der auch nicht an eure Schule?« Mr Alsup war unser Anatomielehrer – er war schwarz.

»Das ist was anderes«, sagte ich beiläufig. »Er ist ein Lehrer, das zählt nicht.«

Mr Moore lächelte. »Er ist trotzdem schwarz. Und du, Richard C. Harris, der große Verfechter der Rassentrennung, sitzt in *seinem* Unterricht und lernst von ihm. Von einem *Schwarzen*. Also ich finde das irgendwie amüsant.«

»Das eine hat mit dem anderen überhaupt nichts zu tun«, entgegnete ich und suchte nach einem guten Argument. Aber ich fand keines, und daher lenkte ich das Gespräch rasch in eine andere Richtung.

Von der sechsten bis zur achten Klasse verhärtete sich mein Image zunehmend. Jedes meiner Schulreferate hatte irgendeinen Bezug zum Klan, zur Klangeschichte, zum Klan heute, zum Bürgerkrieg oder zu Adolf Hitler. Jeder an der Schule wusste, dass ich ein Rassist war. Sie gaben mir den Spitznamen Mr KKK, was mich natürlich mit großem Stolz erfüllte. Es wurde sogar gemunkelt, ich wäre ein geheimes Mitglied des Klans und am Ende des 8. Schuljahres schrieb jemand mit dickem Stift an den Seitenrand meines Jahrbuches: »An Mr KKK: Sag diesen Niggern, wo's langgeht!«

So hatte ich mir also den Ruf geschaffen, ein Klansmann zu sein, und das, obwohl ich noch nie einem wahren Klansmann begegnet war. Ehrlich gesagt war ich mir auch nicht sicher, ob ich das überhaupt noch wollte nach allem, was Fernsehen und Zeitung so über den Klan berichteten. Nicht, dass ich meine Meinung bezüglich des Klans geändert hatte. Ich stand immer noch voll und ganz hinter dem, was der Klan sagte und tat. Aber ein bisschen unheimlich war er mir trotzdem (was ich natürlich nie öffentlich zugegeben hätte!). Es war ungefähr so, wie wenn jemand vom Bungeejumping schwärmt und sich vornimmt, eines Tages mit einem Gummiseil am Fuß von einer Brücke zu springen. Und dann, wenn er tatsächlich die Gelegenheit dazu bekommt, traut er sich doch nicht. Wie soll ich sagen: Der Klan hatte etwas Anziehendes und Abschreckendes zugleich. Und dass ich in der Schule als Mr KKK gehandelt wurde und alle glaubten, ich hätte Verbindungen zum Klan, genügte mir im Augenblick völlig.

Außerdem hätte ich sowieso nicht gewusst, wie ich mit dem Klan, mit dem »Unsichtbaren Reich«, wie sie ihre Organisation nannten, in Kontakt hätte treten sollen. Schließlich konnte man den Ku-Klux-Klan nicht einfach unter dem Buchstaben »K« im Telefonbuch nachschlagen und mal kurz anrufen, um einen Termin zu vereinbaren. Es gab keine Gesichter, keine Namen, keine Telefonnummern und kein Clubgebäude wie bei einem Sportverein. Wahrscheinlich würde ich nie ein richtiges Mitglied des Klans kennenlernen, dachte ich.

Aber ich sollte mich täuschen.

4 Das geheimnisvolle Mädchen

Im Dezember 1972 geschah etwas, das mein Leben ziemlich durcheinanderbrachte: Meine Mutter starb an den Folgen eines aufgeplatzten Magengeschwürs. Ich war vierzehn, Steve zwanzig und mein ältester Bruder David zweiundzwanzig. David war zu diesem Zeitpunkt bereits verheiratet und wohnte nicht mehr zu Hause. Steve hatte zwar sein Zimmer in der Villa, aber er war kaum noch da. Er war schon als Teenager ein Rebell gewesen und hatte meine Eltern mit seinen dubiosen Freundschaften und Partys oft an den Rand der Verzweiflung gebracht. Doch Mutters Tod machte ihm schwer zu schaffen, mehr als uns allen. Er stürzte völlig ab, begann zu saufen und harte Drogen zu nehmen und ließ sich höchstens alle paar Wochen blicken, um zu duschen oder meinen Vater um Geld anzupumpen. Steve war mir fremd geworden. Unsere Bruderliebe war nie sehr tief gewesen, nun hatten wir uns definitiv auseinandergelebt.

Meinem Vater fügte Mutters Tod nicht nur seelisch schweren Schmerz zu. Auch im Praktischen wurde nun das Leben schwerer für ihn. Mutter hatte mittags immer das Restaurant geführt, während er im Autohaus beschäftigt war. Jetzt musste er sich alleine um beide Geschäfte kümmern. Das wiederum bedeutete, dass ich ihn kaum noch zu Gesicht bekam. Manchmal holte er mich zu Hause ab, wir fuhren zurück ins Restaurant und aßen zusammen Abend. Das kam ein- bis zweimal die Woche vor, manchmal auch seltener. Mehr sahen wir uns nicht.

Wenn ich morgens aufstand, um in die Schule zu gehen, war mein Vater schon weg. Wenn ich von der Schule kam, war er sowieso nicht da. Wenn ich abends ins Bett ging, war er immer noch bei der Arbeit. Tage und Wochen gingen vorbei, ohne dass wir auch nur ein einziges Mal miteinander gesprochen hatten. Und weil das Autogeschäft florierte, musste er auch immer häufiger verreisen, was unsere Vater-Sohn-Beziehung nicht gerade verbesserte. Unsere Kommunikation beschränkte sich im Großen und Ganzen auf kleine Notizen auf dem Küchentisch. Der Inhalt war meistens ähnlich: »Richard, ich musste kurzfristig nach Kalifornien fliegen. In der Schublade ist etwas Geld. Ich bin in einer Woche zurück. Pass auf dich auf. Dad.«

Für manche mag es verlockend klingen, als Vierzehnjähriger eine Villa ganz für sich alleine zu haben. Für mich war es ein Albtraum. Alles begann auseinanderzubröckeln. Meine Mutter war tot. Meine Brüder waren fort. Mein Vater hatte keine Zeit mehr für mich. Ich war total überfordert. Ich fühlte mich verunsichert, verloren und unendlich einsam. Doch irgendwie musste das Leben ja weitergehen.

Ein halbes Jahr später kam ich an die Haworth Highschool. Dort tat sich mir eine völlig neue Welt auf. Wir waren nicht mehr zweihundert, sondern *zweitausend* Schüler. Alles war anonymer, die Schüler waren erwachsener und der Umgang rauer. So war es zum Beispiel keine Seltenheit, dass es zu Schlägereien zwischen Schwarzen und Weißen kam. Einmal war ich sogar Zeuge einer Messerstecherei auf dem Schulgelände. Ich beschloss, meinen Mund nicht mehr allzu voll zu nehmen, wenn es um meine Sympathie für den Ku-Klux-Klan ging. Ich hatte keine Lust, eines Tages mit einem Messer in der Brust in der Notaufnahme zu landen. Irgendwie sickerte mein Rassenhass aber trotzdem durch, und eines Tages wurde ich ins Büro des Direktors zitiert.

»Ich will gleich zur Sache kommen«, sagte der Direktor und sah mich über den Rand seiner Brille eindringlich an. »Warst du es? Hast du die Initialen des Ku-Klux-Klan in die Wand im Treppenhaus geritzt?«

Ich schaute den Direktor verdutzt an. »Ich? Nein! Natürlich nicht! So was würde ich niemals tun!«

Ich hatte es tatsächlich nicht getan. Als ich an diesem Morgen in die Schule gekommen war und die drei großen Buchstaben hoch oben im Treppenhaus entdeckt hatte, hatte ich mich noch gewundert, wie jemand es hingekriegt hatte, so hoch hinaufzuklettern, um KKK in die Wand einzukerben.

»Wie kommen Sie darauf, dass ich es war?«, fragte ich den Direktor mit unschuldiger Miene.

»Nun, es wird so einiges gemunkelt über dich. Einige behaupten, du hättest direkte Verbindungen mit dem Klan. Ist da was dran?«

Ich lachte. »Wer sagt denn so was?«

»Wie ich gehört habe, nannten sie dich in der Middleschool sogar Mr KKK.«

Ich machte eine flüchtige Handbewegung. »Hören Sie, das ist lange her. Und das mit der Wand, das war ich nicht. Ehrlich.«

Der Direktor musterte mich skeptisch. Ich wusste, dass er mir nicht glaubte. Aber ich beharrte auf meiner Unschuld, und da er keine handfesten Beweise gegen mich hatte, musste er mich wieder gehen lassen. Ich kehrte zurück ins Klassenzimmer und Slikk, der direkt hinter mir saß, beugte sich neugierig zu mir vor: »Und, hast du gestanden?«

»Ich sagte dir doch, ich war das nicht!«

»Ach komm, Richie, natürlich warst du es!«

»Nein!«, fauchte ich.

»Wenn nicht du, wer dann?«

Ich gab ihm keine Antwort, weil ich gerade einen ziemlich strengen Blick von meinem Mathelehrer einkassierte. Doch Slikks Frage geisterte während der ganzen Schulstunde in meinem Kopf herum. Und noch lange danach. Wenn nicht ich die Buchstaben KKK in die Wand geritzt hatte, wer dann? Wer würde den Mut dazu haben? Befand sich etwa ein echter Klansmann an unserer Schule? Und wenn ja, beobachtete er mich? Ich fragte überall herum, ob jemand wusste, wer es getan hatte. Aber alle waren felsenfest davon überzeugt, dass ich der Schuldige war und nur versuchte, mich herauszureden.

Im darauffolgenden Schuljahr erlosch mein Interesse für den Ku-Klux-Klan ein wenig und ich investierte meine Zeit und Energie in andere Dinge – genauer gesagt in eine einzige große Sache: Das Schulradio. Wegen meiner losen Zunge und meiner Schlagfertigkeit hatte man mich angefragt, ob ich Schulradiosprecher werden wollte. Natürlich hatte ich zugesagt. Und ich bereute es keinen Augenblick. Es war einfach großartig! Ich war auf einmal angesagt. Ich war VIP! Jeder an der Highschool kannte meinen Namen, und das, obwohl ich noch immer kein durchtrainierter Star-Athlet war. Ich hatte einen Presseausweis, der es mir erlaubte, jederzeit unbegründet den Unterricht zu verlassen. Ich durfte mich in der Mittagspause im Journalistenraum aufhalten, Kaffee trinken und Kekse essen, mich mit all den anderen Schulreportern unterhalten und so tun, als wäre ich ungeheuer wichtig. Ich wurde zu Partys eingeladen, nur wegen meiner Position als Radiosprecher. Ich hatte eine Unmenge an Privilegien, es war fantastisch. Und wenn ich mit dem umgehängten Presseausweis in der Schule herumstolzierte, wurde ich von allen ernst genommen. Was für ein Unterschied zu früher!

Fünfmal die Woche war ich auf Sendung. Schon in der Middleschool war ich kein schlechter Redner gewesen. Aber jetzt setzte ich dem Ganzen noch eins drauf. Ich verwandelte die langweiligsten Ansagen in pure Unterhaltung. Ich war ziemlich gut im Nachahmen von Stimmen, und so ließ ich mir für jede Nachricht eine neue Stimme einfallen. Graf Dracula verlas zum Beispiel die neusten Sportresultate, Grover von der Sesamstraße gab das Tagesmenü durch, John Wayne peitschte die Stimmung für die nächste Pep Rally auf. Die Jungs fanden meine Komikeinlagen zwar dämlich, aber die Mädchen fuhren voll drauf ab. Ja, im Studio hinter dem Mikrofon, dort verwandelte sich der pickelgesichtige, bebrillte Nerd in einen souveränen König. Ich verstellte meine Stimme, schlüpfte in alle möglichen Rollen und vergaß die Welt um mich herum. Es war wieder wie damals, als ich mit den Helden meiner Fantasybücher verschmolz und blutige Schlachten gegen Monster und Ungeheuer kämpfte. Sobald die rote Aufnahmelampe aufleuchtete, erkannte ich mich selbst kaum wieder. Ich fühlte mich sozusagen als Herrscher des Universums.

Auch außerhalb des Studios wurde ich lockerer. Ich zwinkerte Mädchen im Flur zu und zierte mich nicht, sie anzusprechen und den großen Charmeur rauszuhängen. Bald hatte ich auch schon meine erste Freundin am Haken. Ihr Name war Melanie. Mit Liebe hatte unsere Freundschaft freilich wenig zu tun. Melanie war soweit ganz nett – außer, dass sie mich ständig bemutterte, was mich total nervte! –, aber eigentlich war ich vor allem deshalb mit ihr zusammen, weil sie bereits Auto fahren und mich überall hin chauffieren konnte. Kaum war ich sechzehn und hatte meinen eigenen Führerschein und mein eigenes Auto, machte ich Schluss mit ihr.

Das nächste Mädchen, das ich mir angelte, hieß Nancy. Sie war die jüngere Schwester eines Schulfreundes, und ich musste sie ganz schön bearbeiten, bis sie endlich einwilligte, mit mir zu gehen. Sie war vierzehn und total süß. Ich war zwei Jahre älter und – nun ja – nicht unbedingt süß. Sicher, ein bisschen war ich gewachsen und nicht mehr so mager, dass man meinen konnte, ich würde an Unterernährung leiden. Außerdem war ich immer sehr gepflegt und äußerst elegant gekleidet. Aber trotzdem sah ich noch immer aus wie der totale Streber. Vielleicht lag es an der Brille. Und zu allem Übel waren jetzt auch noch Pickel dazugekommen! Mein ganzes Gesicht war voll davon. Ich hasste die Dinger! Wenigstens trug ich keine Zahnspange, sonst wäre das Desaster perfekt gewesen.

Pickel hin oder her, ich war unsterblich in Nancy verliebt, und sie schien mich auch zu mögen. Ihre Familie war total nett und wurde so etwas wie eine Ersatzfamilie für mich. Ich war fast ständig dort und genoss es, mit Nancys Eltern und ihren Geschwistern gemeinsam zu essen, Filme anzugucken oder über ganz belanglose Dinge zu diskutieren. Es tat so gut, nicht alleine zu sein und jemanden zu haben, der mich auch mal fragte, wie es mir ging. Natürlich sagte ich nicht, wie einsam ich mich zu Hause fühlte oder wie ungern ich abends heimging, weil sowieso niemand auf mich wartete. Aber Nancys Mutter spürte wohl, dass hinter der Fassade nicht alles so perfekt war, wie es den Anschein hatte. Sie arbeitete in einem Buchladen und besorgte mir alle möglichen Selbsthilfebücher, um mich ein wenig aufzuheitern. Es waren alles Bücher, die sich nicht mehr verkaufen ließen und eigentlich vernichtet werden sollten. Dazu mussten die Verkäuferinnen die Hüllen von den Büchern abreißen, diese dem Verlag zurücksenden und die Bücher danach in den Müll werfen. Aber Nancys Mutter brachte die coverlosen Bücher stattdessen mir. Ich verschlang jedes Einzelne davon, allerdings konnten die Bücher das Vakuum in mir auch nicht füllen. Letztendlich änderten sie nichts daran, dass ich mit sechzehn Jahren komplett auf mich allein gestellt war.

Umso mehr klammerte ich mich an meine Beziehung mit Nancy.

Wir verbrachten die Frühlingsferien zusammen, und ich war einfach nur happy. Endlich hatte ich das Gefühl, wieder Boden unter den Füßen zu gewinnen.

Doch dann begann die Schule wieder, und auf einmal war alles vorbei. Nancy wollte nicht mehr Händchen haltend mit mir gesehen werden, denn ihre Freundinnen redeten ihr ein, sie hätte etwas Besseres verdient als ein Pickelgesicht wie mich. Drei Wochen später ließ sie mich fallen wie eine heiße Kartoffel. Wegen meiner Pickel ... Ich war am Boden zerstört. Mein über Monate hinweg mühsam aufgebautes Selbstvertrauen stürzte wie ein Hochhaus in sich zusammen.

Am Nachmittag, nachdem sie mir die Freundschaft gekündigt hatte, ging ich hinüber ins »Perkins«, um mit Slikk zu reden. Das »Perkins« war ein Schnellimbiss-Restaurant, das vierundzwanzig Stunden am Tag geöffnet hatte. Slikk arbeitete dort nach der Schule, um sein Taschengeld etwas aufzubessern. Es gab viele Highschool-Schüler, die hier als Kellner oder in der Küche arbeiteten. Ich tat das nicht. An Geld hatte es mir noch nie gefehlt, auch wenn ich zugeben muss, dass ich manchmal etwas neidisch auf Slikk war, wenn ihm alle zwei Wochen ein Scheck ausbezahlt wurde.

Als ich zur Tür hereinkam, merkte er gleich, dass etwas mit mir nicht stimmte. Slikk war einer der wenigen, denen ich nichts vormachen konnte. Er war mein Freund, und er wusste genau, wie ich tickte. Ich war froh, ihn zu haben. Ich rutschte in eines der roten Abteile, die ähnlich gebaut waren wie Zugabteile, mit festgeschraubtem Tisch in der Mitte, und wartete, bis Slikk von der Theke zu mir rüberkam. Das Restaurant war fast leer. Um diese Uhrzeit war nie viel Kundschaft da. Das wusste ich, weil ich nach dem Unterricht öfter herkam.

Slikk war in den vergangenen Jahren ziemlich in die Höhe geschossen und hatte sich – im Gegensatz zu mir – in einen recht attraktiven Burschen verwandelt. Sein dunkelbraunes Haar war immer etwas verstrubbelt. Und seine grünen Augen begannen jedes Mal arglistig zu glitzern, wenn ein hübsches Mädchen in sein Blickfeld kam. Er und ich, wir waren das perfekte Team, wenn es darum ging, heiße Mädchen anzubaggern. Doch an diesem Abend war mir alles andere als nach Anbaggern zumute.

Slikk setzte sich mir gegenüber an den Tisch und musterte mich stirnrunzelnd. »Was ist los, Kumpel? Du siehst aus, als wäre jemand gestorben.«

Ich griff nach dem Pfefferstreuer und drehte ihn zwischen den Fingern. »Nancy hat Schluss gemacht. Sie sagt, ich hätte zu viele Pickel im Gesicht.«

»Was?!«, rief Slikk empört. »Das ist nicht dein Ernst, oder?«

Ich seufzte. »Leider doch.«

Slikk schüttelte mitfühlend den Kopf. »Mann, ist ja voll Kacke. Tut mir echt leid, Richie. Willst du einen Kaffee?«

»Ja, ein Kaffee wär gut.«

Slikk verschwand und brachte mir eine Tasse Kaffee und einen Brownie. »Hier. Spendier ich dir. Frisch aus dem Ofen.«

»Danke.«

Ich schlürfte den Kaffee und knabberte an dem Brownie herum, während ich immer noch mit hängenden Schultern dasaß und schweigend vor mich hinstarrte. Es war einfach nicht zu fassen, dass sie mich verlassen hatte. Und dann noch wegen meiner Pickel!

»Ist es wirklich so schlimm?«, fragte ich und deutete auf mein Gesicht.

Slikk zog die Augenbrauen hoch. »Mein lieber Freund: Wenn Nancy dich deswegen hat sitzen lassen, dann weiß ich auch nicht. Pickel hat doch jeder in unserem Alter.«

»Du nicht.«

»Hey, jetzt mach nicht so ein Gesicht! Du hast es wirklich nicht nötig, einem Mädchen wie Nancy nachzutrauern. Sie will dich nicht? Ihr Problem. Bei der nächsten Party reißt du dir eine Neue unter den Nagel. Du bist Schulradiosprecher! Die Mädchen stehen auf dich!«

»Ja, mag sein.«

»Jetzt komm schon.« Er langte über den Tisch und kniff mich in den Arm. »Hübsche Mädchen gibt es wie Sand am Meer. Vergiss Nancy. Sie ist es nicht wert, ehrlich.«

»Ich weiß.« Ich nippte an meinem Kaffee. Mehr sagte ich nicht. Mir war nicht nach reden, mir war eher nach heulen zumute. Aber diese Blöße würde ich mir nicht geben, nicht einmal vor Slikk.

Eine Woche lang knabberte ich daran, dass meine romantische Beziehung mit Nancy vorbei war. Dann, eines Abends, rief mich Slikk ganz aufgeregt zu Hause an.

»Richie«, hauchte er, »du musst unbedingt ins ›Perkins‹ kommen!«
»Kann nicht. Ich muss noch Trompete üben für die Bandprobe morgen.« (Ich spielte nebenbei noch im Blasorchester an unserer Schule, der sogenannten »Marching Band«.)
»Vergiss es. Du musst herkommen, und zwar jetzt gleich!«
»Wieso? Und wieso flüsterst du?«
»Damit sie nicht hört, dass ich über sie rede, du Idiot!«
Ich war verwirrt. »Über wen redest du denn?«
»Die neue Bedienung. Mr Kremins hat sie frisch eingestellt«, klärte mich Slikk auf. »O Mann, ich sag dir, die ist so was von scharf! Wenn du nicht herkommst, bist du selbst Schuld.«
Meine Trompete war mit einem Mal *extrem* nebensächlich.
»Bin gleich da!«, rief ich. Ich schnappte meine schwarze Lederjacke und meine Autoschlüssel, und zehn Minuten später parkte ich meinen Wagen vor dem »Perkins«. Ich betrat das Restaurant, und als Slikk mich entdeckte, machte er gleich eine Kopfbewegung in Richtung der neuen Kellnerin. Sie war gerade dabei, bei einem Gast einzukassieren und hatte mir den Rücken zugekehrt. Dann räumte sie das Geschirr ab und ging zur Theke hinüber. Und da endlich konnte ich sie von vorne sehen.
O mein Gott!, dachte ich, und mein Herz klopfte spürbar schneller. Slikk hatte kein bisschen übertrieben. Sie war *mega*scharf! Sie hatte schulterlanges, schwarzes Haar, ein fein geschnittenes Gesicht und große blaue Augen, dazu eine Topfigur. Sie war schlicht überwältigend. Ich tauschte einen kurzen Blick mit Slikk, der mich ansah, als würde er sagen wollen: »Na, zu viel versprochen?« Ich spuckte in die Hände und kämmte mir mein Haar zurück. Dann stolzierte ich aufrechten Ganges durch das Restaurant und setzte mich an den Platz des Gastes, der eben bezahlt hatte und gegangen war.
Die junge Kellnerin kam zu mir herüber. Ich schätzte sie auf höchstens fünfzehn, also vielleicht ein Jahr jünger als ich. Ich bezweifelte, dass sie Schülerin an unserer Highschool war. Sonst wäre

sie mir längst aufgefallen. Ein Mädchen wie dieses konnte man unmöglich übersehen, selbst bei zweitausend Schülern nicht. Wahrscheinlich besuchte sie die rivalisierende Highschool am anderen Ende der Stadt.

»Was darf ich dir bringen?«, fragte sie höflich, aber professionell distanziert, während sie mit einem nassen Lappen den Tisch sauber wischte.

»Eine Tasse Kaffee«, sagte ich, ohne sie aus den Augen zu lassen. Dabei machte ich mich auf der Sitzbank breit. »Du bist neu hier, nicht wahr?«

Sie sah mich flüchtig an. Wunderschöne lange Wimpern hatte sie. »Sonst noch was?«

Ich konnte nicht aufhören, sie anzustarren. »Wie?«

»Zu deinem Kaffee«, sagte sie kühl. »Willst du noch was zu deinem Kaffee?«

»Äh, nein, danke.«

Ich wollte noch etwas hinzufügen, aber da war sie schon weg. Slikk grinste mir von der Theke aus zu. Mein missglückter Annäherungsversuch schien ihn köstlich zu amüsieren. Ich wartete, bis das Mädchen zurückkam und mir meinen Kaffee brachte. Diesmal würde ich sie nicht mehr so schnell entwischen lassen.

»Ich bin Richard Harris«, stellte ich mich kurzerhand vor, und um etwas Eindruck zu schinden, fügte ich hinzu: »Kennst du die Harris Street? Die wurde nach unserer Familie benannt. Und das Restaurant gegenüber vom ›Pondorosa‹ gehört auch uns.« Das Mädchen zeigte kein großes Interesse und schickte sich wieder an zu gehen. »Und wie ist dein Name?«

»Lisa«, sagte sie und sah mich endlich länger als eine Sekunde an. Ich lächelte. »Lisa wie?«

Anstatt mir ihren Nachnamen zu verraten, ließ sie mich eiskalt abblitzen. »Ich glaube nicht, dass dich das etwas angeht.« Sie drehte sich auf dem Absatz um und schritt davon.

Autsch, dachte ich und schielte zu Slikk hinüber, der sich das Grinsen kaum noch verkneifen konnte. Aber so leicht gab ich natürlich nicht auf. Im Gegenteil. Lisas aufmüpfige Art hatte meinen Jagdinstinkt geweckt. Ich würde sie schon noch rumkriegen und ihr mehr als nur ihren Vornamen entlocken. Sie war eine Herausforderung, und ich liebte Herausforderungen.

5 Wer ist sie?

»Wer ist sie? Was weißt du über sie?«, fragte ich Slikk am nächsten Morgen in der Schule. Er stand vor seinem Spind und holte gerade ein paar Schulbücher heraus. Je mehr Fragen ich stellte, desto breiter wurde sein Schmunzeln.

»Du bist in sie verknallt!«

»Was? Nein. Nein bin ich nicht! Sie ist hübsch, und ich will wissen, wer sie ist. Das ist alles.«

»Du bist in sie verknallt«, beharrte Slikk. Ich wusste, dass er es wusste.

»Na schön, vielleicht ein bisschen«, räumte ich ein. »Also, was weißt du über sie?«

»Ich weiß, dass sie Lisa heißt.«

»Danke, so weit bin ich auch schon gekommen. Und weiter?«

»Nichts weiter. Ich weiß ihren Vornamen. Mehr nicht.«

Ich glaubte ihm nicht. »Komm schon. Du arbeitest mit ihr zusammen. Sie muss dir doch was über sich erzählt haben. Irgendwas. Wo sie wohnt zum Beispiel. Oder weißt du, ob sie einen Freund hat?«

Slikk verneinte. »Tut mir leid, Richie. Lisa ist nicht von der gesprächigen Sorte.«

»Dann schau in ihrer Personalakte nach!«, schlug ich ihm vor. »Oder quetsch deinen Chef über sie aus!«

»Hab ich schon versucht. Hat nichts gebracht. Mr Kremins sagte bloß, ich solle nett zu ihr sein und nicht zu viele Fragen stellen.«

»Nicht zu viele Fragen stellen?« Ich stutzte. »Ist sie im Zeugenschutzprogramm oder was? Was hat sie zu verbergen?«

Slikk klappte seinen Spind zu und sah mich achselzuckend an. »Keine Ahnung. Aber irgendetwas ist definitiv seltsam an ihr. Jeden Abend nach ihrer Schicht wird sie von zwei ziemlich düsteren Typen abgeholt.«

»Was für Typen?« Meine Neugier wurde immer größer.

»Weiß nicht genau. Aber sie sind riesig und schauen nicht gerade freundlich drein. Sehen aus wie Bodyguards oder so was.«

»Bodyguards?«

»Ja«, sagte Slikk. Er beugte sich zu mir hinüber und mit gedämpfter Stimme fügte er hinzu: »Der eine von den beiden trägt sogar eine Knarre. Habs zufällig gesehen, als er gestern reinkam.«

»Was?!« *Das wird ja immer besser! Wer ist dieses Mädchen?!*

»Ich sag dir, was ich denke, Richie.« Slikk drückte mir seinen Zeigefinger auf die Brust. »Egal, ob sie einen Freund hat oder nicht: Du solltest die Finger von ihr lassen, hörst du?«

Ich grinste nur. Die Finger von ihr lassen? Diese Lisa wurde von Mal zu Mal interessanter! Ich würde ganz bestimmt nicht die Finger von ihr lassen. Ich würde herausfinden, warum ein fünfzehnjähriges Mädchen wie sie es nötig hatte, nachts von zwei bewaffneten Bodyguards abgeholt zu werden. Ich würde hinter ihr Geheimnis kommen.

Ich ließ mir von Slikk ihren Dienstplan geben, und immer genau dann, wenn sie arbeitete, hatte ich auf einmal unglaublich Lust auf einen Kaffee. Ich versuchte auf tausend verschiedene Arten, mehr über Lisa zu erfahren, aber sie blockte mich konsequent ab, sobald meine Fragen zu persönlich wurden. Trotzdem gelang es mir dank meiner Schlagfertigkeit, ihre Sympathie zu gewinnen. Mit jedem Abend wurde sie mir gegenüber offener. Sie mochte mich. Das spürte ich. Ich gab mir auch alle erdenkliche Mühe. Ich war charmant, brachte sie mit meinen Grover- und John-Wayne-Einlagen zum Lachen und achtete gleichzeitig darauf, ihr nie zu sehr auf die Pelle zu rücken (auch wenn Letzteres alles andere als leicht für mich war).

Einmal blieb ich bis zu ihrem Dienstschluss sitzen, um endlich mit eigenen Augen sehen zu können, von wem sie nun eigentlich abgeholt wurde. Pünktlich um zehn Uhr abends schwang die Tür des Restaurants auf und dann sah ich die Kerle. Mir fiel die Kinnlade runter. Slikk hatte kein bisschen übertrieben. Sie sahen aus wie die Bösewichte aus einem Gangsterfilm. Der eine war vielleicht einen Meter sechzig groß und breit gebaut. Er hatte zwei kleine, tief sitzende Augen, kurzes, schwarzes Haar und einen sehr grimmigen Blick.

Sein plattes Gesicht erinnerte mich irgendwie an eine Bulldogge. Ich war mir sicher, dass er mir, falls ich ihm je die Hand schütteln sollte, alle Fingerknochen brechen würde. Der zweite war ein Schrank von einem Mann. Er war mindestens zwei Meter groß und ein einziges Muskelpaket. Er hatte ein kantiges Gesicht, einen Blick wie aus Stahl, und seine breite Nase sah aus, als wäre sie schon mehrmals gebrochen worden. Ein Faustschlag von diesem Hünen, und man würde auf der Intensivstation landen, daran gab es keinen Zweifel. Die beiden mochten um die fünfundzwanzig, dreißig Jahre alt sein. Sie trugen Jeans, weiße T-Shirts und darüber schwarze Lederjacken. Eines wusste ich mit Sicherheit: Mit diesen Männern legte man sich besser nicht an, oder man würde es bitter bereuen.

Was um alles in der Welt hatte Lisa mit denen zu tun? Wie kam es, dass ein hübsches Highschool-Mädchen wie sie mit solchen Typen verkehrte?

Die Männer warteten schweigend, bis Lisa sich umgezogen hatte. Dann eskortierten sie sie aus dem Restaurant wie zwei Bodyguards einen Superstar. Lisa verabschiedete sich flüchtig von Slikk und mir, und ich wurde den Eindruck nicht los, dass ihr die Angelegenheit ein wenig peinlich war. Ich beobachtete durchs Fenster, wie sie zu einem dunklen Auto gingen. Einer der beiden Gorillas hielt Lisa die Hintertür auf, damit sie einsteigen konnte. Dann nahmen die Männer auf dem Fahrer- und Beifahrersitz Platz, und kurz darauf verschwand das ungleiche Trio in der Dunkelheit.

Ich hatte keine Ahnung, was ich von alledem halten sollte. War Lisa vielleicht ein Superstar? Aber wieso arbeitete sie dann im ›Perkins‹ als Bedienung? Oder war ihr Vater irgendeine berühmte Persönlichkeit? Vielleicht ein Hollywoodschauspieler, der seine Tochter vor den Paparazzi schützen wollte? Nein, das ergab keinen Sinn. Nichts ergab hier einen Sinn. Lisa war mir ein Rätsel, und ich beschloss, dass es endlich an der Zeit war, ein paar Antworten zu bekommen. Ich wollte wissen, mit wem ich es hier zu tun hatte!

Am nächsten Abend, als Lisa zu meinem Tisch kam, nahm ich all meinen Mut zusammen und sprach sie darauf an.

»Sag mal, Lisa, diese beiden Typen, die dich gestern hier abgeholt haben, sind das Freunde von dir?«

Sie hörte auf, Kaffee einzuschenken. »Das sind Don und James«, sagte sie dann wie beiläufig, »Freunde meines Vaters.«

»Ah«, sagte ich, auch wenn mich ihre Antwort nicht gerade schlauer machte. »Und warum holen sie dich hier ab?«

»Mein Vater macht sich halt Sorgen um mich – dass ich auf dem Heimweg belästigt werde oder so was.«

»Und deswegen lässt er dich jeden Abend von diesen zwei Schränken abholen?«

Lisa lächelte. Sie war wunderhübsch, wenn sie lächelte. »Ja, sie sorgen dafür, dass ich sicher nach Hause komme.«

Ich schüttelte fasziniert und verständnislos den Kopf. »Krass. Du hast deine eigenen Bodyguards. Dein Vater muss ja ein hohes Tier sein.«

Lisa sagte nichts dazu und versuchte, die Unterhaltung wieder auf eine neutrale Ebene zu ziehen. »Noch einen Brownie?«

»Nein danke«, sagte ich, und bevor sich Lisa aus dem Staub machen konnte, hakte ich nach: »Hey, warum redest du eigentlich nie über deine Familie?«

Ihr Lächeln verschwand. »Weil ich nicht darüber reden will«, zischte sie und blitzte mich mit ihren Augen an, als wolle sie klarstellen, dass ich nicht mehr danach fragte. Dann drehte sie mir provokativ den Rücken zu und ging hinüber zu einem neuen Gast, um seine Bestellung aufzunehmen.

Das hast du ja wieder mal prima hingekriegt, dachte ich und sah ihr hinterher. Je mehr ich über sie in Erfahrung brachte – oder besser gesagt *nicht* in Erfahrung brachte –, desto mehr fühlte ich mich zu ihr hingezogen. Sie war definitiv nicht wie all die anderen Mädchen, mit denen ich auf dem Schulgelände herumflirtete. Sie war hübsch und gleichzeitig mysteriös und unnahbar. Eine gefährliche Kombination für einen Teenager wie mich. Was war es bloß, das sie um jeden Preis vor mir verbergen wollte? Meine Gedanken wurden düsterer. War sie vielleicht vergewaltigt worden? Oder war sie illegal nach Amerika geschmuggelt worden und ihr Vater war gar nicht ihr Vater, sondern so etwas wie ein Zuhälter? Und die Bodyguards waren nicht ihre Beschützer, sondern mussten aufpassen, dass sie nicht abhaute?

In den nächsten Tagen achtete ich sehr darauf, Lisa nicht zu verärgern. Ich wollte unsere zarte Freundschaft, die ich so mühsam aufgebaut hatte, nicht leichtsinnig aufs Spiel setzen. Eines Abends, als nicht viel los war im »Perkins«, sagte Mr Kremins zu Lisa, sie dürfe ein paar Stunden früher gehen, wenn sie wolle. Ich beobachtete das Gespräch von meiner Nische aus und sah, wie Lisa daraufhin mehrmals probierte, bei sich zu Hause anzurufen. Aber es ging niemand ans Telefon. Ich witterte meine große Chance, ihrem Geheimnis endlich auf die Spur zu kommen. Eine Gelegenheit wie diese durfte ich mir auf keinen Fall entgehen lassen.

»Hey, Lisa!«, rief ich quer durch das leere Restaurant. »Soll ich dich nach Hause fahren?«

Lisa legte den Hörer auf, schob sich eine schwarze Haarsträhne hinters Ohr und blickte zu mir herüber. »Ich komm schon klar, danke.«

»Mein Auto steht draußen«, beharrte ich auf meinem Angebot. »Es wäre kein Problem, dich zu fahren.«

»Danke, Richie. Aber ich bin sicher, es wird bald jemand zu Hause sein, der mich abholen kann.«

Ich überlegte krampfhaft, wie ich sie umstimmen konnte, ohne allzu aufdringlich zu wirken.

»Ich würde dich auch garantiert nicht belästigen«, sagte ich und setzte die unschuldigste Miene auf, die ich auf Lager hatte.

Sie schmunzelte. (Das war ein gutes Zeichen!) »Ich weiß, dass du mich nicht belästigen würdest. Ansonsten hätten dich Don und James längst in die Mangel genommen.«

Sie sagte dies mit einer Selbstverständlichkeit, die mir beinahe unheimlich war.

»Na wunderbar!«, antwortete ich mit einem gequetschten Lächeln. »Das heißt also, du vertraust mir. Wo liegt dann das Problem?«

Sie seufzte. »Das verstehst du nicht.«

»Was gibt es da zu verstehen?« Hilfsbereit sprang ich auf die

Füße und rauschte zu ihr hinüber an die Theke. »Was wäre denn so schlimm daran, wenn ich dich nach Hause fahren würde, hm?«

Ich versuchte, ihr in die Augen zu sehen, aber sie wich meinem Blick aus. »Lass es einfach«, murmelte sie. »Es hat nichts mit dir zu tun. Es ist nur ...«

»Was denn?«

»Nichts. Vergiss es.«

»Nein. Ich will das jetzt wissen, Lisa! Warum willst du nicht, dass ich dich fahre? Ich dachte, wir wären Freunde.«

»Das sind wir ja auch«, räumte Lisa ein. »Aber darum geht es nicht.«

»Und worum geht es *dann*?«

»Hör zu, Richie«, sagte Lisa und wandte sich mir zu. »Ich mag dich. Das tue ich wirklich. Aber ... du kannst mich nicht nach Hause fahren. Das geht nun mal nicht.«

»Wieso nicht?«

»Weil es eben nicht geht!«

»Aber wieso denn nicht?!«

»Weil mein Vater es niemals erlauben würde, okay?!«, blaffte sie mich an, und wieder lag dieses Funkeln in ihren blauen Augen, das mir eindeutig zu verstehen gab, dass ich zu weit gegangen war.

Ich krebste zurück. »Tschuldigung. Ich wollte dir nicht aufn Schlips treten.«

»Ist schon okay«, sagte sie versöhnlich und atmete tief durch. »Ich finde es ja auch nicht so toll. Aber so läuft das nun mal. Ich kann nicht einfach jemanden nach Hause bringen, den mein Vater nicht kennt. Ist wie gesagt nichts Persönliches.«

»Hmm«, meinte ich stirnrunzelnd und suchte nach einer Möglichkeit, das Blatt doch noch zu meinen Gunsten zu wenden. »Und wenn du deinem Vater von mir erzählst? Sag ihm, wir wären befreundet. Er kann doch nichts dagegen haben, wenn ein Freund dich nach Hause fährt, oder?«

Lisa sah mich wehmütig an. »Du kennst meinen Vater nicht.«

»Ach komm schon. So streng kann er unmöglich sein. Frag ihn wenigstens!«

Lisa dachte lange über meinen Vorschlag nach. »Na gut, aber versprechen kann ich es nicht. Für heute schon gar nicht.«

»Dann vielleicht für morgen. Oder übermorgen«, schlug ich siegessicher vor. »Es würde mir wirklich keine Umstände machen, dich ab und zu nach Hause zu bringen.«

Lisa lächelte. »Danke, Richie. Das ist echt süß von dir.«

»Du redest also mit ihm?«

»Ich werde sehen, was ich tun kann.«

»Versprochen?«

Sie verdrehte die Augen und lachte. »Versprochen, Richie. Und jetzt geh und trink deinen Kaffee, bevor er kalt wird.«

Yes!, dachte ich und vollführte in meinem Innern einen wahren Freudentanz, während ich lässig zurück an meinen Platz schlenderte. Endlich war ich einen Schritt weitergekommen! Es war zwar nur ein kleiner Erfolg, aber hey: Bei Lisa war schon das kleinste Erfolgserlebnis ein gewaltiger Triumph. Ich konnte wirklich stolz auf mich sein.

Lisa versuchte noch ein paar Mal, zu Hause anzurufen. Schließlich erreichte sie jemanden, und eine halbe Stunde später sah ich, wie draußen ein etwas kleinerer Wagen vorfuhr. Ein unscheinbarer Mann saß am Steuer. Er mochte um die vierzig Jahre alt sein, hatte glattes, kohlenschwarzes Haar, einen Schnauzer und trug ein rotblau kariertes Arbeiterhemd.

Lisas Vater?, überlegte ich. Irgendwie hatte ich ihn mir anders vorgestellt. Kräftiger, größer, bedrohlicher. Zumindest hätte ich erwartet, dass er in Anzug und Krawatte erscheinen würde, vielleicht mit schwarzer Sonnenbrille, einem in die Stirn gezogenen Hut oder einer kubanischen Zigarre im Mund. Und sein Wagen enttäuschte mich auch ein wenig, um ehrlich zu sein. Konnte sich ein Mann, der Bodyguards für seine Tochter engagierte, nicht einen teureren Schlitten leisten?

Ich schaute von meinem roten Abteil aus zu dem Mann hinüber, und genau in diesem Augenblick drehte er den Kopf und sah mich direkt an. Mich fröstelte. Der Mann fixierte mich mit seinen kleinen Augen, und es kam mir so vor, als würde er mir dabei mitten in meine Seele hineinblicken. Es schien, als wüsste er ganz genau, dass ich mit seiner Tochter befreundet war, und als wüsste er auch sonst eine ganze Menge über mich, obwohl wir uns nie zuvor begegnet waren. Es war irgendwie gespenstisch.

Rasch senkte ich den Blick und nestelte an meinem Hemd herum, bis Lisa sich verabschiedet und das Restaurant verlassen hatte. Dann schweifte mein Blick vorsichtig zurück zu dem Wagen und dem Mann, der wahrscheinlich Lisas Vater war. Lisa stieg zu ihm ein, und die beiden führten ein kurzes Gespräch. Ich wurde den Verdacht nicht los, dass es dabei um mich ging. Und obwohl ich Lisa ausdrücklich gebeten hatte, mit ihrem Vater über mich zu reden, war ich mir auf einmal nicht mehr sicher, ob das eine so gute Idee war. Dieser Mann machte mich nervös, auch wenn ich nicht wusste, wieso. Lisa gab mir ja eigentlich schon genug Rätsel auf. Doch jetzt war noch ein neues dazugekommen: War der Mann hinter dem Steuer ihr Vater? Wenn ja, in was für dunkle Machenschaften war er verstrickt, dass seine Tochter sich nicht traute, darüber zu reden? Wer war er?

Nur ein paar Wochen später erhielt ich darauf eine Antwort. Und die haute mich schier aus den Socken ...

6 Eine gewagte Anfrage

Mr Kremins hatte eine neue Bedienung eingestellt, und wie sich herausstellte, war das Mädchen eine Freundin von Lisa. Sie hieß Jerri und war das pure Gegenteil von Lisa. Sie war dick und hässlich und eine absolute Nervensäge. Zu allem musste sie ihren Senf dazugeben und natürlich möglichst laut, damit auch jeder im Raum Bescheid wusste. Ich konnte mir beim besten Willen nicht erklären, warum Lisa sich so gut mit ihr verstand. Ich fand sie einfach nur peinlich. Aber da sie offenbar eine Gabe hatte, ihre Nase in Dinge zu stecken, die sie eigentlich nichts angingen, kam ich zum Schluss, dass ich mich dringend mal mit ihr unterhalten sollte.

»Sag mal«, begann ich eines Abends, als Lisa frei hatte und Jerri meinen Tisch mit einem nassen Lappen sauber wischte. »Warst du schon mal bei Lisa zu Hause?«

Jerri grunzte. »Machst du Witze? Auch wenn Lisa meine Freundin ist, würden mich keine zehn Pferde zu ihr nach Hause bringen. Ich bin doch nicht lebensmüde!«

»Wieso lebensmüde? Wegen der Bodyguards?«

»Don und James? Nö. Die sind harmlos, solange Lisa sich für dich verbürgt. Was willst du trinken?«

»Trinken?«

»Ja, trinken! Oder denkst du, ich steh hier nur zur Verzierung vor deinem Tisch?«

Blöde Zicke!, dachte ich. »Bring mir 'ne Cola.«

Sie watschelte davon und kam kurz darauf mit einer Cola zurück, die sie so schwungvoll vor mich hinstellte, dass die Hälfte davon überschwappte. »Sonst noch was?«, fragte sie kratzig.

»Ja. Du kennst doch Lisa gut. Hast du manchmal nicht auch den Eindruck, als würde sie sich vor irgendetwas fürchten?«

»Klar fürchtet sie sich. Wer würde das *nicht* bei dem Vater?«

Ich verstand nur Bahnhof. »Wie meinst du das?«

»Wie ich das meine?! Lebst du auf dem *Mond* oder was?«

»Wieso? Was *ist* denn mit ihrem Vater?«

»Was mit ihrem ...« Das dicke Mädchen sah mich völlig entgeistert an. »Sag bloß, du weißt nicht, wer Lisas Vater ist!«

Ich zuckte die Achseln. »Woher soll ich wissen, wer Lisas Vater ist? Sie *redet* ja nicht über ihre Familie. Jedenfalls nicht mit mir.«

Jerri blickte auf mich herab, als wäre ich mit Abstand die ungebildetste Person des gesamten Universums. »Monroe?«, half sie mir auf die Sprünge. »Jake Monroe?«

Ich runzelte die Stirn. Irgendwo hatte ich den Namen schon mal gehört. Aber ich konnte ihn nicht zuordnen. Als ich nicht gleich reagierte, wandelte sich Jerris Entsetzen in Erschütterung. »Mein Gott, du weißt es tatsächlich nicht«, stellte sie kopfschüttelnd fest. »Aber vom KKK hast du schon gehört, oder?«

»Also so bescheuert bin ich nun auch wieder nicht. Natürlich weiß ich, was der Ku-Klux-Klan ...« Mitten im Satz brach ich ab. Und dann fiel es mir wie Schuppen von den Augen. Mit einem Schlag wusste ich, wer Lisas Vater war und warum sie nie über ihn hatte reden wollen. Die Geheimnistuerei. Die Bodyguards. Die Furcht in Lisas Augen, wenn ich ihr zu nahe trat. Mit einem Mal ergab alles einen Sinn. Mir wurde heiß und kalt zugleich.

»O – mein – Gott!«, murmelte ich und sah Jerri mit weit geöffnetem Mund an. »Jake Monroe?! Der Großtitan des gesamten Mittleren Westens?! Der Mann, der die gesamten Klans von Illinois, Indiana, Michigan, Ohio und Kentucky unter sich hat ... ist *Lisas Vater*?!«

»Yep«, bestätigte Jerri. »So ist es. Ich versteh gar nicht, warum sie es dir nicht gesagt hat.«

»Das ist abgefahren«, sagte ich, und tausend Gedanken schossen mir gleichzeitig durch den Kopf. Unvermittelt kam ich ins Schwärmen. »Ich meine, es wäre schon abgefahren, wenn er ein Großzyklop oder gar ein Großdrache wäre. Aber Großtitan? Über dem Großtitan steht nur noch der Landesführer, der *Kaiserliche Hexenmeister höchstpersönlich*! Ich bin mit der Tochter eines der einflussreichsten Männer des KKK der *Vereinigten Staaten* befreundet! Wie krass ist *das* denn?!«

Meine Begeisterung schien Jerri etwas zu verwirren. »Für jemanden, der erst nicht wusste, wer Jake Monroe ist, weißt du aber ganz schön viel über den Ku-Klux-Klan.«

Ich hörte ihr gar nicht zu. In mir drin purzelte gerade alles durcheinander. Ich hatte mich schon seit Längerem nicht mehr intensiv mit dem Klan auseinandergesetzt. Aber auf einmal war alles wieder da. Die Faszination. Das Kribbeln im Bauch. Dieses leise Ziehen in meinem Herzen, als würde der Klan nach mir rufen. Es war nicht zu fassen. Von all den Mädchen, die ich hätte haben können, hatte ich mich ausgerechnet in das eine Mädchen verguckt, dessen Vater ein Klansmann war. Und nicht nur irgendein Klansmann, sondern der zweithöchste im ganzen Land!

»Meinst du, ich könnte ihn mal treffen?«, fragte ich Jerri.

Jerri traute ihren Ohren nicht. »Du willst Lisas Vater treffen? Hast du nen Knall oder was? Einen Mann wie Jake Monroe trifft man nicht einfach so zum Kaffeetrinken! Selbst wenn du mit Lisa befreundet bist: Ihren Vater wirst du nie und nimmer zu Gesicht bekommen. Eine Audienz beim Papst zu kriegen wäre einfacher. Glaub mir.«

Wahrscheinlich hatte sie recht. An eine Persönlichkeit wie Jake Monroe kam man nicht so leicht heran. Man konnte ja auch nicht kurz mal Robert De Niro oder den Präsidenten der Vereinigten Staaten im Weißen Haus anrufen, um ein Interview fürs Schulradio zu machen. Und wenn man bedachte, dass sogar Monroes Tochter ihre eigenen Bodyguards hatte, um wie viel mehr würde dann der Großtitan des Mittleren Westens um seine eigene Sicherheit besorgt sein. Nein, auch wenn ich einen kurzen Blick von ihm erhascht hatte, als er Lisa kürzlich vom »Perkins« abholte, näher würde ich ihm wohl nie kommen. Aber der Reiz, diesen Mann einmal persönlich kennenzulernen, war unglaublich groß.

Am nächsten Abend hatte Lisa wieder Dienst. Ich musste unbedingt mit ihr reden. *Bestimmt wird es eine Erleichterung für sie sein, dass sie mir nichts mehr vorzumachen braucht,* dachte ich. Nun, ich dachte falsch ...

Kaum nahm ich das Wort KKK in den Mund, brauste Lisa auf, dass ich sie kaum mehr wiedererkannte: »Es war Jerri. Sie hat dir gesagt, wer mein Vater ist, nicht wahr?!«

»Hey, mach dir deswegen keinen Kopf! Ich find das mit deinem Vater voll cool!«

»Cool?! Du findest es *cool*?!« Lisa stand vor der Nische, in der ich saß, und ihre Brust wölbte sich auf und nieder. »Du kapierst es nicht, oder? ... Ich könnte Jerri den Hals umdrehen!«

»Immer mit der Ruhe. Es ist ihr halt so rausgerutscht.«

»Blödsinn!«, fauchte Lisa. »Sie hat mir geschworen, es niemandem zu verraten! Sie wusste ganz genau, dass die Information geheim ist. Wenn mein Vater davon erfährt, wird sie ihr blaues Wunder erleben, darauf kannst du Gift nehmen!«

»Jetzt beruhig dich mal.« Ich hob beschwichtigend die Hände und senkte meine Stimme ein wenig. »Dein Vater ist der Großtitan des Mittleren Westens! Dafür brauchst du dich nicht zu schämen! Im Gegenteil. Ich wäre stolz, einen so berühmten Vater zu haben.«

Lisas Stimme klang bitter. »Du redest von Dingen, von denen du nichts verstehst! Du hast *keine* Ahnung, was es heißt, die Tochter eines KKK-Führers zu sein! Nicht die leiseste!«

Ich bemerkte, wie sich ihre blauen Augen plötzlich mit Tränen füllten. Dann drehte sie auf dem Absatz um und stürmte davon. Ohne lange zu überlegen, sprang ich auf und folgte ihr.

»Lisa!«, rief ich ihr hinterher. Dass sich das halbe Restaurant nach mir umdrehte, war mir egal. »Bleib doch stehen, Lisa!«

Aber sie blieb nicht stehen. Sie eilte durch den Korridor und flüchtete sich in die Damentoilette. Ich stürzte ihr einfach hinterher. Sie verschanzte sich in einer der Toilettenboxen, und ich hörte ein leises Sniefen durch die dünne Wand.

»Lisa«, sagte ich und legte die Hand an die Toilettentür. »Ich wollte dich nicht in Verlegenheit bringen. Das musst du mir glauben.«

Lisa schwieg und zog die Nase hoch. Es machte mich irgendwie ganz schön fertig, das Mädchen, in das ich verknallt war, weinen zu hören – und das auch noch wegen mir. Ich wusste überhaupt nicht, wie ich damit umgehen sollte.

»Lisa?«, fragte ich vorsichtig.

»Geh weg! Lass mich in Ruhe! Ich will nicht mit dir reden! Nie wieder!«

»Aber Lisa ...«

»Halt dich gefälligst von mir fern!«

»Lisa, ich ...«

»Na los, geh schon!«

Ich trat einen Schritt zurück, unschlüssig, was ich jetzt tun sollte. Schließlich fiel mir nichts Besseres ein, als tatsächlich zu gehen. Ich verließ die Damentoilette, blickte mich im Restaurant um, sah, wie mich alle anstarrten, und ergriff Hals über Kopf die Flucht. Lisa brauchte Zeit für sich allein – die brauchte ich definitiv auch. Ich stieg in mein Auto, legte die Hände aufs Lenkrad und atmete tief durch. Mein Herz pochte laut.

Was um alles in der Welt ist da eben passiert? Sie hat das doch nicht etwa ernst gemeint in der Toilette! Sie kann mich doch nicht für immer hassen! Was ist so schlimm daran, dass ich weiß, wer ihr Vater ist?

Ganze zwei Stunden blieb ich in meinem Auto auf dem Parkplatz sitzen und grübelte darüber nach, was ich tun konnte, um Lisas Gunst zurückzugewinnen. Zu sehen, wie verletzlich sie war, machte mir zum ersten Mal so richtig bewusst, wie viel ich für sie empfand. Sie war nicht irgendein Mädchen, mit dem ich herumflirtete. Sie war mehr. Und ich würde mich nicht so leicht von ihr vertreiben lassen. Erst recht nicht jetzt, wo ich wusste, wer ihr Vater war. Schließlich fasste ich mir ein Herz und kehrte ins »Perkins« zurück. Zielstrebig ging ich auf Lisa zu, die gerade hinter der Theke stand und Gläser abtrocknete. Sie schien sich wieder gefasst zu haben. Doch ihre Augen waren noch immer gerötet und ihre Schminke ein wenig verschmiert.

»Lisa«, begann ich mutig, doch sie ließ mich gar nicht erst ausreden.

»Du brauchst gar nichts zu sagen.« Beschämt senkte sie den Blick. »Ich hab mich wie ein Idiot benommen. Tut mir leid, was ich in der Toilette zu dir gesagt habe. Ich hab das nicht so gemeint.«

Sie schaute durch ihre schwarzen Haarsträhnen fast schüchtern zu mir hoch. »Kannst du mir verzeihen?«

Ich winkte hochherzig ab. »Halb so wild. Schon vergessen.«

»Freunde?«, sagte sie und streckte mir ihre Hand entgegen.

»Freunde«, sagte ich und schlug ein.

Sie lächelte erlöst. »Noch einen Kaffee?«

»Noch einen Kaffee«, nickte ich und ging hinüber zu meinem Stammplatz am Fenster. Ich fühlte mich um Tonnen erleichtert. Als Lisa mir meinen Kaffee brachte, nutzte ich die versöhnliche Stimmung, um ihr die Frage zu stellen, die ich ihr eigentlich schon vor zwei Stunden hatte stellen wollen – bevor alles außer Kontrolle geraten war.

»Sag mal, Lisa: Jetzt, wo ich praktisch zum Kreis der Eingeweihten gehöre, wäre es da zu viel verlangt, wenn du mich deinem Vater bei Gelegenheit einmal vorstellen würdest? Ich würde ihn echt gerne kennenlernen.«

»Nein, würdest du nicht«, behauptete Lisa trocken.

»Doch, das würde ich, im Ernst!«

Lisa verschränkte die Arme und musterte mich mit zusammengekniffenen Augen. »Wieso bist du so scharf darauf, meinen Vater zu treffen?«

Ich lachte. »Na hör mal, wann hat man schon die Gelegenheit, einem Mann wie ihm die Hand zu schütteln? Außerdem hast du mir sowieso versprochen, du würdest mal mit ihm reden.«

Lisa seufzte und setzte sich mir gegenüber an den Tisch. »Hör zu, Richie. Ich weiß, es muss verlockend für dich klingen, einen Großtitan des Ku-Klux-Klan kennenzulernen. Aber mein Vater ist anders, als du denkst. Er ist ...« Sie brach ab, um die richtigen Worte zu finden. »Du bist ein guter Kerl, Richie. Jemand wie du sollte sich nicht mit Leuten wie meinem Vater einlassen.«

»Ich will doch nur mal mit ihm reden, mehr nicht. Was ist schon gegen ein Gespräch einzuwenden?«

Lisa schüttelte den Kopf. Sie wirkte besorgt. »Warum vergessen wir nicht das Ganze und bleiben einfach gute Freunde? Hier, im ›Perkins‹? Du bestellst deinen Kaffee, ich bringe dir den Kaffee, wir plaudern zusammen, und alles ist so wie vorher.«

»Komm schon, Lisa! Wovor hast du solche Angst?«

Lisa antwortete nicht. Stattdessen sah sie mich lange an. Sie überlegte, schien abzuwägen. Ich konnte förmlich sehen, wie es in ihrem Kopf rotierte. Schließlich atmete sie tief durch, als hätte sie beschlossen, sich in ihr Schicksal zu fügen, und meinte: »Na schön. Damit du endlich Ruhe gibst: Ich tu's.«

Ich strahlte – Lisa nicht.

»Aber die Sache ist etwas komplizierter, als du denkst«, fuhr sie sachlich fort. »Bevor du auch nur einen Fuß über die Schwelle unseres Hauses setzen darfst, werden dich Vaters Leute wochenlang durchleuchten.«

»Durchleuchten?«, fragte ich verwundert. Ich musste automatisch an Spionagefilme denken, in denen Spione von ihren Feinden gekidnappt und so lange gefoltert werden, bis sie alles ausplaudern, was ihr Feind wissen möchte. Ich sah mich bereits in einem Betonbunker auf einen Stuhl gefesselt, eine flackernde Glühbirne an der Decke, ein tropfender Wasserhahn, der einen schier um den Verstand bringt, und zwei Kerle wie Don und James, die mir irgendein Wahrheitsserum spritzen. Die Vorstellung war nicht gerade prickelnd. »Wie, durchleuchten?«

»Willst du ihn nun treffen oder nicht?«

»Ja, klar will ich.«

»Gut«, sagte sie wirsch, ohne mir meine Frage zu beantworten. »Dann spielst du entweder nach seinen Regeln oder du lässt es bleiben. Ich geb dir Bescheid, wenn mein Vater dich sehen möchte. Aber es wird ein paar Wochen dauern, okay?«

»Okay.« Ich nickte getreulich.

In den nächsten Tagen und Wochen war ich wie auf Nadeln. Lisa hatte mir nicht verraten, was es denn nun mit diesem Durchleuchten auf sich hatte.

Aber schon nach wenigen Tagen begannen sehr merkwürdige Dinge zu geschehen. Mehrmals bekam ich anonyme Telefonanrufe. Und sobald ich den Hörer abnahm und meinen Namen nannte, legte die Person am anderen Ende wieder auf. Anfangs dachte ich, es hätte sich bloß jemand verwählt. Aber nach dem zehnten Anruf dieser Art war ich mir da nicht mehr so sicher.

Die Telefonanrufe waren nicht das Einzige. Da war auch ein großer schwarzer Jeep, der zufällig immer genau dort auftauchte, wo ich war. Egal, ob ich von der Schule kam, einkaufen ging oder zum »Perkins« fuhr, der Jeep klebte an meinen Versen. Und immer dann, wenn ich ihn entdeckte, bog er plötzlich von der Straße ab und verschwand.

Bin ich etwa paranoid geworden? Oder werde ich tatsächlich von denen beschattet?

Ich begann, ständig über meine Schulter zu gucken. Jede fremde Person war mir suspekt. In jedem Passanten, jedem Bettler, jedem Fensterputzer vermutete ich einen von Jake Monroes Leuten. Auch Slikk merkte, wie angespannt ich war.

»Hey, alles klar bei dir?«, fragte er mich eines Abends, als wir bei mir zu Hause auf dem riesigen Billardtisch im Wohnzimmer eine Runde spielten.

»Ja, alles bestens«, log ich. »Ich bin nur etwas übermüdet, das ist alles.«

Slikk stützte sich auf seinen Queue und musterte mich argwöhnisch von der Seite. »Das hat doch nichts mit Lisa zu tun, oder?«

»Nein. Hab einfach wenig geschlafen in letzter Zeit.«

»Übermüdet, so ein Quatsch.« Slikk knuffte mich belustigt in die Seite. »Hast du sie etwa um ein Date gebeten und sie hat dir einen Korb gegeben? Sag die Wahrheit, Kumpel!«

»Nein! Da läuft nichts zwischen uns«, versicherte ich ihm und stieß meine Kugel an, um eine andere in der Ecke zu versenken. Doch ich verzog total.

»Ja, ja, schon klar«, grinste Slikk. Ich wusste, dass er mir kein Wort glaubte. »Ich krieg's raus, Richie, so sicher wie ich dieses Spiel gewinne. Wetten?« Er zwinkerte mir zu, legte seinen Queue zum Stoß an und versenkte die Kugel mit der Nummer 8 mit einem Streifschuss sicher im Loch.

Ich hätte ihn nur allzu gerne in die Sache eingeweiht. Aber Lisa hätte mich dafür umgebracht. Außerdem: Wenn ich das Vertrauen ihres Vaters gewinnen wollte, dann half es sicher nicht, wenn ich herumposaunte, was ich über ihn wusste.

Ganze drei Wochen dauerte das Katz-und-Maus-Spiel, bis Lisa eines Mittwochabends im »Perkins« zu mir rüberkam und verkündete: »Mein Vater mag dich. Er möchte dich treffen. Morgen Abend.«

Mein Puls schoss augenblicklich in die Höhe. »Großartig! Wow! Ich hab den Test also bestanden?«

»Don und James werden dich pünktlich um zehn Uhr abends hier abholen. Keine Kamera, kein Aufnahmegerät, keine Messer, keine Pistolen. Sie werden dir auf dem Hin- und auf dem Rückweg die Augen verbinden. Und versuch nicht, ihnen zu widersprechen, okay? Tu einfach, was sie dir sagen, und es wird dir nichts passieren.«

»Alles klar«, nickte ich und versuchte dabei, möglichst souverän zu wirken. Dabei hatte Lisas Aufzählung meine Euphorie doch etwas gedämpft. Keine Waffen? Verbundene Augen? Worauf ließ ich mich da bloß ein?

»Und was ist mit dir?«, fragte ich Lisa. »Kommst du nicht mit?«

Lisa verneinte. »Sorry, da musst du schon alleine durch, Richie. Du wolltest den großen Mann treffen? Jetzt hast du die Gelegenheit. Noch etwas Kaffee?«

»Nein danke. Ich glaube, ich geh besser nach Hause. Irgendwie fühl ich mich gerade nicht so besonders.«

Lisa schmunzelte über meine Beklommenheit. »Wenn du dich jetzt schon schlecht fühlst, wie willst du dann erst den morgigen Abend überstehen?«

Das hatte ich mich ehrlich gesagt auch schon gefragt. Und ich war mir nicht sicher, ob ich die Antwort darauf überhaupt wissen wollte.

7 Das Treffen

Es war Donnerstag, der 18. Juli 1974. Die große Wanduhr im »Perkins« zeigte fünf Minuten vor zehn. *Noch fünf Minuten!* Ich war so nervös, dass ich bereits fünf Kaffees getrunken hatte. Zum vierten Mal an diesem Abend ging ich auf die Toilette. Und zum vierten Mal an diesem Abend betrachtete ich mich im Spiegel über dem Waschbecken und redete mir ein, dass alles gut gehen würde.

»Cool bleiben«, murmelte ich meinem blassen, pickeligen Spiegelbild zu. »Er wird dir schon nicht den Kopf abreißen. Außerdem hat sie gesagt, er würde dich mögen. Also keine Panik, Richie. Keine Panik! Alles im grünen Bereich. Du hast *nichts* zu befürchten.«

Ich hatte mich für das Treffen mit Jake Monroe besonders fein herausgeputzt, ein teures Parfüm meines Vaters aufgetragen und mein Haar mit viel Gel zurückgekämmt. Ich wollte einen guten Eindruck auf den Großtitan des Mittleren Westens machen. Als ich um zwei Minuten vor zehn ins Restaurant zurückkehrte, sah ich Don und James in meiner Nische sitzen. Die Kerle waren so massig, dass jeder von ihnen eine ganze Doppelbank ausfüllte. Sie hatten schwarze Sonnenbrillen auf und sahen damit aus wie zwei Mafiosi. Mir war auf einmal speiübel. Mit schweren Schritten ging ich auf die beiden Hünen zu, nahm meinen ganzen Mut zusammen und sagte: »Okay, hier bin ich. Wir können gehen.«

Die zwei sahen zu mir hoch. James, der Kleinere der beiden, der mit dem Bulldoggengesicht, grinste. »Na, Little Richard? Bereit, den Big Boss zu treffen?«

»Ich denke schon«, sagte ich und knetete meine schwitzenden Hände.

»Wer sagt uns, dass wir dir trauen können?«, fragte mich Don, der Große mit der Boxernase. Seine Stimme war rau und hatte etwas von einem lauten Flüstern. Er war mir unheimlich.

»Wenn euer Boss mir nicht trauen würde, wärt ihr wohl kaum hier, um mich zu ihm zu bringen.«

Don zuckte mit den Mundwinkeln, was wohl so etwas wie ein Lächeln darstellen sollte. »Ganz schön dreist. Das mag ich.« Er gab seinem Partner einen Wink mit dem Kopf, und die beiden zwängten sich aus der Sitznische. Ich trat automatisch einen Schritt zurück. Jetzt, wo die beiden Schränke unmittelbar vor mir standen, erschienen sie mir wie zwei durchtrainierte Kampfmaschinen. Ich warf einen Hilfe suchenden Blick zu Lisa, die bereits seit einer Minute im Abteil schräg gegenüber an Salz- und Pfefferstreuer herumfummelte. Sie sah mich flüchtig an, ohne eine Miene zu verziehen. Doch in ihren Augen lag ein eindeutiges: »Ich hab dich gewarnt.«

»Hey, Lisa!«, grunzte James in diesem Moment. »Vielleicht verabschiedest du dich besser mal von deinem kleinen Freund hier. Wer weiß, ob du ihn morgen wiedersiehst.«

»Halt die Klappe, James«, wies ihn Don zurecht und wandte sich mir zu. »Gehen wir. Der Boss wartet.«

Wir verließen das »Perkins« und Don und James marschierten mit mir quer über den Parkplatz zu einem Jeep, der außerhalb des Blickfeldes des Restaurants und völlig im Dunkeln geparkt war. Ohne Vorwarnung packte mich Don an der Schulter und schleuderte mich gegen das Auto. »Hände auf den Kühler! Beine auseinander!«

Ich gehorchte widerstandslos. Don tastete mich von Kopf bis Fuß ab, dann zog er mich wieder vom Jeep weg und drehte mich um.

»Hemd ausziehen!«

»Wieso? Du hast mich doch schon gefilzt.«

»Ich sagte Hemd ausziehen!«

»Aber ich bin wirklich nicht bewaffnet!« Das hätte ich besser nicht gesagt. Schneller, als ich mit der Wimper zucken konnte, zückte Don ein Messer und presste mir die Klinge an die Kehle.

»Ist es dir lieber, wenn ich dir das Hemd selbst runterschneide?«

Ich schluckte. »Schon gut«, murmelte ich kleinlaut und hob entschuldigend die Hände. »Ich zieh's ja schon aus.«

Don steckte sein Messer weg, und ich knöpfte gehorsam mein Hemd auf. Lisa hatte recht gehabt: Es war besser, den beiden nicht zu widersprechen.

»Wir wollen nur sichergehen, dass du nicht verkabelt bist«, erklärte mir Don, jetzt wieder in völlig normalem Ton. James, der mit verschränkten Armen danebenstand, fügte hinzu: »Vielleicht hat dich ja das FBI angeheuert, um uns auszuspionieren.«

»Das FBI?« Ich dachte, er machte Scherze. »Ich bin sechzehn!«

»Na und?«, sagte Don, während er meinen nackten Oberkörper nach Kabeln untersuchte.

»Du glaubst nicht, wie dumm die Leute manchmal sind«, plapperte James unterdessen. »Es gibt welche, die denken tatsächlich, wir würden es nicht rauskriegen, wenn sie eine Waffe tragen. Soll ich dir zeigen, was wir mit solchen Leuten machen?«

Er griff in seinen Hosenbund, zog eine Pistole heraus und hielt mir die kalte Mündung gegen meinen nackten Oberkörper. Mir blieb schier das Herz stehen. Wenn er vorhatte, mich einzuschüchtern, so war ihm das jedenfalls gründlich gelungen. James' Augen funkelten. »Magst du Waffen?«

»Kommt drauf an, von welcher Seite man sie sieht.«

James grinste zufrieden. »Gute Antwort. Du bist in Ordnung, Little Richard.« Er nahm die Waffe von meiner Brust und streckte sie mir mit dem Knauf voran entgegen. »Willst du sie mal halten?«

Ich zögerte. *War das schon wieder ein Test?*

»Jetzt nimm sie schon. Hast du noch nie eine Waffe in der Hand gehabt?«

»Doch, natürlich hab ich das«, log ich, um nicht wie ein Weichling dazustehen. Ich nahm die Pistole und wog sie in meiner Hand. Es war irgendwie faszinierend, löste aber auch ein gewisses Unbehagen in mir aus. Ob mit dieser Waffe schon einmal jemand erschossen worden war?

»Du kannst dein Hemd wieder anziehen. Du bist sauber«, sagte Don, während James die Magnum zurück in seinen Hosenbund steckte.

»Und jetzt nimm deine Brille ab«, forderte mich Don auf, nachdem ich mir das Hemd wieder zugeknöpft hatte. Er holte ein schwarzes Tuch aus der Innentasche seiner Lederjacke. »Zeit für einen kleinen Ausflug, Little Richard.«

Ich nahm die Brille ab und ließ mir von ihm die Augen verbinden. Dann halfen mir die beiden ins Fahrerhaus hoch, und bald saß ich eingequetscht zwischen Don und James in dem Jeep, und die Fahrt ging los.

Ich hatte nicht die leiseste Ahnung, wohin wir fuhren, und das, obwohl ich mich ziemlich gut auskannte im südlichen Stadtteil von Kokomo. Aber wir fuhren derart im Zickzack durch die Straßen, dass ich bald die Orientierung verlor. Ich vermutete, dass mich die beiden mit den vielen Richtungswechseln möglicherwese bloß irreführen wollten. Entweder, wir waren längst in einem anderen Stadtteil oder wir waren nur ein paar Mal um den Block herumgekurvt. Nach etwa einer halben Stunde hielten wir an. Don stieg aus. Er verschwand für ein paar Minuten, dann kam er zurück, zog mich aus dem Wagen und sagte mir, was ich zu tun hatte.

»Der Boss wird dich jetzt empfangen. Du lässt die Augenbinde an, bis ich sie dir abnehme, okay?«

»Okay.«

»Sei nicht aufdringlich. Rede nur, wenn der Boss es dir gestattet. Steck deine Nase nicht in Dinge, die dich nichts angehen. Der Boss wird dir sagen, was er dir sagen möchte. Nicht mehr und nicht weniger. Klar?«

»Klar.«

Don packte mich am Arm und führte mich zu Monroes Haus. Mit jedem Schritt wurde mir heißer. Ich hatte das Gefühl, meine Knie wären aus Wackelpudding und ich musste auf einmal ganz dringend aufs Klo. Aber das war wohl nicht der richtige Zeitpunkt, nach einer Toilette zu fragen. So viele Jahre hatte ich mir gewünscht, einmal einem echten Klansmann zu begegnen. Jetzt würde mein Wunsch tatsächlich in Erfüllung gehen. Und ich würde nicht nur *irgendeinen* Klansmann kennenlernen, sondern einen der einflussreichsten Klansmänner des gesamten Landes! O Mann, ich musste verrückt sein, mich auf so ein Treffen einzulassen!

Wir nahmen ein paar Treppenstufen zu einer Veranda und betraten das Haus.

»Stehen bleiben«, wies mich Don an.

Ich blieb stehen, und Don nahm mir die Augenbinde ab. Ich blinzelte ein wenig, bis sich meine Augen an das Licht gewöhnt hatten. Dann setzte ich meine Brille auf und sah mich um. Ich befand mich in einem Wohnzimmer, kein luxuriöses Wohnzimmer mit extravaganten Möbeln, Bildern oder Skulpturen, wie ich es erwartet hätte. Es war nur halb so groß wie unser eigenes Wohnzimmer, und das Haus war keine Villa wie die unsere. Eher ein gewöhnliches Mittelklasse-Häuschen. Ich stand etwa zwei Meter von einem Couchtisch und einem braunen Ledersofa entfernt. Und da sah ich ihn.

Mit übereinandergeschlagenen Beinen saß er vor mir, der Big Boss, der Großtitan des Mittleren Westens höchstpersönlich: Jake Monroe. Er saß in einem Ledersessel und sah mich direkt an. Und genau wie damals, als er Lisa vom »Perkins« abgeholt und mich aus dem Auto angestarrt hatte, ging es mir wie ein Blitz durchs Herz. Ich hatte das Gefühl, als würde ich nicht von zwei Augen, sondern von einem Laserstrahl durchbohrt und als gäbe es nichts, was ich vor diesem Röntgenblick verbergen konnte. Ich hatte so etwas noch nie zuvor erlebt. Dieser Mann hatte etwas Magisches an sich, etwas Mysteriöses, Geheimnisvolles, etwas, das mich einerseits befremdete und ängstigte und gleichzeitig in seinen Bann zog.

»Hi Boss«, sagten Don und James im Chor und ließen sich nebeneinander aufs Sofa plumpsen. Aber lange blieben sie nicht sitzen.

»Don, James, ich möchte mit meinem Gast alleine sein«, sagte Jake in ruhigem, aber unmissverständlichem Ton. »Wartet auf der Veranda. Ich rufe euch, wenn ich euch brauche.«

»Geht klar, Boss«, sagten die Männer, sprangen auf und trabten ohne ein weiteres Wort davon. Ich war schwer beeindruckt von dieser kurzen, aber effektiven Demonstration von Jakes Autorität. Noch vor einer halben Stunde hatte mir Don ein Messer an die Kehle und James eine Schusswaffe vor die Brust gehalten. Jetzt auf einmal waren die beiden groben Kerle brav wie kleine Lämmchen und gehorchten ihrem Boss aufs Wort. Langsam begann ich zu verstehen, woher die Furcht in Lisas Augen rührte. Keine Frage, Lisas Vater war ein mächtiger Mann, und ich sagte oder tat wohl besser nichts, was ihn verärgern würde.

Nachdem Don und James das Haus verlassen hatten, drehte sich Jake wieder in meine Richtung und lächelte. Sein Lächeln entblößte eine Reihe gelblicher Raucherzähne, die nicht gerade hübsch aussahen. Aber es gab mir zumindest den Eindruck, dass er mir wohlgesinnt war. Und das war gut.

»Richard C. Harris«, sagte Monroe mit freundlicher Stimme. »Lisa hat mir viel von dir erzählt.«

»Hoffentlich nichts Schlechtes«, murmelte ich, um Worte verlegen.

Er deutete auf das Sofa. »Setz dich doch, Richard.«

Ich setzte mich. Mein Blick schweifte erneut durch den Raum. Auf dem Couchtisch, unmittelbar in Jakes Reichweite, lag ein Revolver. An der Wand, ebenfalls griffbereit, hing ein Gewehr. Etwas weiter links, auf dem Fernseher, entdeckte ich eine große Keramikfigur. Sie stellte einen Klansmann auf einem aufgebäumten Pferd dar. Der Mann trug ein weißes Kleid mit zugespitzter Kapuze und hielt ein brennendes Kreuz in der rechten Hand. Und auf dem Sattel des Pferdes waren die Initialen KKK eingraviert. Unwillkürlich erinnerte ich mich an die Postkarte, die mir mein Bruder Steve vor über fünf Jahren gezeigt hatte.

Be a man! Join the Klan!

Ich konnte die Worte noch immer hören. Sie waren noch genauso präsent wie damals.

Sei ein Mann! Komm zum Klan!

»Gefällt dir meine kleine Statue?« Jakes Frage holte mich aus meiner Gedankenwelt zurück.

»Ja, Mr Monroe.« Steif saß ich auf der Kante des Sofas und nickte. »Sie ist wunderschön.«

»Ja, das ist sie in der Tat.« Er machte eine Pause und musterte mich mit seinen wachsamen Augen. »Wieso bist du hier, Richard?«

»Ich ... wollte Sie kennenlernen.«

»Weil ich so ein netter Kerl bin?« Er lachte kurz, wurde aber gleich wieder ernst. »Es kommt nicht gerade häufig vor, dass ein Highschool-Schüler wie du den Mumm hat, jemanden wie mich zu treffen. Deine Entschlossenheit gefällt mir, junger Mann.«

Ich knetete nervös meine Finger. »Ich interessiere mich schon lange für den Klan und habe viele Bücher darüber gelesen.«

»Ich weiß. Du hast schon immer gerne gelesen.«

»Ja, schon immer.«

»Und als du noch nicht lesen konntest, hast du deine Mutter gebeten, es dir beizubringen, weil du nicht warten wolltest, bis du in die erste Klasse kommst. Aber deine Mutter hatte Angst, sie würde dir das Lesen nicht richtig vermitteln und erfüllte dir deswegen deinen Wunsch nicht, hab ich recht?«

Ich traute meinen Ohren nicht. Wie um alles in der Welt war Mr Monroe an diese Information gekommen? Nie hatte ich jemandem davon erzählt, weder Slikk noch Lisa noch sonst einem. »Woher wissen Sie das?«, fragte ich entgeistert.

Doch Mr Monroe ging nicht auf meine Frage ein. »Ich mag Menschen, die offen sind für den Klan. Ich kann dir neuen Lesestoff besorgen, wenn du möchtest. Nicht die verkorksten Bücher, die *über* uns geschrieben wurden, sondern Insidermaterial. Echte Klanliteratur. Interessiert?«

Ich konnte mein Glück kaum fassen, meine Augen begannen zu leuchten. »Aber natürlich! Das würde mich sogar sehr interessieren!«

»Das dachte ich mir.« Er erhob sich von seinem Sessel und ging in Richtung Küche. Ich bemerkte, dass er leicht hinkte beim Gehen. Er war kleiner, als ich erwartet hätte, vielleicht 1,68 Meter, und sehr schlank. Seine Arme waren mit mehreren Tatoos versehen. Seine linke Hand war seltsam gekrümmt, als würde er an Gicht leiden. Außerdem bemerkte ich, als er an mir vorbeiging, dass ihm zwei Finger fehlten. Er hatte nur noch den Daumen, den Zeigefinger und den Mittelfinger seiner linken Hand. Der Ringfinger und der kleine Finger waren nur zwei kleine Stummel. Natürlich hätte es mich brennend interessiert, warum ihm zwei Finger fehlten. Aber das würde ich ihn wohl besser nicht fragen. Jedenfalls nicht heute.

Ich folgte Monroe mit den Augen, bis er aus meinem Blickfeld verschwand. Dann lehnte ich mich etwas vor, um einen Blick in die Küche zu erhaschen. Dabei entdeckte ich neben der Spüle eine große CB-Funkstation. In den 70ern war es in den USA gang und gäbe, dass man als Ergänzung zum Telefon ein CB-Funkgerät zu Hause hatte. Auf 40 Kanälen konnte man damit kostenfrei mit anderen Funkern kommunizieren. Die Reichweite war abhängig von der Größe der Antenne und der Sendeleistung, welche gesetzlich auf 4 Watt begrenzt war. Damit konnte man immerhin von einem Ende der Stadt zum anderen funken. Eine übliche CB-Funkstation bestand aus einer kleinen schwarzen Box mit verschiedenen Tasten, Drehknöpfen und einem Funksprechgerät. Die Anlage jedoch, die da neben der Spüle in Monroes Küche stand, war riesig. Sie bestand nicht aus einer, sondern drei Metallboxen mit jeder Menge farbig blinkender LED-Lampen und zwei Polizeifunkgeräten, die leise vor sich hinschnatterten. Eine Funkstation dieser Größe hatte ich noch nie gesehen.

»Gefällt dir meine kleine Ausrüstung?«, fragte er mich.

Ich hatte vor lauter Faszination gar nicht bemerkt, dass Monroe mich schon die ganze Zeit beobachtete.

»Äh, ja«, sagte ich rasch. »Das ist aber keine gewöhnliche CB-Funkstation, oder?«

»Sagen wir, ich hab sie ein wenig aufgepimpt. Willst du sie dir ansehen?«

Das brauchte er mich nicht zweimal zu fragen. Ich stand auf und ging zu ihm in die Küche. Mein Blick blieb an den beiden Polizeifunkgeräten hängen, aus denen leise, aber gut verständlich Stimmen zu hören waren.

»Ja, ich überwache den Polizeifunk«, sagte Monroe, als hätte er meine Gedanken erraten, und lächelte hinterlistig. »So was kann sehr nützlich sein.«

»Kann ich mir gut vorstellen. Und wie weit können Sie mit Ihrer Anlage senden, Mr Monroe?«

»So weit ich will.«

»Sie meinen, über Kokomo hinaus? Zum Beispiel bis nach Greentown?« Greentown lag gut 15 Kilometer östlich von Kokomo.

Monroe lachte. »Ich sende damit quer durch Indiana, wenn es sein muss.«

Ich glaubte mich verhört zu haben. Quer durch Indiana? Wollte er mich verschaukeln?

»Das schaffen ja nicht mal alle Radiostationen! Mit wie viel Watt senden Sie denn?«

»Zehn.«

»Zehn?«, wiederholte ich ungläubig. Das waren zwar immerhin sechs Watt mehr als offiziell erlaubt, aber um quer durch unseren Staat zu senden, erschienen mir zehn Watt doch etwas zu wenig.

»Ja, zehn ...« Ein Schmunzeln umspielte seine Mundwinkel. »... zehntausend.«

»Zehntausend Watt?! Ist das Ihr Ernst?!«

»Wenn ich voll aufdrehe, lege ich sämtliche Radio- und Fernsehstationen in halb Kokomo lahm«, erklärte er mir.

Ich sah ihn mit großen Augen an. »Wow. Das ist ... krass ... Sind Sie noch nie erwischt worden? Ich meine, die Regierung überwacht doch so was.«

»Ich bin eben clever«, sagte Monroe, als wäre nichts weiter dabei. Er griff nach einem Stapel Zeitungen, Broschüren und losen Blättern, die auf dem Küchentisch herumlagen, und gab sie mir. »Hier. Wenn du damit durch bist, besorg ich dir noch mehr.«

»Danke!« Begeistert blätterte ich durch das reiche Material in meinen Händen. Ich sah eine Zeitung, die den Namen »Der Klansmann« trug. Eine andere hieß »Der Kreuzritter«. Es gab Artikel über Kundgebungen, Demonstrationen und Kreuzverbrennungs-Zeremonien, dazu jede Menge Abbildungen mit geheimnisvollen Symbolen und vermummten Reitern mit Kapuzen und sich aufbäumenden Pferden. Mir wurde ganz warm ums Herz bei so vielen neuen Informationen über den KKK. Ich hätte nicht gedacht, dass mein Treffen mit dem Großtitanen des Mittleren Westens so toll verlaufen würde!

Wir gingen zurück ins Wohnzimmer. Monroe rief die Bodyguards herein.

»Ja, Boss?« Breitbeinig, die Hände vor dem Körper aufeinandergelegt, blieben sie im Eingang stehen und warteten auf weitere Anweisungen.

»Es wird Zeit, unseren jungen Gast zurückzubringen«, sagte Monroe. Dann wandte er sich wieder an mich. »Schließlich solltest du noch ein wenig Geometrie üben. Deine Noten lassen in letzter Zeit etwas zu wünschen übrig.«

Er hatte den Nagel schon wieder auf den Kopf getroffen. Woher zum Kuckuck wusste er all diese Dinge?

»Danke, dass Sie sich für mich Zeit genommen haben, Mr Monroe«, sagte ich, noch immer ganz ergriffen von der Begegnung mit diesem faszinierenden Mann. »Und vielen Dank für den Lesestoff.«

»Kein Thema.« Monroe machte eine flüchtige Bewegung mit der linken Hand, der zwei Finger fehlten. »Es hat mich gefreut, dich kennenzulernen, Richard.«

»Die Freude war ganz meinerseits, Mr Monroe«, antwortete ich mit einem höflichen Nicken.

Ich ging auf die Bodyguards zu, und bevor mir Don wieder die Augenbinde anlegte, lächelte mir Lisas Vater noch einmal kurz zu und sagte: »Ach, und Richard: Vergessen wir den Mister. Nenn mich Jake.«

8 Käsekuchen und Geschichten

Es war schon fast Mitternacht, als ich nach Hause kam. Aber ich war noch kein bisschen müde; vielmehr fühlte ich mich aufgewühlt und voller Energie. Und ich brannte nur darauf, endlich in den Unterlagen zu stöbern, die mir Jake mitgegeben hatte. Mein Vater war noch nicht zu Hause, was mir gerade recht kam. Ich spurtete nach oben in mein Zimmer, setzte mich im Schneidersitz auf mein Bett, breitete die vielen Zeitschriften, Zeitungsartikel und Prospekte vor mir aus und begann zu lesen. Ich las und las. Ein Bericht war spannender als der andere. Es wurde von wissenschaftlichen Tests berichtet, anhand derer bewiesen wurde, dass das Gehirn von Schwarzen kleiner war als das von Weißen. Hochrangige Universitätsprofessoren behaupteten, dass der Unterschied zwischen Schwarzen und Weißen bereits dadurch gegeben sei, dass die Weißen von Gott abstammten und die Schwarzen vom Affen.

Ich hatte so etwas nie zuvor gehört! Wurden diese Fakten etwa absichtlich an den Schulen verschwiegen? Dass es sich um Tatsachen handelte, bezweifelte ich nicht. Schließlich war hier von akademischen Studien die Rede, und wenn diese nicht korrekt wären, hätte es Leute geben müssen, die ihre Aussagen mit stichhaltigen Gegenargumenten widerlegten. Zumindest hätte man in den Medien irgendetwas darüber hören müssen. Aber das war nicht der Fall. Vermutlich gerade *weil* diese spektakulären Behauptungen der Wahrheit entsprachen!

Man hatte mich belogen! Man hatte uns alle belogen und das mit Absicht! Denn wenn derartige Informationen bekannt würden, wäre es logischerweise vorbei mit der Gleichberechtigung von Schwarzen und es gäbe niemanden mehr, der sich dafür einsetzen würde, dass Schwarze an unseren weißen Schulen und Universitäten studieren dürften. Mich packte ein unbändiger Zorn auf die Neger und ihre Anhänger, denen es tatsächlich gelungen war, mit gefälschten Fakten eine ganze Nation zu verblenden.

Nur gut, dass es den Klan gibt, dachte ich. *Wenigstens jemand, der sich traut, die Dinge beim Namen zu nennen und dafür zu sorgen, dass unsere Gesellschaft nicht gänzlich von den Niggern untergraben wird.*

Meine Bestürzung wurde noch größer, als ich las, dass Juden und Schwarze planten, die amerikanische Regierung zu stürzen und die Macht zu übernehmen. Es hieß, die Weißen müssten zusammenhalten und gemeinsam gegen Schwarze und Juden kämpfen, um dies zu verhindern. Oder es würde übel für uns alle enden. Mir wurde heiß und kalt zugleich. Ich hatte schon immer gewusst, dass man Schwarzen nicht trauen konnte. Aber wie real die Bedrohung durch die Schwarzen tatsächlich war und dass es möglicherweise sogar zu einem Krieg kommen würde, hatte ich nicht gewusst.

Mein Gott, dachte ich mit einer Mischung aus Ohnmacht und Entsetzen. *Ich hatte ja keine Ahnung, was hier wirklich abgeht! Nicht die leiseste!*

»Richard?« Vaters Stimme und sein Klopfen an meine Zimmertür ließen mich jäh zusammenzucken. In Sekundenschnelle ließ die Wucht dieser atemberaubenden Zusammenhänge von mir ab und ich kehrte zurück in meine harmlose Teenagerwelt. Rasch sammelte ich alles Klanmaterial ein, stopfte es unter mein Bett und schnappte mir hastig ein Englischbuch vom Teppich. »Ja?«

Mein Vater trat ein. »Ich hab das Licht in deinem Zimmer gesehen. Es ist schon halb eins, Junge.«

»Äh, ja, ich weiß«, nickte ich und hob zur Erklärung das Schulbuch hoch. »Muss noch Englisch lernen.«

»Hm«, brummte mein Vater. Er sah überarbeitet aus. Wie immer. »Wie war dein Tag heute?«

»Nichts Besonderes«, log ich. »Und deiner?«

»Das Übliche. Hat Steven angerufen?«

»Nicht dass ich wüsste, Dad. Ich hab seit Ewigkeiten nichts von Stevie gehört.«

Mein Vater seufzte schwer. »Nun ja, hätte ja sein können.« Er machte eine Pause und fuhr sich mit der Hand über sein müdes Gesicht. »Hör zu, ich werde morgen geschäftlich nach Chicago reisen.

Ich bin voraussichtlich nächsten Mittwoch zurück. Geld ist in der Tischschublade. Bleib nicht mehr zu lange auf, okay?«

»Okay, Dad.«

»Gute Nacht, Richard.«

»Gute Nacht, Dad.«

Mein Vater drehte sich um und zog die Tür hinter sich zu. Ich stieß erleichtert die Luft aus. Das war ja gerade noch mal gut gegangen. Nicht auszudenken, was geschehen wäre, hätte er entdeckt, womit ich mich beschäftigte.

Ich muss das Zeug irgendwo verstecken, schoss es mir durch den Kopf. *Vater darf es niemals finden, oder ich bin geliefert!*

Ich dachte kurz nach. Dann sprang ich auf, öffnete meinen Wandschrank, stellte mich auf einen kleinen Hocker und fischte einen Aktenkoffer vom obersten Regal. Ich hatte ihn mal von irgendwem geschenkt bekommen, ihn aber noch nie verwendet. Nun, jetzt hatte ich definitiv Verwendung für ihn. Und das Köfferchen hatte sogar ein Zahlenschloss! Das perfekte Versteck also für das brisante Material, das mir Jake Monroe gegeben hatte. Nachdem ich alles sicher verstaut und den Aktenkoffer wieder auf die oberste Ablagefläche meines Schrankes zurückgelegt hatte, ging ich ins Bett. Aber es dauerte eine ganze Stunde, bis ich endlich einschlief. Ich träumte von berittenen Kapuzenmännern und brennenden Kreuzen, von abgetrennten Fingern und Geheimagenten mit blinkenden Funkgeräten. Und irgendwo war ich mittendrin und musste den Präsidenten der Vereinigten Staaten vor einem Attentat retten.

»Du lebst ja noch!« Lisa begrüßte mich am nächsten Abend im »Perkins« mit einem verschmitzten Grinsen.

»Da staunst du, was?«, gab ich zurück und ging an ihr vorbei zu meiner Lieblingsecke. Lisa brachte einem Gast einen Burger mit Pommes und einem großen Eistee und kam dann zu mir herüber.

»Dein Vater ist echt cool«, schwärmte ich. »Er hat mir eine Menge zum Lesen mitgegeben. Ich glaub, er mag mich.«

»Ja, das tut er. Wir haben uns gestern Nacht noch lange über dich unterhalten.«

»Im Ernst?«

»Ja. Und er ist damit einverstanden, dass du mich ab und zu nach Hause fährst.«

»Wirklich?!« Ich war baff. Darauf war ich nicht gefasst gewesen. »Das ... das ist fantastisch! Wow!« Ich fuhr mir mit den Händen durch mein Haar. Diese umwerfende Neuigkeit musste ich erst einmal verdauen. Unglaublich! Gestern noch hatte man mir die Augen verbunden, damit ich nicht herausfinden würde, wo Lisa wohnte, und heute hatte ich die offizielle Erlaubnis, ihr Chauffeur zu sein! Wenn das kein Zeichen von Vertrauen war!

Ich machte eine schwungvolle Handbewegung wie ein Diener vor seiner Königin, setzte einen britischen Akzent auf und sagte: »Also, wenn Sie heute Abend einen Fahrer brauchen: Ich stehe jederzeit zu Ihren Diensten, Miss Monroe!«

Lisa wurde ein bisschen rot. Befangen schaute sie nach unten und schob sich eine schwarze Haarsträhne hinters Ohr. »Zufällig brauch ich tatsächlich jemanden, der mich heute nach Hause fährt«, sagte sie und blickte wieder auf. »Hättest du Zeit?«

Ich strahlte übers ganze Gesicht. »Ich habe alle Zeit der Welt, Lisa! Wann ist deine Schicht zu Ende?«

»Um elf.« Und bevor ich sie erneut in Verlegenheit bringen konnte, rauschte sie davon.

Es fühlte sich irgendwie seltsam an, Lisa in dieser Nacht nach Hause zu fahren, fast so wie ein erstes Date. Ich stellte mir die ganze Fahrt über vor, wie ich mit dem Wagen an den Straßenrand fuhr, ihr tief in ihre wunderschönen blauen Augen schaute und sie dann küsste. Aber ich tat es nicht. Stattdessen ignorierte ich das Glühen in meinem Herzen und versuchte mich auf die Straße zu konzentrieren.

Die Fahrt war wesentlich kürzer als am Tag zuvor mit Don und James. Lisa wohnte nur zwölf Blocks weit vom »Perkins« entfernt. Allerdings war die Wohngegend etwas düster, und ich verstand, warum ihr Vater nicht wollte, dass sie nachts ohne Begleitung unterwegs war.

»Da vorne ist es«, sagte Lisa und deutete auf ein grünes, einstöckiges Häuschen mit Veranda und etwas umliegenden Garten. Es sah ungefähr so aus, wie ich es mir vorgestellt hatte, als ich am Abend zuvor drinnen gewesen war – obwohl es nach wie vor nicht dem entsprach, was ich mir unter dem Zuhause eines der einflussreichsten Männer des KKK vorstellte. Die Farbe blätterte sogar an einigen Stellen von der Holzfassade ab. Dafür erkannte ich auf dem Dach mehrere riesige Antennen. Jake hatte mir offensichtlich die Wahrheit gesagt, was die Sendeweite seiner CB-Funkstation anbelangte.

Abartig! Der Typ hat tatsächlich eine eigene Radiostation in seiner Küche.

Als ich den Wagen in der Einfahrt parkte, fiel mir auf, dass bei zwei Fenstern die Vorhänge ein Stück aufgezogen wurden. Ich sah zwei Gestalten am Fenster stehen, die mich beobachteten. Doch wer die beiden waren, konnte ich nicht erkennen.

»Sehen wir uns morgen?«, fragte ich Lisa.

»Morgen arbeite ich nicht. Aber wenn du Lust hast, komm doch am Nachmittag auf einen Sprung vorbei. Meine Mom möchte dich gerne kennenlernen. Und morgen ist ihr freier Tag.«

»Deine Mom *arbeitet*?«

Lisa schüttelte lachend den Kopf. »Wir sind normale Leute, Richie. Meine Mutter arbeitet, ich arbeite, und mein Vater arbeitet auch.«

»Du meinst ... in einem richtigen Job?«

»Ja, in einem *richtigen* Job«, wiederholte Lisa ein wenig sarkastisch. »Was hast *du* denn gedacht, wovon wir leben?«

»Äh ...«, murmelte ich und kam mir auf einmal ziemlich bescheuert vor. »Das hab ich mir nie so genau überlegt, um ehrlich zu sein. Ich dachte irgendwie ... na ja, wo dein Vater eine so hohe Stellung im Klan hat und all das ...«

»Also was ist nun wegen morgen?«, wechselte Lisa das Thema und erlöste mich von meinem Rumgestottere. »Kommst du oder hast du schon was anderes vor?«

»Nein, morgen hab ich nichts vor«, sagte ich und lächelte. »Ich komme sehr gerne, Lisa.«

»Gut. Sagen wir so gegen zwei?«

»Ich werde da sein.«

Lisas Mutter war eine sehr herzliche Frau. Ihr Name war Carol. Sie war groß, schlank und hatte schwarzes glattes Haar genau wie Lisa. Vom ersten Augenblick an war sie mir sympathisch. Und ich ihr wohl auch, denn sie begrüßte mich mit einem Lächeln von der Größe Chinas. Lisa begleitete mich ins Wohnzimmer und verschwand dann mit ihrer Mutter in der Küche, aus der es herrlich nach Kaffee und frisch gebackenem Kuchen duftete. Ich nahm Jake gegenüber Platz. Jake saß wie bei unserem ersten Treffen mit übereinandergeschlagenen Beinen in seinem Sessel in Reichweite der Schrotflinte, die hinter ihm an der Wand hing. Don und James waren auch anwesend. Die kräftigen Burschen hatten es sich auf dem großen Sofa bequem gemacht und lachten gerade herzhaft über irgendeine komische Bemerkung, die Jake gemacht hatte. Sie waren bei bester Laune und nickten mir freundschaftlich zu, als wären wir alte Bekannte. Es war ein unglaublich gutes Gefühl, so selbstverständlich in ihrer Runde akzeptiert zu werden.

»Kaffee, Richard?« Carol stand mit einer Kaffeekanne vor mir und sah mich freundlich an.

»O ja, bitte«, sagte ich und streckte ihr meine Kaffeetasse entgegen.

Carol schenkte mir Kaffee ein, und Lisa legte mir ein Stück Käsekuchen auf meinen Kuchenteller. Ich lächelte sie an, und sie lächelte zurück. Eigentlich hatte ich gehofft, sie würde sich zu uns gesellen. Aber stattdessen zog sie sich wieder in die Küche zurück, um ihrer Mutter zu helfen. Ich machte mir nichts draus. Ich würde noch genügend Gelegenheiten haben, mit Lisa alleine zu sein. Die Gesellschaft dieser Männer hingegen war etwas Einmaliges, und ich wollte keine Minute davon verpassen.

Im Gegensatz zu meinem ersten Besuch war die Atmosphäre völlig entspannt, so entspannt, dass ich zwischendurch beinahe vergaß, bei wem ich eigentlich zu Gast war; und dass draußen auf der Veranda mehrere Bodyguards standen, die jederzeit bereit waren, ihre Waffen zu ziehen, falls sich eine unbefugte Person dem Haus näherte. Es waren sogar noch an der nächsten Straßenecke Wachen postiert, die mit eingeschaltetem CB-Funk in ihrem Auto saßen und die

Zufahrtsstraße im Auge behielten. Ja, Jake Monroe war kein Mann, bei dem man mal kurz auf einen Kaffee vorbeikam. Und doch tat ich genau das: Ich saß im Wohnzimmer eines der mächtigsten Männer des KKK und trank gemütlich eine Tasse Kaffee. James war an diesem Nachmittag besonders gesprächig und erzählte ein paar haarsträubende Geschichten von Schießereien und Verfolgungsjagden mit der Polizei, bei denen ich mich die ganze Zeit fragte, ob er nur bluffte oder ob die Storys tatsächlich der Wirklichkeit entsprachen. Zwischen seinen blutigen Schilderungen kam Carol immer mal wieder ins Wohnzimmer und fragte mit einem Lächeln in die Runde: »Noch etwas Kaffee?«

Während Carol mir meine dritte Tasse einschenkte, hängte ich an Jakes, James und Dons Lippen und sog jede Geschichte, die sie erzählten, gierig in mich auf. Es war unglaublich fesselnd, ihnen zuzuhören. Es war das Eintauchen in eine neue Welt. Es war spannender als meine gesamte Science-Fiction-Sammlung und spannender als alles, was ich in den vergangenen Jahren über den Klan gelesen hatte. Das hier war der echte Klan mit echten Geschichten und mit echten Menschen, und ich konnte nicht genug davon bekommen.

James schmatzte an einem Stück Kuchen herum und erzählte mir amüsiert, wie Jake und sein Kumpel George vor Jahren einmal drei schwarzen Mädchen eine lebende Schlange in ihr Cabrio geworfen hatten und die Mädels daraufhin kreischend in einen Telefonmasten geknallt waren. Er kugelte sich fast vor Lachen, während er das hysterische Rumfuchteln der Mädchen nachahmte. Jake ergänzte mit einem Hauch von Melancholie: »Ja, das waren noch Zeiten. Und jetzt sitzt unser George wieder mal hinter Gittern. Er kann es einfach nicht lassen, der gute George. Irgendwann kriegt er noch lebenslänglich für seine makaberen Spielchen.«

»Weswegen sitzt er denn?«, fragte ich neugierig.

»Gefährliche Körperverletzung oder versuchter Todschlag, eins von beiden«, sagte Jake, während er sich vorbeugte und die Kaffeetasse vom Couchtischchen nahm. »Ich bin mir nicht mehr ganz sicher, wofür sie ihn dieses Mal eingebuchtet haben.«

James half seinem Gedächtnis nach: »Das war doch diese Niggerfamilie, bei der er die Tochter gekidnappt und die Familie terrorisiert hat, und man das Mädchen anschließend mit verbundenen Augen an einem Baum gefesselt vorfand.«

Jake nahm einen Schluck Kaffee. »Nein, das war 'ne andere Geschichte. Ich glaube, diesmal hat er bloß irgendeinen Nigger verprügelt, den er auf dem Zahn hatte.«

»Du meinst den Nigger, den er ins Auto gezerrt und auf einem Feld draußen vor der Stadt halb tot wieder rausgeworfen hat?« James grinste schadenfroh. »Unser George hat echt was auf dem Kasten, das muss man schon sagen.«

»Ja, wenn er nicht andauernd dafür im Knast landen würde. Wenn er wieder draußen ist, werde ich ein ernstes Wörtchen mit ihm reden müssen.«

Ich hörte dem Gespräch interessiert zu. Noch nie hatte ich erlebt, wie Leute mit einer derartigen Gelassenheit über Verbrechen redeten wie andere Leute übers Wetter. Ich kam mir vor wie in einem Film.

»Boss«, schnitt Don zwischen zwei Kuchenbissen ein neues Thema an, »was ist eigentlich letzte Woche bei der Schießerei an der Dixon Road schiefgegangen? Es wird rumerzählt, da wären Frauen und Kinder in die Schusslinie geraten.«

Ich spitzte meine Lauscher. Die hatten letzte Woche wirklich eine Schießerei an der Dixon Road gehabt? Warum hatte ich davon nichts in der Zeitung gelesen?

»Totaler Schwachsinn!«, rief Jake und machte eine genervte Bewegung mit seiner verkrüppelten Hand. »Du weißt, wir haben das Haus tagelang beobachtet. Da waren keine Frauen oder Kinder drin. Die hätten wir verflixt noch mal sehen müssen, wenn sie in den Tagen das Haus verlassen oder am Fenster gestanden hätten. Ich weiß nicht, wer dieses Gerücht in die Welt gesetzt hat. Aber es ist völlig aus der Luft gegriffen. Wir hätten nicht losgeballert, wären Frauen oder Kinder anwesend gewesen. Ganz bestimmt nicht.«

»Was ist denn passiert?«, wollte ich wissen.

»Wir haben das Haus von drei Niggern unter Beschuss genommen«, klärte mich James auf. »Schmierige Drogendealer. Haben den

Kindern von einem unserer Klansmänner Drogen verkauft. Da hat der Klan beschlossen, ihnen eine kleine Lektion zu erteilen, damit sie es nicht wieder tun. Wir haben in der Nacht alle zusammengetrommelt, sind mit vier Wagen losgefahren, und auf der Höhe ihrer Drogenbude haben wir das Feuer eröffnet.«

Ich klebte James geradezu an den Lippen. Solche Szenen hatte ich schon im Fernsehen gesehen: Irgendwelche Gangster biegen mit quietschenden Reifen um die Ecke, rollen langsam am Haus ihres Feindes vorbei, beschießen es mit ihren Maschinenpistolen, bis sämtliche Fensterscheiben zersplittert sind und die gesamte Vorderfront von Kugeln durchsiebt ist, geben wieder Gas und verschwinden unerkannt in der Dunkelheit. Aber dass sich eine derartige Szene letzte Woche in meiner Stadt abgespielt hatte, noch dazu ausgeführt von Leuten, mit denen ich hier bei einem netten Kaffeekränzchen zusammensaß, schien mir unvorstellbar – und erregend zugleich.

»Wurde jemand verletzt?«, fragte ich.

Jake nippte an seinem Kaffee. »Gestorben ist keiner, wenn es das ist, was du wissen möchtest.«

»Und danach haben sie den Nachbarn eingeschärft, den Mund zu halten, damit die Bullen nicht kommen und beginnen rumzuschnüffeln«, erzählte James und gluckste begeistert. »Das war vielleicht 'ne krasse Nacht. Hab das ganze Magazin meiner MP 40 leer geschossen. Sollten wir bei Gelegenheit wiederholen, was, Boss?«

»Das wird nicht nötig sein«, meinte Jake trocken. »Die Botschaft ist angekommen. Und falls nicht, lassen wir uns beim nächsten Mal was Effektiveres einfallen.«

Was Effektiveres? Meint er etwa Mord? Mit einem Mal wurde mir wieder bewusst, mit was für Leuten ich hier eigentlich zusammensaß, Leute mit Knarren und Messern und fehlenden Fingern, Leute, die verbotene Funkstationen besaßen, vom FBI gejagt wurden, Häuser beschossen und vielleicht sogar schon wie George im Gefängnis gesessen hatten wegen irgendwelcher illegaler Aktivitäten. Das Verrückte war, dass mich diese Dinge keineswegs abschreckten. Im Gegenteil. Die Welt dieser Männer faszinierte mich, und die Tatsache, dass ich als Sechzehnjähriger in ihrer Runde sitzen durfte und sie mit mir redeten, als wäre ich einer von ihnen, erfüllte mich mit großem Stolz. Klar, streng genommen war ich keiner von ihnen. Aber irgendwie gehörte ich eben doch ein klein wenig dazu – dachte ich zumindest ...

9 Kein Spiel mehr

Ich war nun offiziell Lisas persönlicher Bodyguard. Na ja, offiziell hatte zwar nie jemand etwas gesagt, und wenn es hart auf hart gekommen wäre, weiß ich nicht, wie gut ich mich als Beschützer geschlagen hätte, aber Don und James holten Lisa jedenfalls immer seltener vom »Perkins« ab, und irgendwann kamen sie gar nicht mehr. Dass Jake mir seine Tochter anvertraute, war schon außergewöhnlich. Und ich durfte Lisa nicht nur abends nach Hause fahren, ich durfte sie auch sonst überall hinbegleiten, was mein Selbstbewusstsein ungemein in die Höhe trieb. Schließlich war Lisa das Traummädchen schlechthin. Bei welcher Party wir auch aufkreuzten, wurden uns verstohlene Blicke zugeworfen. Jeder wunderte sich insgeheim, wie ein Nerd wie ich es geschafft hatte, bei einem so hübschen Mädchen zu landen. Natürlich dachten alle, Lisa und ich wären zusammen – und ich hatte nicht vor, diesen Irrtum aufzuklären. Nur Slikk gegenüber war ich ehrlich. Aber er glaubte mir trotzdem nicht.

»Komm schon, gib's zu«, sagte er, als wir an einem spätherbstlichen Freitagmittag draußen auf der Schulwiese saßen und unsere Brötchen verdrückten. »Da läuft doch was zwischen euch.«

»Nein, da läuft nichts«, versicherte ich ihm wahrheitsgetreu.

»Und warum bist du dann dauernd mit ihr zusammen?«

»Ich beschütze sie.«

»Du *beschützt* sie?!« Slikk lachte laut heraus. »Aber klar, *sicher* beschützt du sie. Ich kann mir *lebhaft* vorstellen, wie du sie beschützt.« Er zwinkerte mir spitzbübisch zu. »Hast du sie schon geküsst?«

Ich sah Slikk ernst an. »Ich sag dir doch, da läuft nichts! Lisas Vater ist ein einflussreicher Mann und möchte nicht, dass sie ohne Begleitung unterwegs ist. Ich bin sozusagen für ihre beiden Leibwächter eingesprungen.«

»Für die beiden Gorillas?« Slikk prustete los und verschluckte sich dabei prompt an seinem Sandwich. »Du machst Witze, oder?«

Ich schüttelte den Kopf. »Tu ich nicht. Oder wann hast du die beiden Schwergewichte zum letzten Mal im ›Perkins‹ gesehen?«

Slikk runzelte die Stirn. Ich merkte, wie es in seinem Hirn zu rotieren begann. »Moment mal. Du willst doch nicht allen Ernstes behaupten ... du bist *tatsächlich* ihr neuer Bodyguard?!«

»So ist es.«

»Aber ...« Slikk sah mich mit offenem Mund an. »Würdest du mich bitte mal aufklären? Wie kommt es, dass du ... Was wird hier eigentlich gespielt, Richie?«

Ich zögerte. Ob ich es ihm sagen sollte? Mir war noch lebhaft in Erinnerung, wie Lisa ausgetickt war, als sie erfuhr, dass ihre Freundin mich eingeweiht hatte. Andererseits hatte ich in den vergangenen Wochen festgestellt, dass es durchaus noch mehr Leute gab, die wussten, wer Lisa war. Warum sollte ich es also vor Slikk verschweigen? Er war mein bester Freund. Irgendwann *musste* ich es ihm sagen. Außerdem war Slikk der loyalste Mensch, den ich kannte. Wenn einer ein Geheimnis bewahren konnte, dann er.

»Na schön«, begann ich, »aber du musst mir versprechen, dass du das für dich behältst.«

»Versprochen. Und jetzt mach's nicht so spannend. Was geht hier ab?«

Ich atmete tief ein, und dann rückte ich endlich mit der ganzen Wahrheit heraus. Ich erzählte ihm, wer Lisas Vater war und dass ich sein Vertrauen gewonnen hatte und seither fast jeden Abend bei den Monroes abhängte. Slikk war einfach nur sprachlos.

»Voll der Wahnsinn, Mann!« Er machte eine lange Pause und starrte mich an. »Voll der Wahnsinn!« Es dauerte eine ganze Weile, bis er wieder einigermaßen ansprechbar war.

»Und du hast keine Angst vor denen? Ich meine, wir reden hier nicht von Greenpeace oder irgendeinem Schachclub.«

»Ich weiß.«

»Die sprengen Busse in die Luft und haben schon was weiß ich wie viele Schwarze getötet. Hast du nicht mal in einem deiner Vorträge erzählt, dass der KKK bei einer Wahl über tausend Leute auf einen Schlag gelyncht hat?«

»Das Pulaski-Massaker 1868. Ja. Da hat der KKK während der Wahlperiode über 1 300 republikanische Wähler systematisch gelyncht. Das waren aber Weiße, die gelyncht wurden, keine Schwarzen.«

»Na das ist ja sehr beruhigend«, meinte Slikk. »Und du hast wirklich keine Bedenken, dich mit solchen Leuten einzulassen?«

Ich lachte. »Hey, das war vor über hundert Jahren. Die Zeiten ändern sich. Lisas Vater ist ein total cooler Typ, ehrlich. Außerdem bin ich ja kein Mitglied.«

»Tu mir einfach einen Gefallen, Richie«, sagte Slikk und legte mir kameradschaftlich den Arm um die Schulter, »sei vorsichtig, okay?«

»Mach dir mal keine Sorgen.« Ich grinste ihn selbstbewusst an. »Ich hab alles unter Kontrolle.«

An diesem Abend ging ich mit Lisa und ein paar Freunden von ihr ins Kino. Auf der Heimfahrt legten Lisa und ich noch einen Stopp im Burger King ein, weil wir beide plötzlich wahnsinnig Lust auf Eis hatten. Kurz nachdem wir uns mit zwei Milchshakes gut gelaunt an eines der gelben Tischchen gesetzt hatten, setzten sich zwei uniformierte Polizisten an den Tisch neben uns. Sie nickten uns freundlich zu, während sie ihre Burger aßen. Dann eröffneten sie ganz beiläufig ein Gespräch mit uns, fragten uns nach unseren Namen, an welche Highschool wir gingen und andere belanglose Dinge. Wir gaben ihnen bereitwillig Auskunft, ohne uns viel dabei zu denken. Die Polizisten aßen ihre Burger auf, wir schlürften unsere Milchshakes zu Ende, und dann zog jeder seines Weges.

Nichts deutete darauf hin, dass irgendetwas Ungewöhnliches geschehen wäre, bis wir bei Lisa zu Hause ankamen. Wir gingen an den Bodyguards vorbei, betraten das Wohnzimmer, und dort schlug uns der blanke Zorn entgegen. Jake, der sonst immer in seinem Sessel vor der Wand saß, stand mit verschränkten Armen mitten im Raum und sah aus, als würde er gleich explodieren. Don und James wirkten nicht weniger bedrohlich.

Weshalb nur?

»Lisa, geh auf dein Zimmer! Sofort!«, befahl Jake. Lisa zuckte zusammen und huschte eilends davon.

»Junger Mann: Setzen!«

Eingeschüchtert ließ ich mich auf dem nächstbesten Stuhl nieder. *Was geht hier nur vor?!*

Jake trat vor mich wie ein Tyrann vor jemanden, der sich des Hochverrats schuldig gemacht hatte. Seine Augen glühten. »*Was* hast du dir dabei gedacht, *Richard Harris*?!«

Ich hatte keine Ahnung, wovon er redete. Langsam bekam ich es mit der Angst zu tun. So aufgebracht hatte ich Jake noch nie gesehen.

»Was hast du den Cops erzählt?!«

»Du meinst die im Burger King?«, fragte ich verstört. Endlich hatte ich einen Anhaltspunkt, worum es eigentlich ging. Obwohl ich die ganze Aufregung noch immer nicht nachvollziehen konnte. »Wir haben uns kurz unterhalten, ja. Aber das war alles ganz harmlos.«

»*Harmlos*?!«, brüllte nun James und nahm mich von der andern Seite in die Mangel. »Ich will dir mal was sagen, Bürschchen! Zu dem Zeitpunkt, als ihr den Burger King betreten habt, wussten die Cops bereits, wer ihr seid, und haben über Polizeifunk durchgegeben, dass sie anhalten würden, um zwei verdächtige Personen zu befragen. Sie sind euch seit dem Kino durch die halbe Stadt gefolgt!«

Ich starrte James perplex an. »Woher weißt du das?«

»Das spielt jetzt keine Rolle.«

Mein Herz pochte heftig. Hatten Don und James uns etwa die ganze Zeit nachspioniert? Dass sie in ihrem Auto eine CB-Funkstation hatten und damit den Polizeifunk abhören konnten, wusste ich. Aber dass sie mich überwachten? Ich hatte gedacht, Jake würde mir vertrauen. Waren die vergangenen Wochen etwa wieder nur ein Test gewesen? Um herauszufinden, ob ich seiner Tochter würdig war? Ich konnte von Glück reden, dass ich nie versucht hatte, Lisa zu berühren oder gar zu küssen. Ich wollte mir gar nicht erst ausmalen, was Jake dann mit mir angestellt hätte.

»Du gehst mit meiner Tochter aus und dann verfütterst du sie an die Cops!«, zeterte Jake. Sein Kopf war feuerrot angelaufen, und seine Halsschlagadern traten hervor, während er durchs Wohnzimmer stapfte wie ein gereizter Stier. Dann kam er auf mich zu, beugte sich über mich und fixierte mich mit blitzenden Augen. »Was hast du den Cops gesagt?«

»N... nichts«, stammelte ich, während ich auf dem Stuhl immer tiefer sank und mir der Schweiß auf die Stirn trat. »Es war ... es war eine ganz oberflächliche Unterhaltung. Ich schwör's, Jake.«

»Er sagt die Wahrheit, Dad«, hörte ich Lisas Stimme. Sie stand bei der breiten Öffnung zwischen Wohnzimmer und Korridor und blickte einfühlsam zu mir herüber. »Wir haben ihnen nichts gesagt, was sie nicht auch ohne uns hätten herausfinden können.«

»Geh auf dein Zimmer, Lisa!«, knurrte Jake.

»Aber Dad, ich will doch nur ...«

»Ich sagte, geh auf dein Zimmer!«

Während Lisa sich wie ein geprügelter Hund davonstahl, tauchte plötzlich Carol im Morgenmantel auf und versuchte, die gespannte Situation mit beruhigender Stimme zu entschärfen: »Jake, bitte hör auf, den Jungen einzuschüchtern. Was auch immer er getan hat, ich bin mir sicher ...«

»Du hältst dich da raus, Carol!«, schnitt ihr Jake das Wort ab und warf ihr einen unmissverständlichen Blick zu. »Das hier ist Klanbusiness! Also misch dich gefälligst nicht ein und geh wieder schlafen, okay?!«

Ich meinte einen Hauch von Furcht in Carols Augen wahrzunehmen. Sie senkte den Blick, drehte sich um und schlurfte mit gesenkten Schultern davon. Ich kam mir auf meinem Stuhl immer mehr vor wie ein zitterndes Lämmchen inmitten von Wölfen. Wo war ich da bloß hineingeraten? Jake wartete einen Moment, dann wandte er sich mir erneut zu.

»Du verstehst noch immer nicht, wer wir sind, hab ich recht? Du denkst noch immer, das hier wäre ein Spiel. Ein aufregendes Abenteuer. Dem ist aber nicht so, Harris!« Er spießte mich mit seinen kleinen Augen förmlich auf. »Hier geht es nicht um dich! Es geht um den Klan! Es geht um Loyalität! Um gegenseitiges Vertrauen! Ich hab dir meine Tochter anvertraut. Und was tust du?«

»Ich ... ich war mir wirklich nicht bewusst, dass die Cops ...«

»Halt die Klappe!«, schrie mich James an, und zu Jake gewandt fügte er hastig hinzu: »Er kapiert es nicht, Boss. Er wird es nie kapieren. Er ist eben keiner von uns.«

Jake fuhr sich mit der Hand übers Gesicht und atmete schwer. »Du hast recht. Es war ein Fehler ihm zu vertrauen. Ich hätte wissen müssen, dass es nicht funktioniert.« Er zündete sich eine Zigarette an und trat ans Fenster.

Das Blut rauschte in meinem Kopf. Ich spürte, dass ich dabei war, alles zu verlieren, wenn ich nicht jetzt auf der Stelle etwas unternahm. Und schneller, als mein Verstand in der Lage war, die Worte abzuwägen, rief ich inbrünstig: »Und wenn ich einer von euch werde?«

Jake drehte sich um und sah mich mit zusammengekniffenen Augen an. »Du willst einer von uns werden?«

»Vergiss es«, sagte James, bevor ich auch nur die Möglichkeit hatte, mich zu äußern. »Wir sind doch kein Kindergarten.«

»Ich weiß nicht«, meldete sich nun Don zu Wort und fuhr sich mit Zeigefinger und Daumen nachdenklich über sein breites Kinn. Er hatte während der ganzen Diskussion geschwiegen und mich bloß mit verschränkten Armen beobachtet. »Vielleicht könnten wir ihn am Sonntag zum Treffen in Indianapolis mitnehmen.«

»Was für ein Treffen?«, fragte ich neugierig und gewann wieder ein wenig Boden unter den Füßen.

»Nein«, sagte Jake, bevor mir jemand eine Antwort auf meine Frage gab. »Richard ist ein guter Junge. Aber wir sollten nichts überstürzen. Er ist noch nicht so weit.«

»Ich finde, ein Versuch ist es wert, Boss«, ergriff Don Partei für mich.

James hingegen war mit dem Vorschlag überhaupt nicht einverstanden. »Reine Zeitverschwendung. Wir haben doch eben gesehen, wie viel Loyalität in Little Richard steckt: null. Wir wollen fähige Leute im Klan haben, nicht irgendwelche Clowns, die uns bei der erstbesten Gelegenheit in den Rücken fallen.«

»Das hab ich nicht getan!«, protestierte ich.

»Schnauze!«, fauchte mich James an und wandte sich wieder Jake und Don zu. »Wir haben schon zu viel riskiert. Wenn ihr mich fragt: Er hat nicht das Zeug für einen Klansmann.«

»Hab ich sehr wohl!«, platzte es erneut aus mir heraus. Ich konnte einfach nicht länger still sitzen und mit anhören, wie die drei über meine Zukunft verhandelten und dabei so taten, als wäre ich nicht mal anwesend. »Was soll ich tun? Was ist das für ein Treffen, von dem ihr geredet habt?«

»Ein informelles Treffen«, klärte mich Jake auf. »Für Leute wie dich, die interessiert sind, dem Klan beizutreten. Diesen Sonntag wird der Kaiserliche Hexenmeister sprechen.«

»Der Kaiserliche Hexenmeister?!« Mir wurde es auf einmal ganz heiß. Der Imperial Wizard war der höchste Klanführer des ganzen Landes. Und ausgerechnet diesen Sonntag würde er in Indianapolis eine Rede halten? Keine Frage, da musste ich hin, unbedingt!

»Ich bin dabei!«, sagte ich entschlossen, der psychische Terror der vergangenen Minuten war wie vergessen. »Sagt mir, wann und wo. Ich werde da sein.«

Jake überlegte einen Moment, während er an seiner Zigarette zog und den Rauch aus Mund und Nase stieß. »Don?«, fragte er dann den Hünen mit der kantigen Nase. »Du denkst also, er ist so weit?«

Don verzog keine Miene. »Ich denke, er ist so weit, Boss.«

»James?«

James beäugte mich eingehend. Ich wusste, er war misstrauisch. »Meinetwegen«, raunte er widerwillig, »wir werden sehn, was dabei rauskommt.«

»Gut«, sagte Jake, und als er mich ansah, huschte zum ersten Mal an diesem Abend ein Lächeln über sein Gesicht. »Dann also bis Sonntag. Zehn Uhr morgens. Zieh dir was Schickes an. Immerhin wirst du dem höchsten Mann des Ku-Klux-Klan begegnen.«

Erst, als ich Jakes Haus verließ und mich in meinen Wagen setzte, um nach Hause zu fahren, wurde mir klar, was ich da soeben getan hatte. Ich hatte gesagt, ich wolle dem Klan beitreten! Und ich würde an einem Klanmeeting teilnehmen und den Big Man höchstpersönlich treffen! War ich eigentlich noch bei Trost?!

10 Begegnung mit dem Kaiserlichen Hexenmeister

Es war Sonntag, der 20. Oktober 1974. Pünktlich wie die Feuerwehr stand ich um zehn bei Jake auf der Matte. Ich trug einen schwarzen Anzug mit Fliege, meine Haare saßen perfekt und die Schuhe glänzten. Ich wäre definitiv an jeder Gala und jeder Hochzeitsfeier ein Hingucker gewesen. Anders als die meisten Jungs in meinem Alter fühlte ich mich im James-Bond-Look wohler als mit zerfetzten Jeans und T-Shirt.

Jake, Don und James hatten sich ebenfalls in Schale geworfen, was mich etwas überraschte.

»Tragt ihr keine Klanroben?«, fragte ich verwundert.

»Heute nicht«, antwortete mir Jake. »Außerdem wäre es nicht sehr klug, mit farbigen Kutten und Spitzhüten durch die Gegend zu fahren.«

Das leuchtete mir ein. Allerdings war ich der Ansicht, dass Jake in weißer Kutte bestimmt eine bessere Figur gemacht hätte als mit Anzug und Krawatte. Dagegen verkörperten Don und James mit ihren grauen Anzügen und den schwarzen Sonnenbrillen das perfekte Klischee von den bösen Schurken aus einem Gangsterfilm.

Auf der eineinhalbstündigen Fahrt nach Indianapolis gingen mir tausend Fragen durch den Kopf. Jake hatte gesagt, das Meeting würde in einem Steakhouse stattfinden. Aber was für ein Steakhouse würde einer gefürchteten Organisation wie dem KKK seine Räumlichkeiten zur Verfügung stellen? Und was, wenn das FBI plötzlich den Laden stürmen und alle verhaften würde? Wie würde er denen verklickern, dass er eigentlich gar nicht dazugehörte? Andererseits hielt der Klan bestimmt ständig irgendwelche Versammlungen an irgendwelchen Orten ab, ohne von der Polizei belästigt zu werden. Sie machten das nicht zum ersten Mal.

»Was ist mit dem Großdrachen von Indiana?«, erkundigte ich mich. »Wird er auch dort sein?«

»Nein«, sagte Jake vom Beifahrersitz. »Wird er nicht.«

»Wer ist eigentlich der Großdrache von Indiana? Ihr habt ihn noch nie erwähnt.«

Ich wusste, dass es innerhalb des Klans eine komplexe Rangordnung gab. Der Führer einer lokalen Gruppe war zum Beispiel der Großzyklop. Ihm zur Seite standen zwei sogenannte Nachtfalken. Der Führer eines Staates war der Grand Dragon, der Großdrache. Der Führer mehrerer Staaten war der Großtitan, und der Führer des gesamten Landes wurde Imperial Wizard, Kaiserlicher Hexenmeister, genannt. Ich wusste, dass Bill Chaney zurzeit der Kaiserliche Hexenmeister war und Jake Monroe der Großtitan des Mittleren Westens, zuständig für die Staaten Illinois, Indiana, Michigan, Ohio und Kentucky. Aber wer die Position des Großdrachen unseres eigenen Staates Indiana belegte, wusste ich nicht.

»Zu gegebener Zeit wirst du ihn kennenlernen«, vertröstete mich Jake. Ich sah, wie James hinter dem Steuer verstohlen grinste bei dieser Bemerkung. Doch ich verstand nicht, warum. Und ich wagte es auch nicht, ihn danach zu fragen.

»Reine Neugier«, begann ich nach einer längeren Schweigepause und lehnte mich etwas vor, »wird heute eigentlich auch ein Kreuz verbrannt?«

Ich hatte die Frage kaum ausgesprochen, da trat James so heftig auf die Bremse, dass ich beinahe über den Sitz nach vorne flog. Jake wirbelte herum, streckte mir seinen Zeigefinger entgegen und schrie: »Wage es *nie* wieder, so zu reden! Hast du mich verstanden?!«

»Ja, aber ...« Ich kapierte rein gar nichts. Was hatte ich denn nun schon wieder falsch gemacht?

»Halt den Wagen an! ... *Ich sagte, halt den Wagen an!*«, befahl Jake.

James schwenkte nach rechts und brachte den Wagen auf dem Pannenstreifen zum Stehen. Mir war gar nicht mehr wohl in meiner Haut. Ich hatte ja schon am Freitagabend eine Kostprobe von Jakes aufbrausendem Temperament erhalten. Aber mir kam es so vor, als würde er noch mal eins drauflegen.

»Wir *verbrennen* keine Kreuze, wir *erleuchten* sie, ist das klar?!«

»Äh, ja«, murmelte ich verwirrt. »Ich ... ich meine: nein. Ich meine, wo liegt da der Unterschied?«

»Der *Unterschied*?!« Jake sah mich mit funkelnden Augen an. »Wir *schänden* doch nicht das Kreuz! Wir *erleuchten* es, damit alle sehen können, dass wir die wahren Christen sind.«

»Ihr ... seid Christen?«

»Natürlich sind wir Christen! Was hast du denn gedacht?«, blaffte mich Jake an, allerdings nicht mehr ganz so aggressiv wie noch vor Sekunden. Vielleicht hatte er gemerkt, dass er etwas überreagiert hatte. Er gab James ein Zeichen, dass er weiterfahren sollte. Dann wandte er sich mir erneut zu. »Wir glauben an die Bibel. Wir glauben an Gott, den Allmächtigen. Wir beten. Wir singen Hymnen. Wir haben unsere eigenen Kludds.«

»Kludds?«

»Pastoren«, klärte mich Don auf, der neben mir saß.

Ich stürzte von einer Überraschung in die nächste. »Pastoren? Ihr habt echte Pastoren im Klan?«

»Du hast wirklich noch sehr viel zu lernen, Richard«, meinte Jake und blickte wieder nach vorne.

Für den Rest der Fahrt hielt ich den Mund. Ich hatte keine Lust, Jake noch einmal ausrasten zu sehen. Zudem gab es genug, worüber ich nachdenken konnte. Der Klan war religiös! Jake redete sogar von den *wahren* Christen! Echt krass war das.

Ich war nämlich auch Christ. Nicht, dass ich in der Bibel las oder so etwas. Aber ich glaubte an Gott, ich glaubte an seinen Sohn Jesus Christus. Ich glaubte, dass er am Kreuz gestorben und wieder auferstanden war. Ich konnte das Gloria Patri singen und das apostolische Glaubensbekenntnis sowie das Vaterunser auswendig aufsagen. Das hatte ich alles in der Sonntagsschule gelernt. Ich hatte zwar keine Ahnung, was das ganze Zeug bedeutete und wofür es gut sein sollte. Aber ich glaubte auf jeden Fall an Gott und dass die Bibel Gottes heiliges Wort war und der Maßstab für unser Leben. Ich war sogar Mitglied der presbyterianischen Kirche. Wir wohnten nur zwei Straßen weit von der Kirche entfernt, und bis zum Tod meiner Mutter war unsere Familie dort jeden Sonntag zum Gottesdienst gegangen.

Danach waren die Besuche seltener geworden, bis mein Vater nicht mehr hinging und ich auch nicht. Natürlich glaubte ich immer noch an Gott und die Bibel. Ich war damit aufgewachsen. Woran hätte ich denn sonst glauben sollen? Und offenbar nahm auch der Klan die christliche Lehre sehr ernst, was mich wirklich beeindruckte.

Wir nahmen die Ausfahrt I-465 und parkten vor dem Bonanza Steakhouse. Der Klan hatte den Bankettsaal im hinteren Teil des Restaurants reserviert. Um die fünfzig, sechzig Leute standen in kleinen Grüppchen zusammen und unterhielten sich. Überrascht stellte ich fest, dass auch einige Frauen anwesend waren. Ich hatte bisher immer gedacht, der Klan wäre eine reine Männerorganisation. Dem war anscheinend nicht so. Mein Blick schweifte über die Menge und blieb an einem Podium haften – oder besser gesagt an dem Mann neben dem Podium, der gerade sehr herzlich jemandem die Hand schüttelte. Ich wusste sofort, wer er war. Ich hatte sein Bild oft genug in all den Klanzeitschriften gesehen: Bill Chaney, der Kaiserliche Hexenmeister.

Kaum hatten wir den Raum betreten, blickte Chaney auch schon zu uns herüber und breitete freudig die Arme aus. »Meine Freunde aus Kokomo! Willkommen! Willkommen!«, hallte seine Stimme durch den Saal. Er bahnte sich einen Weg zu uns und blieb mit einem breiten Lächeln vor uns stehen. »Kigy!«, sagte er fröhlich, Don und James zugewandt.

»Kigy!«, antworteten die beiden und schüttelten seine Hand. Es war kein gewöhnliches Händeschütteln. Irgendwie sah es aus, als würden sie mit ihren Händen gegenseitig ein Gewinde aufdrehen.

»Ayak?«, fragte Chaney.

»Akia«, antworteten Don und James wie aus einem Munde. Ich verstand wieder mal nur Bahnhof. War das eine Geheimsprache?

Jetzt wandte sich Chaney Jake zu und schüttelte seine Hand mit derselben komischen Drehbewegung wie eben bei Don und James. »Kigy, mein Bruder.«

»Kigy«, antwortete Jake und legte dann seine rechte Hand feierlich auf meine Schulter. »Eure Majestät, ich möchte Euch mit einem guten fremden Freund von mir bekannt machen.«

Einem *fremden* Freund?! So hatte mich noch nie jemand vorgestellt. Und *Eure Majestät*? Das klang ja wie in einem Historienfilm!

»Richard C. Harris aus Kokomo«, fuhr Jake fort und der Stolz in seiner Stimme war nicht zu überhören. »Ein guter Junge. Brennt darauf, mehr über unsere kleine Familie zu erfahren.«

Chaney ergriff meine Hand mit beiden Händen und schüttelte sie kräftig. »Das freut mich sehr zu hören, junger Mann. Sehr sogar. Willkommen. Herzlich willkommen!«

»Danke, Sir«, murmelte ich etwas verlegen und überlegte, ob es nun falsch gewesen war, ihn nicht mit Eure Majestät anzusprechen. Aber Chaney schien sich nicht daran zu stören. Er strahlte mich nur an und gab mir das Gefühl, etwas ganz Besonderes zu sein.

»Richard C. Harris«, sagte er pathetisch und zwinkerte mir dann verschmitzt zu, »ich hoffe doch, es fließt kein Niggerblut durch deine Adern.«

»Nein, Sir. Meine Vorfahren stammen aus England.«

»Oh.« Chaney zog überrascht die Augenbrauen hoch. »Ein Brite also. Was für ein Zufall. Ich plane nämlich, in den nächsten Monaten nach England zu reisen, um einen britischen KKK zu gründen. Wenn ich zurück bin, müssen wir uns unbedingt mal unterhalten.«

»Äh, ja, sehr gerne ... Eure Majestät.« Ich deutete eine leichte Verbeugung an. Mir wurde es auf einmal ganz warm ums Herz. Der Kaiserliche Hexenmeister wollte sich mit mir über die Gründung eines britischen KKK unterhalten! Nicht zu fassen!

»Entschuldigt mich bitte«, sagte Chaney und wandte sich von uns ab, um ein paar Neueintreffende zu begrüßen. Ich schaute ihm fasziniert hinterher. Was für ein Mann! Was für eine Ausstrahlung! Irgendwie hatte ich mir den Kaiserlichen Hexenmeister völlig anders vorgestellt, mehr im Stil eines finsteren, unnahbaren Mafioso. Aber Chaney war das pure Gegenteil davon. Er war herzlich, höflich, respektvoll und ungemein charismatisch. In seiner Gegenwart musste man sich einfach wohlfühlen. Keine Frage, Bill Chaney trug den Titel Kaiserlicher Hexenmeister völlig zu Recht, und ich war sehr gespannt auf seine Ansprache.

Nach dem Mittagessen war es endlich so weit. Wir saßen alle an unseren Tischchen – einige tranken Kaffee, andere hatten sich eine Kugel Eis oder ein Stück Kuchen bestellt – und Chaney schritt majestätisch zum Podium. Der Saal verstummte. Chaneys Bodyguard, ein stämmiger kleiner Mann in Anzug und Krawatte, stellte sich breitbeinig neben ihn, die Hände übereinandergelegt, und blickte ins Publikum, ohne auch nur eine Miene zu verziehen.

»Meine Schrecken und Klansmänner, meine lieben Fremden«, begann der Kaiserliche Hexenmeister seine Rede, und wieder wunderte ich mich über seine merkwürdige Ausdrucksweise. Gott sei Dank fuhr er dann aber in normal verständlichem Englisch fort, und schon nach dem ersten Satz war ich gefesselt von seiner Rede. Es war eine Sache, über die Minderwertigkeit von Schwarzen, Juden und Kommunisten zu lesen. Aber es war eine ganz andere Sache, jemanden wie Chaney darüber referieren zu hören, und das mit einer solchen Vehemenz, dass ich zwischendurch fast zu atmen vergaß. Er redete sich regelrecht in Fahrt wie ein Feldherr, der seine Truppen auf eine Schlacht vorbereitet. Das glühende Feuer seiner Worte steckte das gesamte Publikum in Brand.

»Martin Luzifer Mohr war nicht nur ein Nigger, er war ein Kommunistennigger! Ihr glaubt mir nicht? Hier ist der Beweis!«

Er hielt eine Klanzeitung hoch. Auf der Titelseite war Martin Luther King abgebildet, wie er mit anderen Studenten in einem Klassenraum saß. Es war nicht zu erkennen, woher die Aufnahme stammte noch, um was für einen Unterricht es sich handelte, aber Chaney klärte uns umgehend auf: »Hier sehen wir dieses Niggerschwein seelenruhig in einer kommunistischen Klasse sitzen!«

Um ehrlich zu sein, war mir nicht klar, was der Klan gegen Kommunisten und Juden hatte. Juden kannte ich keine, und was Kommunisten waren, wusste ich nicht so genau. Aber Schwarze gab es wahrlich genug in Kokomo, und sie waren mir ein Dorn im Auge. Sie waren Menschen zweiter Klasse und hatten an unseren weißen Schulen und in unserer weißen Gesellschaft nichts verloren.

Chaney sah das genauso, inbrünstig fuhr er fort: »Meine lieben Brüder und Schwestern, ich frage euch: Was ist aus unserer Nation geworden? Aus unserem Stolz? Unserem Glauben? Wie konnte ein Nigger wie Martin Luzifer Mohr so viel Einfluss gewinnen? Oder nehmen wir Abraham Lincoln: Wie konnte ein hinterhältiger Jude wie er es überhaupt schaffen, Präsident zu werden? Ja, ihr habt richtig gehört, unser sechzehnter Präsident war nichts weiter als ein Judenschwein! Oder was denkt ihr, was Abraham für ein Name ist? – Ganz recht, es ist ein jüdischer Name! Und was hat Abraham Lincoln getan? Er wusste nichts Besseres zu tun, als für die Freilassung der farbigen Sklaven einzutreten! Wo uns doch die Bibel klar und unmissverständlich lehrt, dass Neger dazu verdammt sind, Sklaven der gesamten Welt zu sein!«

Ich glaubte, ich hörte nicht richtig. *Das* stand in der Bibel?!

Doch tatsächlich holte der Meister eine Bibel hervor, um diese unglaubliche Behauptung zu belegen: »In 1. Mose 9, Vers 24 steht es schwarz auf weiß: Als Noah aus seinem Rausch aufwachte, erfuhr er, was sein zweiter Sohn ihm angetan hatte. ›Verflucht sei Kanaan!‹, rief er. ›Er soll für seine Brüder der niedrigste aller Knechte sein!‹« Er klappte die Bibel wieder zu. »Verflucht sei Kanaan! Er soll für seine Brüder der niedrigste aller Knechte sein«, dröhnte seine Stimme durch den Bankettsaal. »Ihr wisst, was das bedeutet, meine lieben Freunde: Die Neger sind Kanaans Nachkommen! Damit liegt der Fluch der Sklaverei auf jedem einzelnen Nigger auf dieser Erde! Noah hat sie ein für alle Mal verdammt, den übrigen Völkern dieser Welt als Sklaven zu dienen! Und wer, meine Schrecken und Klansmänner, wer, meine geschätzten fremden Freunde, wird unseren Kindern die Wahrheit über die Nigger sagen und über Abraham Lincoln, der es wagte, Gott mit seiner antibiblischen Einstellung ins Gesicht zu spucken? Unsere öffentlichen Schulen vielleicht?«

»Nein!«, antwortete das Publikum im Chor.

»Unsere kommunistischen Lehrer an den Universitäten?«

»Nein!«

»Unsere Kirchen?«

»Nein!«

»Nein, natürlich nicht!«, bestätigte Chaney mit theatralischer Gestik. »Die Einzigen, die unseren Kindern die Wahrheit sagen werden, sind wir, die Ritter des Ku-Klux-Klan!«

Bejahende Zurufe kamen aus der Menge. Die Luft brannte. Chaney stand hinter seinem Podium wie ein Gott.

»Wir, meine Schrecken und Klansmänner, wir, meine werten fremden Freunde, werden dafür sorgen, dass die Nigger wieder den Platz einnehmen, den Gott ihnen vor über viertausend Jahren zugewiesen hat! Wir, das unsichtbare Reich, sind die einzige Hoffnung für unsere Nation, unsere Rasse und unseren Gott! Wir allein haben die Wahrheit! Wir *sind* die Wahrheit! Wir sind dieselben, gestern, heute und in alle Ewigkeit! Non Silba Sed Anthar!«

»Non Silba Sed Anthar!«, erschallte es einstimmig wie ein Sprechchor durch den Saal.

»Was bedeutet das?«, raunte ich Don zu, der neben mir saß.

»Nicht für sich selbst, sondern für andere«, übersetzte Don.

Die Gäste waren nun so aufgepeitscht von Chaneys Ansprache, dass es sie förmlich von den Sitzen riss. Sie brachen in Jubel aus.

»Der Klan wird sich wieder erheben!«, prophezeite der Kaiserliche Hexenmeister, und seine Stimme überschlug sich beinahe vor Euphorie.

»Lang lebe der Klan!«, schrie das Publikum zurück.

»Zur Hölle mit den Rassenmischern!«, rief Chaney.

»White Power!«, antwortete die Menge wie aus einem Munde.

Jetzt hielt auch mich nichts mehr auf dem Stuhl. Ich sprang auf und stimmte in den tosenden Applaus mit ein. Ich war überwältigt. Ja, mehr als das. Ich war wie berauscht von dem, was ich gehört hatte. Und mir wurde auf einmal so einiges klar.

Deswegen empfinde ich diese tiefe Abneigung gegenüber Schwarzen! Deswegen überkommt mich ein glühender Zorn, wenn ich sehe, wie die Neger sich immer höhere Positionen in unserem Land erschleichen. Es ist der Zorn Gottes, den ich in mir spüre! Es ist der biblische Fluch, der auf den Schwarzen lastet! Es ist die göttliche Gerechtigkeit, die den Ku-Klux-Klan dazu antreibt, die alte Ordnung wiederherzustellen!

Ich klatschte mir beinahe die Hände wund. Mein Gott, wie konnte die Menschheit nur so blind sein? Warum kapierte niemand, dass die Gleichberechtigung der Schwarzen gegen Gottes heilige Anordnungen verstieß? Wieder fiel mir der Zwischenfall auf der Hinfahrt ein, als Jake mich energisch zurechtgewiesen hatte, weil ich im Zusammenhang mit dem Kreuz das Wort »verbrennen« statt »erleuchten« benutzt hatte. Er hatte gesagt, dass die Leute vom Klan die wahren Christen seien. Jetzt, nachdem ich die feurige Rede des Kaiserlichen Hexenmeisters gehört hatte, war ich mir hundertprozentig sicher, dass das stimmte. Das hier waren keine Verrückten, die das Gesetz selbst in die Hand nahmen. Das hier waren Krieger des Allmächtigen, die bereit waren, im Namen Christi für die Gerechtigkeit zu kämpfen.

Wie ich so dastand, mitten in den Standing Ovations, meinen Blick auf Chaney gerichtet, durchströmte mich auf einmal eine gewaltige Hitzewelle. Genau wie damals vor fünf Jahren, als Steven mir die Karte des Ku-Klux-Klan gezeigt hatte, fühlte ich wieder diese eigenartige Wärme in mir, dieses Kribbeln, dieses unbeschreibliche Gefühl der Zugehörigkeit. Damals war es nur ein feines Ziehen in meinem Herzen gewesen, als würde der Klan nach mir rufen. Jetzt war es kein feines Ziehen mehr, sondern ein Reißen, dem ich mich kaum noch zu erwehren vermochte.

Sei ein Mann! Komm zum Klan!

Die Worte pulsierten in meinem Kopf wie glühendes Metall. Sie waren lauter als der Beifall der Leute um mich herum. Ihre Botschaft war unmissverständlich: Der Klan forderte eine Entscheidung von mir. Ich wusste es. Ich spürte es.

Doch war ich dazu bereit?

Nachdem sich die Wogen der Begeisterung allmählich geglättet hatten, bat der Kaiserliche Hexenmeister einen Mann nach vorne, den er uns als Klanprediger von Michigan vorstellte. Der Mann breitete die Arme aus, und alle senkten ehrfürchtig ihre Häupter wie beim Gebet in der Kirche.

»Möge der Segen unseres Gottes über dir sein und die Sonne der Herrlichkeit über deinem Haupte leuchten. Mögen die Tore des Überflusses, der Ehre und der Freude immer mit dir sein, sofern sie dir nicht das ewige Glück rauben. Kein Streit störe deine Tage noch Leid oder Not deine Nacht. Und wenn der Tod dir die Vorladung zu deinem Abschied schickt, möge des Retters Blut dich von aller Unreinheit reinwaschen, und so vorbereitet mögest du eintreten in das Unsichtbare Reich und möge deine Seele Ruhe und ewigen Frieden finden. Amen.«

»Amen!«, antwortete das Publikum.

Damit war das Treffen offiziell zu Ende. Der Kaiserliche Hexenmeister begab sich zum Ausgang, und wie ein Pastor am Ende des Gottesdienstes schüttelte er allen persönlich die Hand, bevor sie den Saal verließen.

Ich hatte mein erstes Klanmeeting überstanden. Und es fühlte sich großartig an. Die Begegnung mit Bill Chaney, seine inspirierende Ansprache, die geheimnisvollen Floskeln und Handzeichen, das Zusammensein mit sechzig anderen Leuten, die entweder Klansmänner waren oder Anwärter so wie ich, das alles war unglaublich spannend gewesen. Ich konnte es kaum erwarten, Lisa und Slikk davon zu erzählen. Beide hatte ich seit Freitag nicht mehr gesehen und ihnen daher nichts von meinen Sonntagsplänen gesagt. Auf Lisas Reaktion war ich besonders gespannt. Schließlich hatte sie mich immer wieder davor gewarnt, mich zu sehr mit dem Klan einzulassen. Wahrscheinlich dachte sie, mein Interesse wäre gespielt und ich wolle sie damit lediglich beeindrucken. Aber jetzt hatte ich an einem offiziellen Treffen teilgenommen und sogar mit dem Kaiserlichen Hexenmeister gesprochen. Das sollte Lisa Beweis genug sein, dass ich es ernst meinte.

Sie wird bestimmt stolz auf mich sein, dachte ich zuversichtlich, als ich mich von Jakes Haus auf den Weg zum »Perkins« machte, wo Lisa an diesem Nachmittag arbeitete. Ich setzte mich in meine Lieblingsnische am Fenster und wartete, bis Lisa die Gäste bedient hatte. Dann kam sie zu mir herüber und nahm mir gegenüber Platz. Natürlich sah sie bereits an meinem Strahlen, dass ich außergewöhnliche Neuigkeiten hatte.

»Rate, wo ich heute gewesen bin!«

»Auf einer Hochzeit?«, fragte mich Lisa mit Blick auf meine noble Kleidung.

»Nein. Zweiter Versuch.«

»In der Kirche?«

»Nicht direkt.«

Mit einem Mal veränderte sich Lisas Gesichtsausdruck radikal. »Nein ... nein, sag mir, dass das nicht wahr ist! Das Klantreffen! Du bist nicht ernsthaft da hingefahren, oder?«

Ich grinste. »Doch, bin ich. Dein Vater hat mich eingeladen. Es war toll! Ich hab sogar den Kaiserlichen Hexenmeister kennengelernt. Er ist ganz anders, als ich gedacht habe. Total freundlich und umgänglich.«

»Onkel Bill ist immer freundlich, solange man ihn nicht herausfordert!«

»Du kennst ihn?«

»Klar kenne ich ihn!« Sie klang sarkastisch. »Ich bin die Tochter eines Großtitans, schon vergessen? Warum bist du da hingefahren, Richie? Hab ich dir nicht gesagt, du sollst die Finger davon lassen?«

»Hey, immer mit der Ruhe, Lisa. Es war nur ein informelles Treffen.«

»Das war nicht nur ein Treffen, Richie!«, fauchte Lisa und eine Falte grub sich in ihre Stirn. »Es war alles eingefädelt, von Anfang an! Sie spielen mit dir wie die Katze mit der Maus. Und wenn die Falle zuschnappt, gibt es kein Zurück mehr. Du hast keine Ahnung, worauf du dich da einlässt! Nicht die leiseste!«

Ich fand, dass sie wieder mal maßlos übertrieb – wie immer, wenn es um den Klan ging. »Jetzt sei nicht so dramatisch. Der gute alte Richie hat alles unter Kontrolle, okay?«

Lisa schüttelte energisch den Kopf. »Nein, hast du nicht! Das ist es ja gerade, was ich dir zu erklären versuche. Du hast überhaupt nichts unter Kontrolle! Heute war es ein Klanmeeting. Und morgen, übermorgen oder in ein paar Wochen fragen sie dich, ob du beitreten möchtest. Und du wirst Ja sagen!«

»Das weißt du doch überhaupt nicht.«

»Doch, Richie. Das weiß ich. Und du weißt es auch!«, sagte sie, und schien kurz davor, die Fassung zu verlieren. »Warum hast du nicht auf mich gehört? Warum wolltest du unbedingt meinen Vater treffen? Der Klan wird dein Leben ruinieren! Du wirst genauso enden wie mein Vater, wie Don und James und so viele andere. Es verändert dich, Richie, mehr, als du wahrhaben willst. Ich seh's in deinen Augen. Es ist da. Es ist bereits in dir.« Ihr Kinn begann zu beben und mit einem Flüstern fügte sie resigniert hinzu: »Es hat dich.«

Ich verstand nicht, was sie damit meinte. »Was hat mich? Der Klan?«

Lisas Augen füllten sich auf einmal mit Tränen. »Der Fluch.« Sie presste die Lippen aufeinander und erhob sich. »Es ist der Fluch.«

»Was für ein Fluch?«, fragte ich, und als sie mir keine Antwort gab, hielt ich sie am Arm fest und fragte sie erneut: »Was für ein Fluch, Lisa?«

Sie sah mich einfach nur an mit ihren großen blauen Augen, so, als fürchtete sie, mich für immer verloren zu haben. »Wir hätten uns nie begegnen sollen«, hauchte sie. Dann schüttelte sie meine Hand von ihrem Arm, wischte sich über die feuchten Augen und eilte davon.

11 Ganz oder gar nicht

Ich verließ das Restaurant verwirrt und beschloss, stattdessen auf einen Sprung bei Slikk vorbeizugehen. Er würde sicherlich mehr Verständnis für meine Begeisterung haben als Lisa. Er würde nicht gleich hysterisch werden, wenn es abenteuerlich wurde. Ich musste ihm unbedingt von meinen Erlebnissen erzählen.

Vorfreudig klingelte ich bei ihm zu Hause, und Mrs Moore öffnete die Tür. »Richard! Komm doch rein! Wir feiern gerade mit Freunden ein kleines Barbecue im Garten. Die Steaks müssten jeden Moment durch sein.«

»Danke, Mrs Moore, aber ich bin eigentlich noch satt vom Mittagessen.«

»Ein Steak hat noch niemandem geschadet«, sagte Slikks Mutter und schob mich Richtung Garten. Ich zählte acht Leute, die gemütlich beieinandersaßen und sich das Essen schmecken ließen. Pastor Moore, Slikks Vater, stand mit einer bunten Küchenschürze, einem Kochhandschuh und einer großen Grillzange wie ein Vollprofi beim Grill und kümmerte sich um das brutzelnde Fleisch. Als er mich entdeckte, winkte er mich mit der Grillzange fröhlich zu sich.

»Richard! Schön, dich zu sehen!« Er legte mir väterlich den Arm um die Schulter, die Grillzange immer noch in der Hand. Seinen Gästen zugewandt sagte er: »Darf ich euch einen guten Freund von uns vorstellen: Richard C. Harris. Merkt euch seinen Namen. Dieser junge Mann wird eines Tages große Dinge tun für das Reich Gottes!«

Große Dinge tun für das Reich Gottes?! Ich hatte keine Ahnung, was er damit meinte. Offenbar liebten es Christen, in Rätseln zu sprechen.

»Willst du ein Steak?«, fragte er mich.

»Äh, nein danke, Mr Moore, vielleicht später.«

»Wie du meinst. Da drüben auf dem Tisch stehen Salate. Es gibt auch Kaffee und Kuchen, wenn du möchtest. Fühl dich wie zu Hause.«

»Danke, Mr Moore.«

»Nichts zu danken. Ach, und streichen wir den Mister. Wir kennen uns weiß Gott schon lange genug. Von heute an nennst du mich Frank.«

»Äh, danke ... Frank«, sagte ich leicht überrumpelt.

»Das wurde aber auch Zeit, Dad«, grinste Slikk, der sich uns von hinten genähert hatte. Er nickte mir zu. »Na, was geht, alter Freund?«

»Du wirst nie erraten, mit wem ich heute zu Mittag gegessen habe«, sagte ich in geheimnisvollem Ton.

»Mit dem Gouverneur?«, scherzte Slikk, meine schicke Kleidung begutachtend.

»Höher«, sagte ich und zog Slikk am Arm beiseite, damit wir unter uns waren.

»Höher als der Gouverneur?« Slikk legte den Kopf schief. »Etwa mit meiner Großmutter?«

Ich lachte. »Wie wär's mit dem Kaiserlichen Hexenmeister des Ku-Klux-Klan?«

»Das ist so was wie der Großdrache, richtig?«

»Nein, mein Freund, das ist der höchste Klanführer des gesamten Landes!«

Slikk fiel die Kinnlade herunter. »Ach du heiliges Kanonenrohr!«

»Krass, oder? Bill Chaney ist sein Name. Er ist unglaublich nett. Wir haben sogar ein paar Takte miteinander geredet und er meinte, er würde sich gerne mal ausführlicher mit mir unterhalten, wenn er von England zurück ist. Er will dort einen neuen Klan gründen.«

»Du bist wahnsinnig, Richie!«

»Es war so cool, Slikk. Es gab ein Essen, und dann hat Chaney eine Rede gehalten. Du glaubst ja nicht, was uns die Regierung alles für Informationen vorenthält. O Mann! Es hat mich umgehauen, was ich da gehört habe. Einfach nur krass. Und hast du gewusst, dass es Pastoren im Klan gibt? Chaney hat sogar aus der Bibel zitiert!«

»Im Ernst?«

»Ja, im Ernst, Slikk! Ich sag's dir, der Klan ist ganz anders, als du denkst!«

»Du bist doch nicht etwa beigetreten, oder?«

»Nein«, winkte ich ab. »Natürlich nicht. Wo denkst du hin?«

»Und warum darfst du dann mit dem Kaiserlichen Hexenmeister zu Mittag essen? Ich dachte, das wäre alles Top Secret und so.«

»Ist es ja auch«, bestätigte ich aufgeregt und stibitzte mir eine Praline vom Kuchentisch, vor dem wir standen. »Das war ein rein informelles Treffen für Leute, die sich für den Klan interessieren. Wenn du möchtest, frage ich Jake, ob ich dich beim nächsten Mal mitbringen darf.«

»Mich?« Slikks Augen wurden immer größer. »Du willst mich auf ein Klantreffen mitschleppen? Bist du noch bei Trost?«

»Glaub mir, es würde dir gefallen, Slikk.« Ich erzählte ihm von den geheimen Wortcodes, von dem speziellen Händedruck und von all den interessanten Dingen, die Bill Chaney über die Schwarzen erzählt hatte. Slikks Misstrauen wich einer wachsenden Neugier.

»Meine Güte, das hört sich ja an wie aus einem Hollywoodstreifen über irgendwelche Verschwörungstheorien.«

»Verrückt, oder?«

»Allerdings«, gab mir Slikk recht und dachte einen Moment über das Gehörte nach. »Und du bist sicher, dass die dir nicht die Zunge herausschneiden, wenn sie erfahren, dass du mir das alles verraten hast?«

Ich lachte. »Mir passiert schon nichts. Ich stehe unter dem Schutz eines Großtitans. Und der Kaiserliche Hexenmeister mag mich auch. Also keine Panik: Ist alles total relaxt.«

So entspannt wie ich mich Slikk gegenüber gab, war ich allerdings ganz und gar nicht. In den nächsten Wochen kam es mir so vor, als würde ich unter einer Art Dauerlampenfieber leiden. Nicht dass Jake, Don und James mich zu irgendeiner Entscheidung drängten. (Jedenfalls war das nicht mein Eindruck.) Das Drängen fand vielmehr in mir selbst statt und je mehr ich es von mir wegschob, umso stärker wurde es.

Ein paar Sonntage später ging ich wieder mit zu einem informellen Treffen. Diesmal hielt der große Kludd von Ohio, der Staatsprediger des Ohio-Klans, eine Rede. Er mochte um die zweiundzwanzig

Jahre alt sein und war ein leidenschaftlicher Prediger. Doch für ihn selbst konnte ich keinerlei Sympathie aufbringen. Er versuchte so auszusehen wie Adolf Hitler mit dem typischen Schnauzer und dem schwarzen Seitenscheitel. Seine ganze Aura hatte etwas Düsteres, ja fast Böses an sich.

Vielleicht lag es auch an mir. Hitler war mir schon immer etwas unheimlich gewesen. Aber viele Klansmänner – auch Jake war einer von ihnen – sahen in Hitler ihr großes Vorbild. Es gab offenbar ein regelrechtes Netzwerk zwischen dem Ku-Klux-Klan und verschiedensten rassistischen Gruppierungen. Der Klan lieferte als eine Art Mutterorganisation die Religion sowie die langjährige Tradition, Aspekte, die den anderen Organisationen fehlten. Die Geschichte des Klans ließ sich immerhin bis ins neunzehnte Jahrhundert zurückverfolgen. Damals hatte es noch keine Nazis gegeben, Hitler war noch nicht einmal geboren. Aber der Ku-Klux-Klan war schon eifrig am Wirken gewesen.

Mit dem Zweiten Weltkrieg und dem Aufkommen der Nazis und später der Neonazis begannen sich die Dinge allmählich zu vermischen. Immerhin lehrten auch die Nazis die Überlegenheit der weißen Rasse und den Hass auf Juden, Schwarze, Homosexuelle und Mischlinge. Das schweißte den Klan und die Neonazis zusammen. Einige Klanführer, so hatte mir Jake erzählt, besaßen sogar extra angefertigte militärische Klanuniformen zu Hause, die an die Uniformen der Nazis erinnern sollten. Umgekehrt waren viele Neonazis Klanmitglieder und hatten ihre Robe zu Hause im Schrank hängen. Den Slogan »White Power« hatten die Neonazis vom Klan übernommen, während das Hakenkreuz und der Hitlergruß vielerorts in den Klan eingeflossen waren.

Ich persönlich fand, dass diese Verwischung der Grenzen eine Verschmutzung des wahren, reinen Klans bedeutete. Niemals hätte ich mich als Nazi oder Neonazi bezeichnet, allein schon aus Respekt vor meinem Vater, der im Zweiten Weltkrieg gegen Hitler gekämpft hatte. Hinter dem, was der Klan repräsentierte und lehrte, stand ich voll und ganz. Aber mit dem ganzen Nazikram konnte ich mich beim besten Willen nicht anfreunden. Und mit dem geklonten Hitler hinter dem Rednerpult auch nicht.

Nachdem der junge Prediger mit seiner euphorischen Ansprache die Stimmung im Saal angekurbelt hatte, übernahm der Kaiserliche Hexenmeister das Mikrofon und blickte strahlend in die Menge. »Was für eine Rede, nicht wahr?«, stellte er bewegt fest. »Um die Zukunft des Klans müssen wir uns jedenfalls keine Sorgen machen. Seht sie euch nur an, die jungen, talentierten Frauen und Männer, die einmal in unsere Fußstapfen treten werden.« Er deutete auf verschiedene Personen im Raum und nannte sie alle beim Namen, bis sein Blick zu unserer Gruppe schweifte. »Und nicht zuletzt die jungen Leute aus unserer besten Klanstadt Kokomo: Don und James mit ihrem neusten Schützling, Little Dickie!«

Little Dickie?! Ich glaubte mich verhört zu haben. Hatte mich Chaney soeben Little Dickie genannt?!

So peinlich es sich in diesem Moment anhörte: Little Dickie war von diesem Tag an mein offizieller Name im Klan.

Ich nahm an weiteren informellen Meetings teil, und irgendwann stellte Don mir die Frage, die bereits seit Wochen in der Luft lag.

»Nun, Little Dickie? Wie sieht's aus? Wann wirst du endlich einer von uns?«

Ich saß zusammen mit Don und James im Auto. Jake stand ein paar Meter weit vom Wagen entfernt auf dem Parkplatz und hatte mit Bill Chaney »Klanbusiness« zu bereden, wie er es nannte. Das tat er eigentlich nach jedem Treffen, während Don, James und ich im Auto auf ihn warteten. James saß wie immer am Steuer, Don saß neben mir auf der Rückbank und sah mit seinem Boxergesicht erwartungsvoll auf mich herab.

»Du weißt, wir können dich nicht ewig überallhin mitschleppen, ohne dass du einer von uns wirst. Irgendwann kommt der Punkt, wo du zu viel über uns weißt. Und das können wir uns nicht leisten.«

»Genau, im Grunde bist du ein Sicherheitsrisiko für uns, Little Dickie«, klinkte sich James eifrig in das Gespräch ein und musterte mich durch den Rückspiegel. »Du weißt, wo wir wohnen, du weißt, wo wir uns treffen. Du kennst Namen und Gesichter. Was, wenn du zum FBI überläufst und denen Informationen zuspielst?«

»Ihr wisst, dass ich so was niemals tun würde! Ich verrate keine Freunde!«

»Das mag ja sein«, sagte Don bedächtig. »Trotzdem ist es an der Zeit, eine Entscheidung zu fällen, Little Dickie. Du weißt es. Und wir wissen es auch. Also, was ist? Trittst du dem Klan bei oder nicht?«

»Ich ... ich möchte schon, aber ...«

»Aber was?«, fragte James ungeduldig.

Ich zögerte. Ich hatte gewusst, dass diese Frage eines Tages kommen würde, auch wenn ich gehofft hatte, mich noch etwas länger durchschummeln zu können. Für mich war es perfekt, so wie es war. Ich war nicht drin und ich war nicht draußen. Ich hatte den Nervenkitzel, aber keinerlei Verpflichtungen. Ich war mit einflussreichen Leuten einer terroristischen Organisation befreundet, aber hatte noch nichts getan, wofür man mich hätte belangen können. Doch jetzt forderten mich Don und James zu einer konkreten Entscheidung heraus. Und wenn ich nicht alles aufs Spiel setzen wollte, was mir etwas bedeutete, gab es im Grunde nur eine einzige Antwort: Ich musste es tun. Ich musste beitreten. Ich musste einer von ihnen werden. Eine andere Möglichkeit gab es nicht. Mir wurde heiß. Ich spürte, wie mein Mund ganz trocken und meine Hände eisig kalt wurden.

»Wenn ich es tun würde«, sagte ich vorsichtig, »wenn ich dem Klan beitreten würde, dann wäre das für immer, richtig?«

»Ganz recht«, bestätigte mir Don. »Einmal im Klan, immer im Klan.«

»Bis dass der Tod uns scheidet«, ergänzte James mit einem Grinsen.

Ich hatte auf einmal Bauchschmerzen. »Als ihr es getan habt, woher habt ihr gewusst, dass es die richtige Entscheidung ist?«

»Du denkst doch nicht etwa, wir hätten uns falsch entschieden?«, fragte mich Don fast ein wenig beleidigt.

»Nein, nein, natürlich nicht. Aber so was will gut überlegt sein. Ich meine, wenn ich einmal Ja gesagt habe, gibt es kein Zurück mehr, nicht wahr?«

»Da hast du allerdings recht.« Don nickte und legte mir seine große Pranke auf die Schulter. »Es ist gut zu sehen, dass du die Sache ernst nimmst.«

»Von wegen ernst nehmen!«, meldete sich James zu Wort und drehte sich zu mir um. »Mir scheint eher, da will einer kneifen.«

»Ich will nicht kneifen!«

»Und worauf zum Geier wartest du dann noch?« James sah mich herausfordernd an. »Im Ernst. Deine Galgenfrist ist langsam abgelaufen, wenn du mich fragst. Don und ich haben auch nicht Ewigkeiten gebraucht, um uns zu entscheiden, stimmt's Don? Werde endlich erwachsen, Little Dickie! Sei ein Mann, komm zum Klan! Warum das ganze Rumgemurkse, wo die Entscheidung so klar auf der Hand liegt?«

Seine Worte stürzten mich in ein Wechselbad der Gefühle. Er hatte ja recht. Ich musste endlich erwachsen werden und einstehen für das, woran ich glaubte. Und zwar konsequent. Es war Zeit, ein Mann zu werden und Verantwortung zu übernehmen. Es war Zeit, den Status des Fremden an den Nagel zu hängen und mich der Herausforderung des Klans zu stellen. Das Ja lag mir bereits auf der Zunge. Doch in mir tobte noch immer ein wilder Kampf.

Was ist mit Lisa?, schoss es mir durch den Kopf. *Wird sie mich auf ewig hassen, wenn ich dem Klan beitrete? Ich will sie nicht verlieren. Dafür bedeutet sie mir zu viel. Aber wenn ich ihretwegen Nein sage, werde ich alle meine neuen Freunde beim Klan verlieren. Und Jake wird bestimmt nie wieder ein Wort mit mir reden. Das würde ich nicht ertragen. Ich schulde ihm so viel. Ich kann jetzt nicht auf halbem Weg kehrtmachen nur wegen Lisa. Oder doch? ... Gott, was soll ich nur tun?*

Mir war, als hätte ich glühende Kohlen verschlungen. Don und James blickten mich erwartungsvoll an, und gerade als ich Luft holte, um etwas zu sagen, ging die Beifahrertür auf und Jake setzte sich in den Wagen. Er gab James einen Wink.

»Fahr'n wir!«

»Jawohl, Boss«, antwortete James getreulich, drehte sich nach vorne und startete den Motor.

Ich ertrug die Spannung kaum noch, und dann platzte es einfach aus mir heraus: »Ich habe mich entschieden, Jake. Ich will ein Klansmann werden!«

James grinste zufrieden durch den Rückspiegel. Sogar Dons Mundwinkel verzogen sich kaum merklich nach oben (und das wollte etwas heißen!).

»Na, wenn das keine erfreulichen Neuigkeiten sind!«, sagte Jake und wandte sich mir mit einem Lächeln zu. »Eben habe ich mich mit dem Kaiserlichen Hexenmeister darüber unterhalten. Er wollte wissen, wann du so weit bist, in die Familie einzusteigen, und ich sagte ihm: Wenn du bereit bist für den Klan, dann ist der Klan auch bereit für dich.« Er strahlte wie ein stolzer Vater, dessen Sohn ihm soeben eröffnet hatte, er würde heiraten. »Und du bist dir auch ganz sicher, dass du das tun möchtest? Wir wollen niemanden zu einem Gelübde zwingen, das er am Ende nicht halten kann. Ist es nicht so?« Er blickte zu seinen Bodyguards, die eifrig nickten.

»Absolut«, gab ihm James recht, obwohl er eben noch ganz andere Töne gespuckt hatte. »Genau das haben wir Little Dickie auch gesagt: Er soll sich aus freiem Willen entscheiden und nicht aus Pflichtgefühl.«

»Nun?«, fragte mich Jake und schaute mir tief in die Augen. »Bist du bereit für den Klan, Richard?«

»Ja!«, stieß ich mit gewölbter Brust und heftig pochendem Herzen aus. »Das bin ich, Jake!«

»Gut. Wenn wir zu Hause sind, gebe ich dir ein Anmeldeformular. Das füllst du aus, bezahlst 21 Dollar Anmeldegebühr, und dann sagen wir dir, wie es weitergeht.«

Sollte das ein Witz sein?! Anmeldeformular? Anmeldegebühr? Beim Ku-Klux-Klan?! Das klang eher so, als würde ich einem Sportverein und nicht einer terroristischen Geheimorganisation beitreten. Ich staunte nicht schlecht, als Jake mir bei sich zu Hause tatsächlich ein hochoffizielles Beitrittsgesuch vorlegte, das ich auszufüllen hatte.

»Antrag auf Einbürgerung in die Reihen des Ku-Klux-Klan«, lautete die Überschrift, und darunter stand: »Ich, der Unterzeichnende, ein weißer, bescheidener Heide, wahrer und gewissenhafter Bürger der Vereinigten Staaten von Amerika, geistig gesund und Glaubender an die Ideale der westlichen Zivilisation, an die Gebote der christlichen Religion, an die Erhaltung der weißen Rasse und die Grundsätze eines reinen Amerika ersuche freiwillig, respektvoll, ernsthaft und selbstlos um Aufnahme in die Reihen der Ritter des Ku-Klux-Klan.«

Nach einem Absatz ging es weiter: »Ich verpflichte mich bei meiner Ehre, alle Regeln und Forderungen betreffend meiner Einbürgerung zu erfüllen und jederzeit der verfassungsmäßigen Autorität der Bruderschaft des Ku-Klux-Klan Gehorsam zu leisten. Wenn ich mich als Klansmann nicht als würdig erweisen sollte, werde ich willig jedwelche Strafe für mein Vergehen von der Führerschaft akzeptieren.«

Es folgte eine Reihe von Feldern, die ich ausfüllen musste. Die ersten waren ganz gewöhnlich: Name, Adresse, Geburtstag, Geburtsort, Telefonnummer und Beruf. Dann kamen Fragen wie: »Warum möchtest du dem Klan beitreten?«, »Gibt es in deiner Familie gemischte Ehen?«, »Bist du jemals verhaftet oder für eine Straftat verurteilt worden? Wenn ja, erkläre den Vorfall auf der Rückseite.« »Gehörst du noch anderen Klubs oder Organisationen an?«, »Wie denkt deine Ehefrau, respektive dein Ehemann über deinen Entschluss, dem Klan beizutreten?«

Ich füllte das Formular aus, unterschrieb es und gab es Jake zusammen mit 21 Dollar zurück.

»Und was jetzt?«

»Nächsten Freitag, neun Uhr abends, kommst du her. Dann kümmern wir uns um den Rest.«

Ich wusste, dass er damit das Aufnahmeritual meinte, und mich schauderte ein wenig. »Nächsten Freitag, neun Uhr abends. Ich werde da sein«, sagte ich und straffte meine Brust.

Ja, ich würde da sein, egal, wie viel Angst ich davor hatte. Aber ich war ein Mann. Und ein Mann steht zu seinem Wort. Ich hatte mich entschieden. Daran gab es nichts mehr zu rütteln.

12 Klangeheimsprache

Ich kniete noch immer auf dem Boden. Trotz des angelegten Verbandes pulsierte die Schnittwunde an meinem Handgelenk. Mein Arm fühlte sich schwer an. Von den mystischen Mönchsgesängen und dem altmodischen Gerede der Kapuzenmänner war mir ganz wirr im Kopf.

Was habe ich nur getan? Ich war dem Ku-Klux-Klan beigetreten und hatte mein Bündnis sogar mit Blut besiegelt! Mit meinem Blut! Ich hatte definitiv eine Schraube locker. Und trotzdem – die Wärme und das Kribbeln in meinem Bauch gaben mir recht: Ich hatte die richtige Entscheidung getroffen. Und ich war stolz darauf, es getan zu haben.

Jake nahm das Schwert vom Altar. »Bei der Autorität, die mir vom Kaiser verliehen wurde, erkläre ich Euch hiermit zum Bürger des Unsichtbaren Reiches der *Nord-Süd-Ritter des Ku-Klux-Klan* und verleihe Euch den Titel ›Klansmann‹, den ehrvollsten Titel unter den Menschen.«

Ein Stromschlag jagte bei diesen Worten durch meinen Körper. Es war ein unglaublich gutes Gefühl, als Klansmann angesprochen zu werden.

Ich bin einer von ihnen! Ich bin ein Klansmann! Ein echter Klansmann!

Jake berührte mit der flachen Seite des Schwertes meine linke Schulter, dann meine rechte und nochmals die linke. Ich senkte ehrfurchtsvoll meinen Kopf.

»Erhebt Euch, Ritter des Ku-Klux-Klan!«

Ich erhob mich wie in Trance. Jake ergriff meine zittrige Hand und schüttelte sie mit einem leichten Schwenk nach rechts und links.

»Der Kladd des Klans!«, verkündete er wie ein Herold, worauf ein Mann in einem weißen Gewand mit roten Streifen auf den Ärmeln vortrat und unterwürfig entgegnete: »Der Kladd, Eure Exzellenz!«

»Begleitet den Klansmann vor dem Altar zum Standort des Klokards, damit er Anweisungen für die Ordnung des Klavern erhalten möge!«

Kladd? Klokard? Klavern? Ich verstand wieder mal nichts, aber das war mir im Moment egal.

»Ich habe Eure Befehle, Sir«, sagte der weiß gewandete Mann und verbeugte sich leicht in meine Richtung. »Kommt, Klansmann!«

Ich folgte ihm in einen Nebenraum, wo ich von einem weiteren Mann in Empfang genommen wurde. Er war groß und stämmig und trug ein goldenes Satingewand mit einem violetten Umhang und einer violetten, zugespitzten Kapuze. Würdevoll stand er im Raum und wartete, bis ich mich vor ihm auf einen Stuhl gesetzt hatte. Noch hatte ich keine Ahnung, wer der Mann unter der Maske war. Doch das änderte sich schlagartig, als er zu sprechen begann: Es war Don!

Darauf war ich nicht gefasst gewesen. Ich hatte immer angenommen, Don und James wären ganz unten in der Klanhierarchie. Aber offenbar hatte ich mich getäuscht. Und der Farbe seiner glänzenden Robe nach zu urteilen musste Don sogar eine ziemlich wichtige Funktion innehaben.

Er sah mich durch die Löcher in seiner Maske fest an, und in derselben altertümlichen Sprache wie alle anderen vor ihm begann er mir einen ausführlichen Vortrag zu halten über geheime Zeichen, Passworte und die akribischen Abläufe ihrer Versammlungen.

Unter anderem erfuhr ich endlich die Bedeutung der Worte Kigy, Ayak und Akia, die ich beim Klantreffen in Indianapolis zum ersten Mal gehört hatte. Jeder Buchstabe bedeutete ein Wort. Kigy stand für »Klansmann, ich grüße Euch!« (Klansman I Greet You!). Ayak war eine Frage und bedeutete »Seid Ihr ein Klansmann?« (Are You A Klansman?), worauf der Gefragte mit Akia antwortete, was so viel bedeutet wie »Ein Klansmann bin ich« (A Klansman I Am.). Überhaupt stellte ich fest, dass der Klan viele seltsame Begriffe benutzte, die für Außenstehende unmöglich zu verstehen waren. Die meisten dieser Wortkreationen begannen mit den Silben Kla oder Klo. Klonklave, Klorero, Klonverse, Klanton, Klavalier und viele andere. Ich konnte mir nicht mal die Hälfte davon merken.

Als Nächstes erklärte mir Don die verschiedenen Ämter des Klans, wobei es jedes Amt auf lokaler, regionaler und nationaler Ebene gab.

Mit der Zeit brummte mir der Schädel von den vielen Informationen. Ich saß bereits eine halbe Stunde vor Don, als ein weiterer Neuling eintraf, um in der Ordnung des Klavern unterwiesen zu werden. Nach weiteren dreißig Minuten kam ein dritter Kandidat dazu. Er nahm meinen Platz ein, während ich zurück in den großen Raum, den Klavern, geleitet wurde, wo ich dem Aufnahmeritual des vierten Anwärters beiwohnen durfte. Wir waren insgesamt vier Kandidaten, und die ganze Prozedur dauerte mehrere Stunden. Doch keinen der Anwesenden schien es zu stören.

Nachdem alle durch waren, schlug Jake mit einem Hammer dreimal auf einen Tisch, und alle Klansmänner erhoben sich. Ihre Kleider rauschten beim Aufstehen.

»Meine Schrecken und Klansmänner«, hallte Jakes Stimme Ehrfurcht gebietend durch den Raum, »der heilige Zweck unserer Zusammenkunft ist erfüllt. Ihr kennt die Pflichten eines Klansmanns wohl. Beschützt eure Ehre, indem ihr euer heiliges Gelübde haltet. Durch das heilige Band der Treue vereint stehen wir, aber geteilt durch Egoismus und Streit fallen wir. Werden wir stehen oder werden wir fallen?«

»Wir werden stehen!«, kam die Antwort wie aus einem Munde.

»Denn unser Blut wurde nicht umsonst als Pfand gebracht.«

»An euch, treue Klansmänner, gute Nacht!«, beschloss Jake.

»Eure Exzellenz, gute Nacht.«

Die Zeremonie war zu Ende. Das gedämpfte Licht im Raum wurde hochgedreht, und auf einmal hatten es alle furchtbar eilig. Schneller, als ich schauen konnte, huschten die gewandeten Klansmänner aneinander vorbei, verschwanden durch verschiedene Türen, und weg waren sie. Ein paar blieben zurück und nahmen die Masken ihrer Kegelkapuzen ab. Die Männer unterhielten sich miteinander und schenkten mir keinerlei Beachtung.

Sie könnten mir wenigstens gratulieren oder so was, dachte ich. *Schließlich bin ich jetzt einer von ihnen. Das müsste sie doch irgendwie freuen.*

Ich schaute mich um und entdeckte James. Ich war mir nicht sicher gewesen, ob er auch hier war, hatte es aber vermutet. Er stand neben Jake, der ebenfalls die Maske abgenommen hatte und dabei war, mit einem Tuch das Blut der neuen Klanmitglieder aus der silbernen Schale zu wischen. Ich ging zu den beiden hinüber.

»Wo sind denn alle hin?«, fragte ich.

»Es sind geschäftige Leute«, sagte James, während er die amerikanische Flagge vom Altar nahm und sorgfältig zusammenfaltete. »Haben viel zu tun, schätze ich.«

»Dann war's das also?«

»Wieso?«, fragte mich Jake. »Was hast du erwartet?«

»Nichts.« Ich zuckte die Achseln. »Ich hab nur gedacht, die Leute würden noch etwas bleiben. Mit mir reden oder so.«

Jake sah mich verwundert an. »Und warum sollten sie das tun? Sie kennen dich nicht.«

»Eben. Ich dachte, das würde sich ändern, wenn ich dem Klan beitrete.«

James lachte. »Du meinst also, alle würden sich auf einmal für dich interessieren, nur weil du jetzt ein Klansmann bist? Vielleicht bist du ja gar kein echter Klansmann. Vielleicht bist du ein Geheimagent des FBI.«

»Was!?«, stieß ich entsetzt aus. Wie konnte er mir etwas Derartiges unterstellen, nachdem ich dem Klan soeben lebenslange Treue geschworen hatte?

»Hör zu«, sagte Jake beschwichtigend und nahm das Schwert vom Altar, »was James sagen will, ist: Die Mitglieder des Klans sind nun mal extrem vorsichtig. Don, James und ich kennen dich und vertrauen dir. Aber das bedeutet nicht, dass jeder dir vertraut. Es gibt leider immer wieder schwarze Schafe in unserer Mitte, die versuchen, den Klan zu infiltrieren, um an geheime Informationen zu gelangen. Die meisten von uns öffnen sich einem Klansmann gegenüber erst, wenn er viele Jahre dabei ist. Das wird bei dir nicht anders sein.«

Na toll, dachte ich. Ich hatte mir das etwas anders vorgestellt. Ich hatte gedacht, durch meine Aufnahme im Klan würde ich jede Menge neue Freunde gewinnen. Stattdessen interessierte sich kein

Schwein für mich. Keiner kam auf mich zu, um mir wenigstens auf die Schulter zu klopfen und mich als neues Mitglied der Familie willkommen zu heißen. Ich erfuhr nicht einmal, wer alles zum Klan in Kokomo dazugehörte oder wie viele Klansmänner es in unserer Region überhaupt gab.

»Keine Bange«, tröstete mich James und legte mir kameradschaftlich seine große Pranke auf die Schulter. »Du wirst im Moment sowieso keine Zeit haben, neue Klanleute kennenzulernen. Auf dich wartet eine Menge Arbeit.«

»Arbeit? Was für Arbeit?«, fragte ich überrascht.

James drückte mir mehrere lose Blätter in die Hand. »Hier. Das lernst du bis in zwei Wochen auswendig. Dann gibst du es mir zurück.«

»Was steht da drin?«

»Alles Wichtige zum Klan. Die Geschichte, alle Codes und Passworte, alle Begriffe, die Bezeichnungen der verschiedenen Ämter, einfach alles, was du wissen musst. Lass das nirgendwo rumliegen. Das sind streng geheime Informationen, klar?«

»Klar«, sagte ich, und langsam kehrte mein Abenteuergeist wieder zurück. »Mach ich.«

»Wir haben uns was ganz Besonderes für dich ausgedacht«, ergriff nun Jake wieder das Wort, und ein zufriedenes Schmunzeln huschte über sein Gesicht. »Du wirst das Amt des Bezirksschriftführers übernehmen. Du bist unser neuer Kligrapp.«

Ich machte große Augen. »Ist das dein Ernst, Jake? Ich? Ein Bezirksführer? Ich bin doch eben erst dem Klan beigetreten!«

»Na und? Es geht nicht darum, wie lange du schon dabei bist, sondern darum, ob du einen guten Job machen wirst. Und das wirst du zweifelsohne.«

»Aber«, stammelte ich, »muss man für so eine Position nicht gewählt werden?«

»Du willst gewählt werden?« Jake schien meine Frage zu belustigen.

»Kannst du gerne haben«, grunzte James. »Wer ist dafür, dass Little Dickie zum neusten Kligrapp des Klans ernannt wird?« James und Jake hoben ihre rechte Hand, und James packte meinen rechten

Arm und streckte ihn ebenfalls in die Höhe. »Einstimmig gewählt!«, rief er aus und ließ meinen Arm wieder los.

Mir ging das alles ein bisschen zu schnell. Ich sah, wie Don in seiner goldenen Robe aus dem Nebenraum kam. Jake winkte ihn zu uns herüber. »Hey, Don! Sag Hallo zu unserem neuesten Kligrapp!«

»Da sieh einer an«, meinte Don und nickte mir anerkennend zu. »Herzlichen Glückwunsch, Little Dickie!«

»Danke«, sagte ich mit gequetschtem Lächeln. »Sag mal, Don, diese goldene Robe, die du trägst: Du bist tatsächlich der nationale Dozent?«

»Klokard«, verbesserte mich Don trocken, und James fügte begeistert hinzu: »Hättest du nicht gedacht, was? Don weiß alles über den Klan. Du kannst ihn fragen, was du willst. Er weiß einfach alles. Und er wird dir einen Crashkurs geben, damit du fit bist für die Feier in zwei Wochen.«

»Was für eine Feier?«

»Eine Kreuz-Erleuchtungs-Feier im Süden von Indiana«, antwortete mir Jake. »Es wird dir gefallen.«

»Cool«, sagte ich und warf einen Blick auf die Blätter in meiner Hand. »Ich werde gleich morgen mit Lernen beginnen.«

»Tu das«, sagte Don. »Präge dir alles genau ein. Wir wollen uns schließlich nicht blamieren, wenn du plötzlich die Leute falsch ansprichst, nur weil du deine Hausaufgaben nicht gemacht hast.«

»Klar. Aber mal ehrlich: Wäre es nicht wesentlich einfacher, die normalen Bezeichnungen zu verwenden anstatt all dieser lächerlichen Klis, Klas und Klos?«

Diese Bemerkung hätte ich besser unterlassen. Don plusterte sich mit einem Mal zu voller Größe auf und funkelte mich an, als hätte ich eine der sieben Todsünden begangen. »Wir benennen die Dinge nicht, wie die Welt sie benennt! Wir tun die Dinge nicht, wie die Welt sie tut! Weil wir der Klan sind! Weil wir die wahren Christen sind! Wir sind keine Fremden mehr wie die da draußen! Wir sind Klansmänner! Und wir benutzen die Begriffe, die schon unsere Vorväter benutzt haben, mit Stolz und Würde! Geht das in deinen kleinen Schädel rein, Little Dickie?«

Ich nickte schnell. Noch nie hatte ich Don so leidenschaftlich gesehen. Er beugte sich zu mir herunter, fasste mich mit beiden Händen an den Schultern und sah mich eindringlich an. »Vergiss nie, was heute Nacht geschehen ist, Dickie. Vergiss nie, dass du den Treueschwur mit deinem eigenen Blut unterzeichnet hast. Dein Leben wurde für immer verändert. Du wirst nie mehr derselbe sein. Du wirst nie mehr handeln, denken oder reden, wie du es getan hast, als du noch ein Fremder warst. Du bist jetzt einer von uns, Richard. Also verhalte dich auch so!«

»Ist gut«, piepste ich.

»Schön, dann wäre das geklärt.« Don ließ mich los und deutete mit einem Kopfnicken auf die Blätter in meiner Hand. »Wenn du irgendwelche Fragen dazu hast, frag mich einfach, okay?«

»Ich hätte tatsächlich eine«, gestand ich kleinlaut, nachdem ich die losen Papiere kurz überflogen hatte. »Was hat es *damit* auf sich?«

»Das ist der offizielle Klankalender«, klärte mich Don auf. »Als Kligrapp musst du den in- und auswendig kennen. Damit verschlüsselst du in Briefen die Angaben von Tag, Monat und Jahr, damit kein Fremder weiß, auf welches Datum du dich beziehst.«

»Aha.« Ich runzelte die Stirn und starrte auf eine Liste von Adjektiven wie: schauerlich, finster, untröstlich, schrecklich, ungeheuerlich, heulend, entsetzlich und viele mehr. Ich blickte nicht ganz durch, wie ich daraus ein vernünftiges Datum erstellen sollte.

Don umkreiste mit dem Finger die Adjektive. »Mit denen ersetzt du die Wochentage. Montag ist tödlich, Dienstag düster, dann kommt klagend, tröstlich, scheußlich, verzweifelt und dunkel. Je nachdem, ob wir uns in der ersten, zweiten, dritten, vierten oder fünften Woche des Monats befinden, nimmst du die Worte jammervoll, weinend, heulend, herrlich oder seltsam. Zuletzt kommen die 12 Monate, die da wären: blutig, finster, grauenhaft, schrecklich, zornig, bedrohlich, abscheulich, schauerlich, kläglich, kummervoll, entsetzlich und ungeheuerlich. Wichtig ist auch die Reihenfolge. Zuerst kommt immer der Tag, dann die Woche, der Monat und zum Schluss das Jahr. Verstanden?«

»Und das soll sich einer merken können!«

»Es wird dir nichts anderes übrig bleiben«, klinkte sich Jake in das Gespräch ein. »Wir haben dich ausgesucht, weil wir wissen, dass du es kannst. Und gib dir bitte Mühe beim Auswendiglernen. Es sind schon Leute wegen eines falsch geschriebenen Datums umgekommen.«

»Ist ja sehr ermutigend«, sagte ich mit kläglicher Miene, während ich mit großen Augen auf die vielen Synonyme starrte und mich ernsthaft fragte, wie ich mir das alles merken sollte, ohne dabei die Monate, Wochen oder Tage untereinander zu vertauschen.

»So, meine Freunde«, sagte Jake und blickte in die Runde. »Ich denke, das reicht für heute Abend. Gehen wir. Dickie, du kommst noch auf einen Sprung zu mir nach Hause. Ich hab ein kleines Geschenk für dich.«

»Ein Geschenk? Für mich?« Jake hatte mir noch nie ein Geschenk gegeben. Und dem geheimnisvollen Klang seiner Stimme nach zu urteilen, musste es etwas ganz Besonderes sein.

Wir fuhren zu Jake und verabschiedeten uns von Don und James. Es war bereits gegen ein Uhr in der Früh. Aber ich war noch kein bisschen müde. Jake und ich betraten das Haus. Es war alles dunkel und still. Carol und Lisa schliefen bereits. Jake knipste das Licht im Wohnzimmer an und sagte mir, ich solle kurz warten. Er verschwand im hinteren Teil des Hauses und kam eine Minute später mit einer Anzugtasche zurück. Ich wusste instinktiv, was sich darin befand, und mein Herz machte einen Sprung: eine Klanrobe! Natürlich! Vor lauter Aufregung hatte ich total vergessen, dass ich noch gar kein offizielles Klangewand besaß.

Jake öffnete den Reißverschluss und hob das kostbare Gewand vorsichtig heraus. Es war aus einem weißen, glänzenden Material gefertigt, das aussah wie der Stoff eines Satinkissenbezugs.

»Hier, für dich«, sagte Jake und überreichte mir die Robe. Es war ein großartiges Gefühl, sie in Händen zu halten. Ich strich über den sanften Stoff und betrachtete das Klanemblem über der Brust. Es war ein roter, runder Sticker mit einem weißen Kreuz und einem gekippten Quadrat in der Mitte mit einem roten Blutstropfen darin. Der Blutstropfen symbolisierte das Blut Christi und das Blut der Konföderationssoldaten des Bürgerkriegs. Die Außenlinien des Kreuzes sowie des Quadrats waren schwarz und bildeten somit viermal den gekippten Buchstaben K, was für »Ritter (Knights) des Ku-Klux-Klan« stand. Ein Schauer der Ehrfurcht überkam mich.

Eine echte Klanrobe! Und sie gehört mir! Damit war der Abend für mich perfekt.

»Wow, danke.«

»Es ist natürlich keine Führerrobe. Du kannst dir bei Gelegenheit eine bestellen, wenn du willst. Aber vorerst möchte ich, dass du diese hier trägst. Sie ist etwas ganz Besonderes. Der Klansmann, dem sie einst gehörte, lebt nicht mehr.« Er griff nach dem Saum des Gewandes und zeigte mir einen dunkelroten, fast braunen Fleck. »Siehst du das hier? Das ist Blut. Diese Robe wurde bei einigen der größten Aufmärsche und Kundgebungen der Sechzigerjahre getragen. Sie ist ein Stück Geschichte. Also trage sie mit Würde, mein Junge.«

»Das werde ich«, versprach ich Jake mit leuchtenden Augen.

»Ich habe dieses Kleid schon seit Jahren für die richtige Person aufgehoben«, fuhr Jake fort. »Ich wollte es jemandem geben, der seinen Wert zu schätzen weiß. Und das bist du. Ich weiß, du wirst uns alle stolz machen, Richard.«

Er sah mich an wie ein Vater seinen Sohn. Etwas Feierliches lag in der Luft. Ich war sprachlos.

»Danke, Jake ... Ich ... ich weiß nicht, was ich sagen soll. Es ist solch eine Ehre für mich. Ich werde diese Robe hüten wie meinen Augapfel, darauf kannst du dich verlassen.« Ich überlegte mir, wo ich sie am besten verstecken sollte. Nicht auszudenken, was geschehen würde, wenn mein Vater eine Klanrobe in meinem Schrank entdeckte!

»Wenn du willst, bewahre ich sie für dich auf«, bot mir Jake an, als hätte er meine Gedanken gelesen.

»Sehr gerne«, antwortete ich erleichtert und gab ihm das wertvolle Gewand zurück.

»Und jetzt gehst du mal besser nach Hause und beginnst mit dem Auswendiglernen.« Er begleitete mich zur Tür und fast ein wenig poetisch verabschiedete er sich von mir mit den Worten: »Gute Nacht, neuester Kligrapp des Klans. Und denke daran: Ab heute beginnt dein neues Leben.«

13 Falsche Wortwahl

Ein neues Leben. Was genau das eigentlich bedeutete, konnte ich nur erahnen. In den nächsten Tagen verbrachte ich jede freie Minute damit, all die vielen Passwörter, Zeichen, Namen und vor allem den verzwickten Ku-Klux-Kalender auswendig zu lernen. Jake steckte hohe Erwartungen in mich, und ich wollte ihn auf keinen Fall enttäuschen.

Slikk hatte ich gleich von meinem Beitritt erzählt und seine Neugier damit so entfacht, dass er bereit war, mich zum nächsten Klantreffen zu begleiten. Nun fragte er mich bei jeder Gelegenheit Löcher in den Bauch, und manchmal kam ich ganz schön ins Schwitzen, um nicht aus Versehen etwas auszuplaudern, was eigentlich geheim war.

Weit weniger euphorisch fiel Lisas Reaktion aus. Große Überraschung. Ich hatte gewusst, dass mein Entschluss sie vergraulen würde. Und dennoch hatte ich insgeheim gehofft, sie würde ihre Meinung vielleicht doch noch ändern, wäre vielleicht sogar beeindruckt von meinem Mut oder so was. Aber dem war natürlich nicht so. Als ich sie am Montagabend nach ihrem Dienstschluss vom »Perkins« abholte und nach Hause fuhr, starrte sie während der ganzen Fahrt bloß schmollend zum Fenster hinaus und sprach kein Wort mit mir. Ich redete mir ein, sie hätte wohl einfach schlechte Laune und ignorierte ihr provokatives Schweigen. Dann aber, als ich vor ihrem Haus anhielt, konnte ich es mir nicht mehr verkneifen.

»Ich nehme an, du weißt, dass ich dem Klan beigetreten bin«, sagte ich, während Lisa die Sicherheitsgurte löste und die Beifahrertür öffnete.

»Habs mitgekriegt«, sagte sie kühl und stieg aus.

»Das heißt, ich gehöre jetzt zur Familie«, rief ich ihr hinterher. »Ist das nicht toll?« Lisa blieb stehen und beugte sich durch die offene Tür zu mir herunter. In ihren Augen lag eine Mischung aus Wut und Enttäuschung. »Du weißt ganz genau, wie ich darüber denke, Richie. Du hast deine Wahl getroffen. Schön. Aber ich werde dir nicht vorgaukeln, dass ich mich darüber freue. Denn das tue ich nicht. Eines

Tages wirst du diesen Schritt bereuen. Doch dann ist es zu spät. Ich habe dich gewarnt, Richie. Ich habe dich von Anfang an gewarnt!«

Mit diesen Worten trat sie zur Seite und mit einem kaum hörbaren »Gute Nacht« schlug sie die Beifahrertür zu.

Sie war sauer auf mich. Und ich war sauer auf mich selbst, dass mir das so viel ausmachte. Warum nur legte ich so viel Wert auf ihre Zustimmung?

Es kann mir doch egal sein, was sie empfindet. Ich brauche ihre Anerkennung nicht. Ich habe die Anerkennung ihres Vaters und die Anerkennung von Don, James und Slikk. Ich habe das getan, was ich für richtig hielt. Ich bin ein Ritter des Ku-Klux-Klan! Und ich hab allen Grund, stolz darauf zu sein! Und damit verbannte ich Lisas Warnungen aus meinen Gedanken und beschloss, mich nicht mehr davon irritieren zu lassen.

Zwei Wochen später nahm ich an meiner ersten Kreuzerleuchtungsfeier teil. Sie war exklusiv für Klanmitglieder, und ich freute mich wie ein kleines Kind darauf.

Die Veranstaltung fand am zweitletzten Wochenende im November im Süden Indianas statt. Wie üblich reiste ich zusammen mit Jake, Don und James.

»Was ist mit den anderen Mitgliedern aus Kokomo?«, fragte ich Jake, als wir unser Gepäck und unsere Klanroben im Kofferraum verstauten. »Kommen die nicht mit?«

»Darüber mach dir mal keine Gedanken«, sagte Jake. »Halt dich einfach an uns, okay?«

Als Don den Kofferraumdeckel zuklappte, fiel mein Blick auf das Nummernschild. Nicht, dass ich mir jemals Jakes Nummernschild gemerkt hätte, aber an den Ziffern und Buchstaben war definitiv etwas verändert worden.

»Hast du ein neues Nummernschild?«, wunderte ich mich.

»Fein beobachtet«, lobte mich Jake und klopfte mir auf die Schulter. »Wir überkleben die Schilder immer bei großen Klantreffen. Reine Sicherheitsmaßnahme, und natürlich, um das FBI an der Nase herumzuführen.«

Ich sah Jake erstaunt an. »Das FBI? Die werden anwesend sein?«
»Davon kannst du ausgehen. Gewöhn dich besser dran. Sobald die wittern, dass du was mit dem Klan zu tun hast, kleben die dir am Hintern wie ein alter Kaugummi an der Schuhsohle.«

Ich kam mir auf einmal vor wie ein Krimineller. Ich hatte zwar nichts verbrochen, aber ich war auch kein harmloser Schuljunge mehr, der nichts zu verbergen hatte. Nein. Jetzt war ich selbst ein Klansmann, ich war Mitglied einer terroristischen Vereinigung, und wenn das FBI bei dem Treffen herumschnüffelte, würden sie herausfinden, dass ich dazugehörte und meinen Namen in ihre Verdächtigenliste eintragen. Die Realität traf mich zum ersten Mal, seitdem ich den Treueschwur geleistet hatte, und für einen Moment wurde mir doch ein wenig bange vor dem, was da auf mich zukam.

Wir fuhren los. Unterwegs erklärte mir Jake, dass uns das Festgelände von einem klanfreundlichen Farmer zur Verfügung gestellt worden war, und dass der Klan zehn Minuten davon entfernt ein Motel gemietet hatte, wo anschließend alle übernachten konnten.

»Der Klan hat ein ganzes *Motel* gemietet?«, wiederholte ich überrascht. »Hat der Besitzer kein Problem damit, den KKK zu beherbergen?«

»Hat er bestimmt.« Jake schmunzelte. »Aber mal angenommen, du wärst der Motelbesitzer und eine Delegation des Klans käme vorbei, um dein Motel zu mieten. Hättest du tatsächlich den Mumm, diesen Leuten eine Absage zu erteilen?«

»Wahrscheinlich nicht«, gestand ich. »Wahrscheinlich würde ich mir vor Angst in die Hosen machen.«

»Ganz genau«, stellte Jake zufrieden fest. »Das ist der Vorteil, wenn man im Klan ist. Unser Ruf eilt uns immer voraus.«

Wir erreichten das Motel, brachten unser Gepäck auf die für uns reservierten Zimmer, zogen uns um und trafen uns danach wieder beim Check-in. Es war ein herrliches Gefühl, endlich meine eigene Klanrobe zu tragen. Ich kam mir vor wie ein König und stolzierte darin umher, als würde mir die ganze Welt gehören. Don trug seine goldene Robe mit dem violetten Umhang, James war wie ich ganz in Weiß gehüllt, und Jake als Großtitan trug eine rote Kutte mit grünem Umhang. Außerdem hatte sich Jake Handschuhe angezogen, vermutlich, damit niemand die fehlenden Finger an seiner linken Hand sehen konnte. Wir setzten alle unsere Spitzkapuzen auf, und während wir uns hinüber zum Festgelände begaben, wies uns Jake an, immer schön zusammenzubleiben und auf keinen Fall mit den Reportern zu reden, die bereits das Motel belagerten.

»Anscheinend sind mindestens zwei von ihnen verdeckte Ermittler des FBI«, raunte er uns zu. »Also keine Interviews. Beantwortet ihnen keine Fragen und schaut ihnen nicht in die Augen. Lasst eure Masken die ganze Zeit an oder verdeckt euer Gesicht zumindest mit den schwarzen Sonnenbrillen, damit sie euch nicht erkennen, klar?«

»Klar«, antworteten Don, James und ich im Chor.

Zum zweiten Mal an diesem Tag wurde mir bewusst, dass die Zeiten der Unverbindlichkeit endgültig vorbei waren. Von nun an spielte ich in einer anderen Liga, und wenn ich nicht in einem Verhörraum des FBI landen wollte, hielt ich mich besser ganz genau an das, was Jake mir sagte.

Das Gelände, auf welchem das Festival stattfand, war abgesperrt wie bei einem Freilichtkonzert. Der einzige Unterschied bestand darin, dass man keine Tickets brauchte, um reinzukommen, sondern eine Reihe von Passwörtern. Jake schleuste uns problemlos rein. Ein weites, grasbewachsenes Feld tat sich vor uns auf. Es wimmelte nur so von weißen Kapuzenmännern. Noch nie hatte ich so viele auf einem Haufen gesehen. Es war beeindruckend. Die meisten trugen weiße Roben, aber ich sah auch ein paar schwarze Nachtfalken und zwischendurch ein rotes oder ein blaues Gewand. Es waren auch Kinder dabei, einige kaum älter als vier, fünf Jahre alt. Sie sahen zum Knuddeln aus, wie sie an der Hand ihrer Mama in ihren kleinen weißen Roben und spitzen Kapuzen über die Wiese stapften.

Jake hatte mir mal ein Foto von Lisa gezeigt, als sie um die sechs Jahre alt gewesen war und in ihrem weißen Gewand an einer Klanparade teilgenommen hatte. Es gab sogar ein Babyfoto von Lisa im Klanoutfit. Aber darauf war sie nicht gerade gut zu sprechen. Überhaupt würde ich wohl nie ganz verstehen, warum ausgerechnet Lisa, die den KKK praktisch mit der Muttermilch aufgesogen hatte, eine derartige Abneigung gegen denselben hatte. Ich jedenfalls fühlte mich pudelwohl in meiner historischen Robe.

Ich pflügte mich zusammen mit Jake, Don und James durch die Massen. Es war gar nicht so leicht, in dem Gewimmel an weiß maskierten Leuten seine Gruppe nicht aus den Augen zu verlieren. Gott sei Dank hatte ich mit Jake in seinem roten und Don in seinem goldenen Kleid auffällige Begleiter, sonst wäre ich zwischen all den weißen Spitzhüten rasch verloren gegangen.

Gleich beim Eingang waren verschiedene Stände aufgebaut, an denen man allerlei Klanartikel kaufen konnte wie Klanzeitungen, T-Shirts, Gürtelschnallen, Ringe mit Klangravuren, Autoaufkleber, Anstecker, Klanflaggen, Wimpel oder gar ein KKK-Pfefferspray. Weiter vorne gab es einen Lastwagen, dessen Ladefläche in eine große Showbühne umfunktioniert worden war. Aus schwarzen Lautsprechertürmen links und rechts auf der Bühne drang Dixiemusik. Einige Meter von dem LKW entfernt lag ein gewaltiges hölzernes Kreuz auf dem Boden. Es mochte um die zwölf Meter lang und sechs Meter breit sein und war eingewickelt in graue Lumpen, damit es später gut brennen würde.

»Kommt!«, sagte Jake und beschleunigte seinen Schritt. »Sehen wir uns das Kreuz an!«

»Wow, scheint ein großes zu sein!«, meinte James. »Das wird beeindruckend heute Nacht!«

Eine kleine Menschentraube hatte sich bereits um das Kreuz versammelt. Alle bestaunten es, nickten sich gegenseitig zu und waren offenbar sehr angetan davon. Ich war ehrlich gesagt viel gespannter auf die Redner und ihre Ansprachen.

Ungefähr eine Stunde nach unserer Ankunft, als es langsam dunkel wurde, versammelten sich alle vor der großen Bühne, und der offizielle Teil begann. Als Erstes trat der Großdrache des Staates Missouri auf die Bühne und hielt eine Begrüßungsrede.

»Sag mal«, fragte ich Don, der neben mir stand. »Wer ist eigentlich *unser* Großdrache? Ich meine, der von Indiana?«

»Sei still und hör dir die Rede an«, wies mich Don zurecht. »Wir haben im Moment keinen Großdrachen.«

Auf diese Antwort war ich nicht gefasst gewesen. »Was heißt das, wir haben keinen? Wir müssen doch einen Staatsführer haben!«

»Ich sagte, sei still und hör dir die Rede an!«, fauchte Don und sah mich durch die kleinen runden Löcher seiner violetten Kapuze streng an.

Ich gehorchte und schwieg. Aber die Frage blieb.

Wie kann es sein, dass Indiana keinen Großdrachen hat?, überlegte ich. *Und warum will niemand mit mir darüber reden?* Ich hatte Jake ja auch schon mal auf das Thema angesprochen und keine befriedigende Antwort erhalten. *Seltsam, wozu die ganze Geheimniskrämerei? Die verbergen doch was vor mir.*

Ich versuchte mich wieder auf die Rede des Großdrachen von Missouri zu konzentrieren. Es war eine ausgesprochen leidenschaftliche Rede, sie handelte von dem bevorstehenden Rassenkrieg. Ich hatte darüber schon in verschiedenen Klanzeitungen gelesen, und ich wusste von Jake, dass die meisten Klansmänner kistenweise Dynamit, Waffen und Munition in ihren Häusern gelagert hatten, um auf den großen Tag vorbereitet zu sein, wenn der letzte Kampf der Rassen Amerika und vielleicht sogar die Welt, in ein einziges Blutbad stürzen würde.

»Meine Schrecken und Klansmänner! Seid gewappnet!«, dröhnte es aus den Boxen. »Wir wissen nicht, wann es geschehen wird. Aber wir wissen, *dass* es geschehen wird! Die Zeichen der Zeit sind eindeutig. Und wir sind bestens darauf vorbereitet! Wir werden nicht zulassen, dass Amerika in die Hand der Nigger und Mexikaner fällt, die nur stehlen, vergewaltigen und morden! Wir sind die Herren dieses Landes! Wir, die Weißen, werden den Niggern, den Homosexuellen, den Juden, den Mexikanern und den Rassenmischern ein für alle Mal zeigen, wer hier das Sagen hat! Und es ist unsere Aufgabe, meine Schrecken und Klansmänner, ja, unsere ehrenvolle Pflicht, die Weißen in diesem Land zu vereinen und im heiligen Rassenkrieg anzuführen! Für Gott, die Rasse und unser Land!«

»Für Gott, die Rasse und unser Land!«, riefen alle im Chor, und ich sah, wie viele der weißen Kapuzenmänner – auch Jake, Don und James – ihren rechten Arm zum Hitlergruß ausstreckten. Ich begnügte mich mit dem Klangruß. Der war sowieso viel älter als der Hitlergruß; er war abgeleitet vom Gruß der alten Römer. Der linke Arm wurde ausgestreckt, der Handballen etwas nach oben gekippt und die Finger leicht gespreizt. Der Klangruß war außerdem nicht so starr wie der Hitlergruß und erinnerte mehr an die zum Segen ausgestreckte Hand eines Kirchenführers.

Nachdem der Großdrache von Missouri unter großem Beifall die Bühne verlassen hatte, schritt der Großdrache von New England zum Mikrofon. Die Stimmung war gut, und der junge Mann heizte das Publikum weiter an, um sie auf den Höhepunkt, den Auftritt des Kaiserlichen Hexenmeisters, vorzubereiten. Doch dann geschah etwas Eigenartiges. Mitten in seiner Ansprache wurde es schlagartig still. Ein Raunen ging durch die Menge. Ich verstand überhaupt nicht, was los war, merkte aber an der Reaktion der Zuhörer, dass soeben etwas Furchtbares passiert sein musste.

»Was ist denn los?«, fragte ich Jake.

»Er hat geflucht, das ist los!«, antwortete mir Jake, offenbar genauso empört wie alle anderen.

Ich war verwirrt. Natürlich hatte ich das Fluchwort auch gehört, das er bei der Erzählung einer Anekdote verwendet hatte. Aber das war doch nicht so tragisch. Wir fluchten andauernd, wenn wir unter uns waren. Wieso wurde jetzt auf einmal so ein Aufstand gemacht wegen des kleinen »F-Wortes«?

»Es ist strengstens verboten, bei öffentlichen Ansprachen zu fluchen«, klärte mich Don auf. »Wir haben Anstand und Moral. Es sind immerhin Frauen und Kinder anwesend.«

»Und was passiert jetzt?«

»Der Kaiserliche Hexenmeister wird ihn bestrafen«, sagte Don.

Bestrafen? Mein Blick schweifte zurück auf die Bühne. Ich sah, wie Bill Chaney den Securitymännern einen Wink gab, worauf diese den Großdrachen packten und vom Mikrofon wegzerrten. Er versuchte sich zu wehren und flehte den Kaiserlichen Hexenmeister um Gnade an, aber der schien sein Urteil bereits gefällt zu haben.

»Kommt mit«, sagte Jake. »Sehen wir uns an, was mit ihm geschieht. Das ist eine gute Lektion für dich, Richard.«

Ich war mir nicht sicher, was er damit meinte. Während ich mich fragte, welche Strafe wohl auf unerlaubtes Fluchen stand, folgte ich Jake, Don, James und einer Traube von Klansmännern, die der Vollstreckung des Urteils ebenfalls beiwohnen wollten, hinter den Lastwagen. Schon von Weitem konnte man hören, dass der Großdrache sich immer wieder aufs Neue entschuldigte für sein Vergehen und hoch und heilig versprach, es würde nicht wieder vorkommen. Aber niemanden schien seine Reue zu interessieren.

Ein Kreis von Schaulustigen bildete sich um den Großdrachen und die Männer, die ihn von der Bühne geschleppt hatten. Sie schleuderten ihn zu Boden. Und was ich dann zu sehen bekam, ging mir durch Mark und Bein. Mehrere kräftige Klansmänner begannen mit äußerster Brutalität auf den Großdrachen einzudreschen. Sie kickten ihn mit ihren Schuhen und schlugen so erbarmungslos mit den Fäusten auf ihn ein, dass es mir allein vom Zuschauen schlecht wurde. Ich hätte diese Züchtigung niemals überlebt. Der Großdrache stöhnte und schrie und hielt sich schützend die Hände vor den Kopf. Irgendwann wurden seine Abwehrbewegungen und die jaulenden Laute schwächer, bis er schließlich keinen Mucks mehr von sich gab und blutig und gekrümmt auf der Erde liegen blieb.

»Das wird ihm eine Lehre sein«, hörte ich jemanden sagen, während sich der Kreis auflöste und alle seelenruhig zurück vor die Bühne schlenderten, um sich die Rede von Bill anzuhören.

Ich brauchte eine ganze Weile, bis ich die heftige Szene einigermaßen verdaut hatte.

Wenn der Klan seine eigenen Leute, ja sogar ihre Staatsführer, wegen eines einzigen Fluchworts so übel zurichtet, was wird dann erst, wenn einer wirklich Mist baut?

Ich wollte gar nicht wissen, wie die Antwort auf diese Frage lautete.

Der Rest der Veranstaltung verlief ohne weitere Zwischenfälle. Der Höhepunkt war die Kreuzerleuchtung. Don, zwei Klanprediger und der Kaiserliche Hexenmeister leiteten die Zeremonie. Wir versammelten uns vor dem gigantischen Kreuz. Ein paar Männer überschütteten das in Lumpen gewickelte Kreuz mit Kerosin und richteten es anschließend mit Stricken auf. Mit einem dumpfen Aufprall sackte das Kreuz in das extra dafür ausgehobene Loch in der Wiese und blieb gefährlich schwankend stehen. Die Männer schaufelten das Loch zu und trampelten die Erde gut fest. Von dem Querbalken des Kreuzes hingen je zwei Metallseile herunter, mit denen das Kreuz seitlich verstrebt wurde, damit es nicht plötzlich umkippte.

Als Nächstes wurden Fackeln verteilt. Ungefähr jeder Vierte erhielt eine Fackel und zündete sie an. Dann trat Bill Chaney mit seiner Fackel in die Mitte und setzte das Kreuz feierlich in Brand. Innerhalb von Sekunden stand es in Flammen. Es knisterte und knackte. Die Nachtluft war erfüllt von Magie und Gottesfurcht. Die Kludds beteten für die erfolgreiche Verbreitung der weißen Vorherrschaft in unserem Land, den Untergang aller Klanfeinde, vor allem derjenigen, die sich mit anderen Rassen vermischten, und den Schutz Gottes für den Kaiserlichen Hexenmeister. Don beendete das Ritual mit irgendwelchen lateinischen Sätzen, und zum Schluss bildeten wir alle einen großen Kreis um das Kreuz, um zu symbolisieren, dass eines Tages die Weißen diese Welt regieren würden.

Ehrfürchtig blickte ich an dem brennenden Kreuz, dem Wahrzeichen unseres Glaubens, hoch, und eine wohlige Wärme machte sich in mir breit. Es war schon eigenartig. Auch wenn ich wusste, dass das FBI jeden unserer Schritte überwachte und auch wenn ich live miterlebt hatte, was der Klan mit denen tat, die gegen ihre Regeln verstießen, überkam mich schon wieder dieses unvergleichliche Gefühl von Geborgen- und Verbundenheit. Da war es wieder, wie damals vor Jahren in meinem Zimmer oder bei meinem ersten Klanmeeting oder der Einbürgerungszeremonie vor zwei Wochen, dieses Vibrieren in meinem Herzen, dieses unerklärliche Brennen, dass ich meinte, ich müsste verglühen, wenn ich mein Leben nicht voll und ganz in den Dienst des Klans stellen würde. Ob ich der Einzige war, der so empfand? Was hatte es damit auf sich? Warum passierte mir das ständig? Ich wusste es nicht. Aber ich war entschlossen, es herauszufinden.

14 Die Garage

Der Ort, an dem ich der Auflösung des Rätsels ein Stück näher kam, war Jakes Garage. Jakes Garage war etwas ganz Besonderes. In den Sechzigern war dieser Raum der offizielle Treffpunkt des Klans gewesen. Die Wände waren bis zum letzten Winkel mit Zeitungsartikeln und Fotos aus den Fünfzigern und Sechzigern tapeziert, aus der Zeit, als der Klan besonders gewalttätig gewesen war. Es war Jakes ganz private Trophäensammlung. Es waren seine Helden, die an der Wand hingen, und zu jedem Bild und jedem Bericht wusste er eine Geschichte zu erzählen. Ich liebte es, ihm zuzuhören, wenn er von den alten Zeiten redete. Ich liebte es aber auch, ganz alleine hier zu sein, nur ich und die mit Klangeschichte vollgekleisterten Wände. Stundenlang schlenderte ich von einer Ecke zur anderen, las mich durch sämtliche Artikel durch und vergaß die Zeit dabei.

»Hab ich dir eigentlich je erzählt, wie ich meine Finger verloren habe?«, fragte mich Jake eines Abends, als wir zusammen in der Garage waren, und streckte seine linke Gichthand mit den drei Fingerstummeln in die Höhe.

Ich schüttelte den Kopf. Schon immer war ich begierig darauf gewesen zu erfahren, wie das passiert war, ich hatte mich aber nie getraut, ihn danach zu fragen. Jake zündete sich eine Zigarette an, inhalierte, stieß den Rauch durch Mund und Nase und begann zu erzählen.

»Es geschah in einer Taverne, bei einem Streit mit einem Klansmann der UKA. Ich weiß nicht, ob ich es je erwähnt habe, aber früher war ich bei den *Vereinten Klans von Amerika* gewesen.«

Er hatte es erwähnt. Bevor ich mich intensiv mit dem Klan beschäftigt hatte, war ich immer davon ausgegangen, der KKK wäre eine einzige große nationale Organisation. Dem war aber nicht so. Es gab verschiedenste Gruppierungen, und jede wollte so viele Mitglieder wie möglich für sich gewinnen. Der mächtigste Klan während der Bürgerrechtsbewegung waren die UKA, die *Vereinten Klans von Amerika* mit Robert Shelton als Kaiserlichem Hexenmeister. Die UKA waren äußerst gewalttätig. Einige der aufsehenerregendsten Morde der vergangenen Jahre gingen auf ihr Konto sowie mehr als siebzig Bombenanschläge. Wir gehörten zu den *Nord-Süd-Rittern des Ku-Klux-Klan* mit Bill Chaney als nationalem Oberhaupt. Dann war da noch das *Unsichtbare Reich, Ritter des Ku-Klux-Klan*, gegründet von Bill Wilkinson und die *Ritter des Ku-Klux-Klan* mit dem charismatischen Politiker David Duke als ihrem Anführer. Und als wäre das alles nicht schon verwirrend genug, gab es noch etliche abgespaltene Klangruppen, die aus irgendeinem Grund beschlossen hatten, ihr eigenes Ding durchzuziehen, unabhängig von den großen Klans. Wir waren eine dieser abgespaltenen Gruppen, und Jake hatte sie selbst gegründet.

»Ich war also Mitglied der UKA«, fuhr Jake fort. »Das war in den Sechzigern. Eine ziemlich gewalttätige Zeit. Rassenunruhen, Bombenanschläge, Entführungen, Komplotte, Morde. Viele meiner damaligen Freunde sitzen noch heute hinter Gittern. Ich kann von Glück reden, dass ich nur ein paar Jahre gekriegt hab. Jedenfalls saß ich eines Tages mit den Klansmännern der UKA in einer Bar, und wir begannen so zu reden über die Bürgerrechtler, Martin Luther King, die Freedom Rider und Sheltons Pläne, wie wir diesen verfluchten Niggern und ihren Freunden endlich das Maul stopfen könnten. Und ich sagte so nebenbei, ich fände, der Kaiserliche Hexenmeister wäre viel zu machtgierig und würde seinen Großdrachen viel zu wenig Handlungsspielraum lassen. Ich sagte, ich würde ernsthaft darüber nachdenken, den Klan zu verlassen und meine eigene Fraktion zu gründen.

Tja, damit stach ich mitten in ein Wespennest. Ich war nämlich nicht der Einzige, der mit Sheltons diktatorischem Führungsstil unzufrieden war. Innerhalb von Sekunden spaltete sich die Bar in zwei Lager und aus einer harmlosen Diskussion wurde ein gefährliches Handgemenge und schließlich eine Messerstecherei. Es war bei Weitem nicht die erste, in die ich verwickelt war. Ich wurde öfter niedergestochen oder angeschossen, als ich zählen kann. Ich habe Narben an meinem Körper, von denen ich nicht einmal mehr weiß, woher sie kommen. Wie gesagt, es war eine wilde Zeit damals, außerhalb wie innerhalb des Klans. Aber in dieser einen Nacht haben wir es wohl alle ein wenig übertrieben.

Die Schlägerei war in vollem Gange. Bierflaschen und Stühle sausten durch die Luft. Klansmänner lagen sich in den Haaren, Messerklingen blitzten auf, Blut floss. Es war das reinste Chaos. Der Barkeeper verschanzte sich hinter der Theke und rief die Polizei. Ich schmetterte einem Klansmann die Faust ins Gesicht, dass er einen Zahn ausspuckte. Aus dem Augenwinkel sah ich, wie ein anderer Klansmann mit dem Messer auf mich losstürmte. Ich zückte das meine, wirbelte herum und – ratsch! – zog ich es ihm quer über sein Hemd und schlitzte ihm knapp über dem Gürtel den Bauch auf. Er schrie aus Leibeskräften und ging zum Gegenangriff über. Das Nächste, woran ich mich erinnere, ist, dass mir Blut von der linken Hand tropfte und mir zwei Finger fehlten. Die Polizei, die wenig später eintraf, konnte den Streit nur mit Mühe und Not schlichten. Ich seh es noch heute vor mir, wie der Klansmann, der mich attackiert hatte, die Hände auf die klaffende Bauchwunde hielt, während ich verzweifelt versuchte, in dem Durcheinander aus umgekippten Stühlen, Tischen und Glasscherben meine abgetrennten Finger zu finden. Aber wie du sehen kannst, hab ich sie nicht gefunden.«

»Und dann?«, fragte ich, gebannt von seiner Erzählung. »Hast du Anzeige erstattet?«

Jake nahm einen Zug von der Zigarette und schüttelte den Kopf. »Nein. Wir hätten uns nie gegenseitig verpfiffen. Wir und ein Dutzend andere von uns wurden ins Krankenhaus gebracht und genäht, und als uns die Polizei tags darauf zu dem Vorfall befragte, sagte ich, ich hätte keine Ahnung, wer mir die Finger abgeschnitten hatte. Und der Klansmann, dem ich den Bauch aufgeschlitzt hatte, sagte dasselbe aus. Schließlich waren wir Klansmänner. Egal, was geschehen war, das Band unseres Treueschwurs hielt uns zusammen. Das war damals so, und das hat sich bis heute nicht geändert. Klansmann ist Klansmann, egal, ob UKA oder *Nord-Süd-Ritter*.«

Er machte eine Pause und ließ seinen Blick suchend über die Zeitungsartikel an der Wand gleiten. »Hier«, sagte er und deutete auf ein vergilbtes Foto, das ein paar junge Männer zeigte, die sich die Arme um die Schultern gelegt hatten und in die Kamera lächelten. »Ein paar von denen waren auch dabei an jenem Tag.«

Ich schaute mir das Bild an, während Jake weiterging und vor einem anderen Zeitungsausschnitt stehen blieb. »Weißt du, wer das ist?« Er zeigte auf das Foto eines vielleicht vierzigjährigen, glatzköpfigen Mannes mit harten Gesichtszügen und einem karierten Hemd.

»Nein. Wer ist das?«

»Edgar Ray Killen«, klärte mich Jake auf. Der Name sagte mir nichts. »Hab mal ein Motelzimmer mit ihm geteilt, als wir an einem Klanaufmarsch teilnahmen. Leidenschaftlicher Klansmann. Du kennst doch sicher die Geschichte der drei ermordeten Bürgerrechtler in Mississippi 1964, Andrew Goodman, James Chaney und Mickey Schwerner.«

Ja, die Geschichte kannte ich allerdings. Wer sich mit dem Klan und seinen Verbrechen auseinandersetzte, kam an dieser Bluttat nicht vorbei. Die drei jungen Männer Goodman, Chaney und Schwerner setzten sich in Mississippi im Sommer 1964 für das Wahlrecht der Schwarzen ein. Schwarze durften nämlich nur dann an die Urne gehen, wenn sie vorher einen Lese- und Rechtschreibtest abgelegt hatten. Diese Tests wurden absichtlich auf einem derart hohen Niveau gehalten, dass die wenigsten Schwarzen überhaupt eine Chance hatten, ihn zu bestehen. Der Sozialarbeiter Mickey Schwerner, 24 Jahre alt, wollte daher in der Methodistenkirche von Mount Zion ein Bildungsprogramm für Schwarze aufbauen, die sogenannte »Freedom School«. Der Ku-Klux-Klan steckte die Kirche kurzerhand in Brand und plante, Schwerner umzubringen. Es war der 20. Juni 1964.

Schwerner, Chaney, ein 21-jähriger Afroamerikaner, und Andrew Goodman, ein Student aus New York, fuhren am nächsten Morgen gemeinsam zu der Kirche, um sich das Ausmaß der Zerstörung anzusehen und die Kirchenmitglieder zu befragen. Auf dem Weg zurück nach Philadelphia wurden sie vom Sheriff Cecil Price angehalten. Er verhaftete sie mit der fadenscheinigen Begründung, Chaney wäre zu schnell gefahren, und steckte alle drei ins Gefängnis. Um zehn Uhr nachts ließ er sie wieder laufen. Sie stiegen in ihren blauen Kombi und waren noch nicht weit gefahren, als der Sheriff mit seinem Polizeiwagen sowie zwei weitere Autos, vollbepackt mit Klansmännern, die Verfolgung aufnahmen. In einem abgelegenen Waldstück drängten sie sie von der Straße und zerrten sie aus dem Wagen.

Klansmann Wayne Roberts zog seine Waffe. »Bist du dieser Niggerfreund?«, fragte er Schwerner.

»Sir«, antwortete Schwerner. »Ich weiß, wie Sie sich fühlen ...« Roberts ließ ihn nicht ausreden und schoss ihm mitten ins Herz. Dann erschoss er Goodman, ebenfalls mit einem Schuss ins Herz, während ein anderer Klansmann scherzte: »Hey, lasst mir auch noch einen übrig!«

Chaney wurde als Letzter hingerichtet. Sie luden die Leichen in ihren blauen Kombi, fuhren zu einer abgelegenen Farm, bei der gerade ein Damm gebaut wurde, und verscharrten die Toten darunter. Das Auto überschütteten sie mit Benzin und verbrannten es. Erst sechs Wochen später wurden die Leichen entdeckt, nachdem ein Klansmann es dem FBI für 30 000 Dollar verraten hatte. 19 Männer wurden verhaftet, sieben wurden für schuldig befunden, kamen allerdings mit weniger als zehn Jahren davon.

»Edgar Ray Killen wurde vorgeworfen, er wäre auch an der Ermordung beteiligt gewesen«, erklärte mir Jake den Zusammenhang. »Er stand deswegen 1976 vor Gericht, wurde aber von der Jury freigesprochen.«

»Und *war* er beteiligt?«, fragte ich neugierig.

Jake zuckte unschuldig die Achseln. »Woher soll ich das wissen? Ich bin schließlich nicht dabei gewesen.« Ein vielsagendes Lächeln umspielte seine Mundwinkel. »Aber ich denke, Edgar hat sich einen Platz in meiner Heldengalerie verdient.« Was er damit andeuten wollte, war mir klar. Edgar Ray Killen war sehr wohl in die Sache verwickelt gewesen. Vielleicht hatte er Jake in dem Motelzimmer sogar davon erzählt. Aber was auch immer Jake darüber wusste, er verriet es mir nicht, weder an diesem Abend noch sonst irgendwann.

Die Ermordung der drei Bürgerrechtler in Mississippi war nur eine von vielen Geschichten, über die Jake Zeitungsartikel und Bildmaterial gesammelt und an die Garagenwand geklebt hatte. Da war auch ein Artikel über die Ermordung des jungen Afroamerikaners Willie Edwards, der am 23. Januar 1957 von bewaffneten Klansmännern gezwungen wurde, von einer dreißig Meter hohen Brücke in den Alabama River zu springen. Da war die Geschichte von dem Bombenanschlag auf die Baptistenkirche in Birmingham am 15. September 1963, die auf das Konto des KKK ging und vier kleine Mädchen das Leben kostete.

Da waren auch Zeitungsberichte von den Protestmärschen der Bürgerrechtler im März 1965, ein knappes Jahr nach der Ermordung von Goodman, Chaney und Schwerner. Es ging noch immer um das Wahlrecht der Schwarzen. James Reeb, ein weißer Pastor und Befürworter des uneingeschränkten Wahlrechts für Schwarze, war in Selma von vier Klansmännern attackiert und so brutal zusammengeschlagen worden, dass er zwei Tage später verstarb. Die ganze Nation war schockiert. Es kam zu Protestmärschen in über achtzig Städten. Präsident Johnson hielt eine Fernsehansprache an die Nation und bat um Unterstützung für eine möglichst zügige Verabschiedung eines neuen Wahlrechtsgesetzes. »Aber selbst wenn wir dieses Gesetz verabschieden«, so sagte er, »wird der Kampf nicht vorüber sein. (...) Die amerikanischen Neger haben sich dafür eingesetzt, dass sie an allen Vorzügen des amerikanischen Lebens teilhaben können. Ihr Anliegen muss auch unser Anliegen sein. Denn es sollte nicht nur im Interesse der Neger, sondern in unser aller Interesse sein, das lähmende Erbe von Fanatismus und Ungerechtigkeit zu überwinden. Und wir werden es schaffen.«

Martin Luther King rief daraufhin zu einem Vier-Tages-Marsch von Selma nach Montgomery auf. Um die friedlichen Demonstranten auf dem 87 Kilometer langen Marsch zu beschützen, schickte Präsident Johnson die Militärpolizei und zweitausend Soldaten nach Alabama.

Am 25. März, dem letzten Tag des Marsches, versammelten sich 25 000 Menschen vor dem Alabama Capitol in Montgomery. Martin Luther King bedankte sich bei allen für den erfolgreichen und friedlichen Marsch. Die 39-jährige Viola Liuzzo bot sich an, ein paar Demonstranten zurück nach Selma zu fahren. Dabei wurde sie von vier Klansmännern gesichtet. Verärgert darüber, dass sie als weiße Frau Schwarze in ihrem Wagen mitfahren ließ, jagten sie ihr auf der Autobahn nach, fuhren seitlich an sie heran und feuerten vierzehn Schüsse auf sie ab. Sie war sofort tot. Die Mörder kamen am 4. Mai vor Gericht und wurden von einer weißen Jury freigesprochen. Am 10. Mai nahmen sie an einer Klanparade teil, wo man sie mit Standing Ovations begrüßte. Erst sieben Monate später, als der Fall erneut aufgerollt wurde, befand man drei der vier Täter für schuldig und verurteilte sie zu je zehn Jahren Haft.

Der von King organisierte Marsch nach Selma und die Ermordung von Viola Liuzzo erhöhten den Druck auf die Politik schließlich so stark, dass die neuen Wahlrechtsgesetze am 6. August 1965 in Kraft traten und Afroamerikaner zum ersten Mal in der amerikanischen Geschichte uneingeschränkt wählen durften.

Das war vor genau zehn Jahren gewesen. In der Zwischenzeit war die Anzahl der Morde durch den KKK stark zurückgegangen. Aber wenn ich mir die Ehrenplätze ansah, die jene Mörder aus dieser Zeit in Jakes Privatgalerie einnahmen, dann wusste ich, dass die Gesinnung des Klans sich kein bisschen verändert hatte. Auch nicht bei Jake.

Es war schon seltsam. Obwohl ich umgeben war von Schlagzeilen und Fotos von einigen der brutalsten Gräueltaten, die der KKK in den Fünfziger- und Sechzigerjahren begangen hatte, und obwohl die vielen Zeitungsausschnitte eher der Schnitzeljagd eines geisteskranken Serienkillers glichen, faszinierte mich Jakes Garage. Sie war irgendwie magisch. Jedes Mal, wenn ich sie betrat, begann mein Herz zu hüpfen. Die Berichte, die Bilder, ja die ganzen verklebten Wände zogen mich so sehr in ihren Bann, dass ich gar nicht mehr fortgehen wollte. Ich fühlte mich hier zu Hause, auch wenn ich mir nicht erklären konnte, wieso. Einmal schilderte ich Don meine Empfindungen, und erstaunlicherweise schien er genau zu wissen, wovon ich redete.

»Es ist der Fluch«, sagte er.

Mich fröstelte, als er dieses Wort aussprach. Der Fluch! Schon wieder! Lisa hatte davon gesprochen, als ich von meinem ersten informellen Klantreffen zurückgekommen war. Sie hatte mir nicht verraten wollen, was es damit auf sich hatte, aber ihren sorgenvollen Gesichtsausdruck werde ich trotzdem nicht mehr vergessen. Ich erinnerte mich auch an Bill Chaneys Rede an eben diesem Klantreffen, wo er etwas von einem biblischen Fluch erwähnt hatte, der auf den Schwarzen lastete. Vielleicht wusste ja Don mehr darüber.

»Du wunderst dich über den Zauber, der von diesem Raum ausgeht? Es ist der Fluch«, erklärte er mir. »Er ist in dir, so wie er in mir ist. Ähnlich wie ein Magnet. Deswegen zieht es dich immer wieder hierher zurück. Weil du und die Familie euch gegenseitig anzieht. Ihr seid aneinander gebunden. Der Klan braucht dich, und du brauchst den Klan, verstehst du?«

»Nicht wirklich«, entgegnete ich.

»Du hast den Treueschwur geleistet. Damit hast du den Fluch, der bereits vorher in dir schlummerte, ganz zur Entfaltung kommen lassen. Jetzt kontrolliert er dich. Er bestimmt dich. Du kannst gar nicht anders, als ihm zu gehorchen. Das ist es, was du in deinem Unterbewusstsein spürst, wenn du hier bist. Das ist der Fluch.«

Ich war mir nicht sicher, was ich von alledem halten sollte. Es klang verwirrend – und auch ein wenig gruselig.

»Ich dachte, der Fluch wäre mehr symbolisch gemeint«, wandte ich ein.

Don schüttelte den Kopf. »Er ist realer, als du denkst. Er lastet seit Hunderten von Jahren auf dieser Nation, genauer gesagt, seit seiner Gründung. Das hat etwas mit dem Fluch Kanaans aus der Bibel zu tun. Schwer zu erklären. Jedenfalls wird er durch gewisse Familien von Generation zu Generation weitergegeben. Dein Urgroßvater trat dem Klan in den Zwanzigerjahren bei. Dadurch öffnete er sich dem Fluch und vererbte ihn letztendlich an dich weiter.«

Ich sah Don ziemlich perplex an. Mir fiel es schwer zu glauben, dass es so etwas wie einen jahrhundertealten Fluch überhaupt geben konnte. Solche mystischen Geschichten kamen in Fantasybüchern vor. Aber im wirklichen Leben? Undenkbar.

»Wenn dieser Fluch von Generation zu Generation weitervererbt wird, wie du sagst: Warum war dann mein Großvater nicht im Klan? Und mein Vater und meine Brüder sind es auch nicht.«

»Nicht jeder ist offen für den Fluch«, sagte Don. »Manchmal überspringt er auch eine oder zwei Generationen. Du bist der Erste seit deinem Urgroßvater, der sich wieder für den Klan interessiert hat. Als wir deinen Vater ...«

»Don!«, erklang in diesem Moment eine scharfe Stimme von der Tür her. Es war Jake. Er warf Don einen bedeutsamen Blick zu, so, als wäre er nicht zufrieden mit dem, was Don mir soeben anvertraut hatte. »Teambesprechung«, sagte er dann, uns beiden zugewandt, drehte sich um und ging zurück ins Haus. Damit war unsere Unterhaltung beendet. In meinem Kopf schwirrten tausend Fragen herum, als ich die Garage verließ. Was war dran an diesem Fluch? War es nur eine Legende? Oder gab es ihn wirklich? War das die Antwort auf meine seltsamen Gefühle, für die ich seit Jahren keine vernünftige Erklärung hatte? Und was war mit meiner Familie? Konnte es tatsächlich sein, dass mein Urgroßvater mit seinem Eintritt in den Klan einen Fluch über unsere Familie gebracht hatte? Und dass er ihn mir *vererbt* hatte? War es vielleicht gar nicht *meine* Entscheidung gewesen, dem Klan beizutreten – sondern die Anziehungskraft des *Fluches* in mir drin? War so etwas überhaupt möglich? Und was war mit meinem Vater? Was hatte Don mir sagen wollen, bevor wir unterbrochen wurden?

Ich hätte Don gerne noch ausführlicher dazu befragt, doch so, wie Jake ihn angeschaut hatte, fürchtete ich, dass ich keine Gelegenheit mehr dazu haben würde. Da war so ein merkwürdiger Ausdruck in Jakes Augen gewesen. Ich wurde den Eindruck nicht los, dass er mir eine wichtige Information vorenthielt. Aber welche? Und weswegen?

15 Mr Bowe kommt ins Schwitzen

Das Leben als Klansmann war wahnsinnig aufregend. Ich gewann viele neue Freunde. Die meisten, mit denen ich abhing, waren so zwischen achtzehn und fünfundzwanzig Jahre alt. Es gab natürlich auch Einzelne in meinem Alter, aber nicht viele. Obwohl ich das so genau auch wieder nicht sagen konnte, denn im Grunde wusste ich gar nicht, wer eigentlich alles dazugehörte. Es gab keine Mitgliederlisten. Wir waren eine Geheimorganisation, und viele zogen es vor, anonym zu bleiben. An den überregionalen Treffen trug man Spitzhüte mit Masken oder großen Sonnenbrillen und hielt sich an die Klanleute, die man bereits kannte. Nicht einmal Jake wusste, wie viele Mitglieder wir in Kokomo hatten, geschweige denn wie viele es landesweit waren. Das Einzige, was er immer wieder betonte, war, dass die offiziellen Schätzungen des FBI über die Größe des Klans ein Witz wären. Es hieß, der Klan wäre von 40 000 Mitgliedern 1965 auf 1 500 Mitglieder 1974 geschrumpft. Doch wir wussten, dass diese Zahlen unmöglich stimmen konnten. Und überhaupt: Woher bitteschön wollte das FBI wissen, wie viele wir waren, wenn wir es selbst nicht einmal wussten? Egal. Ob wir 50 oder 50 000 waren: wir waren gefürchtet. Und wir gaben uns alle Mühe, dass das auch so blieb.

Unser Markenzeichen, für das wir überall bekannt waren und welches seine mahnende Wirkung nie verfehlte, war das brennende Kreuz. Wir warteten, bis es dunkel war, buddelten im Vorgarten unserer Zielperson ein Loch, stellten das Kreuz hinein und zündeten es an. Manchmal waren wir auch zu faul dazu und lehnten das Kreuz einfach gegen die Hauswand. Dabei kam es schon mal vor, dass ein Haus Feuer fing. Vereinzelt brannten auch mal Häuser ab. »Jemandem ein Kreuz anzuzünden«, wie wir es nannten, diente vor allem zur Abschreckung, um dem Betroffenen zu signalisieren: »Pass bloß auf! Wir beobachten dich! Und wenn du nicht spurst, können wir noch ganz andere Dinge mit dir anstellen!« Die Furcht in den Augen der Leute zu sehen, wenn sie nach draußen gestürmt kamen und an dem lichterloh brennenden Holzkreuz hochblickten, war schon etwas Besonderes. Es erinnerte mich jedes Mal daran, zu was für einer mächtigen Organisation ich gehörte und dass man sich besser nicht mit uns anlegte.

Ich hätte mein neues Leben um nichts in der Welt gegen mein altes, langweiliges Highschool-Leben eintauschen wollen. Ständig war etwas los. Fast jedes Wochenende fuhren wir zu irgendeinem geheimen Treffen, einer Parade, einer Zeremonie oder einem Trainingskurs. Das Training fand meistens draußen auf dem Land statt, auf der Farm eines Klanmitgliedes. Es gab mehrere Farmer, die im Klan waren und uns ihre Scheunen und Felder für unsere Ausbildung zur Verfügung stellten. Wir lernten, wie man Schließfächer knackt, Telefonleitungen anzapft oder Häuser verwanzt. Wir wurden unterrichtet im Nahkampf und lernten mit dem Messer und mit den unterschiedlichsten Waffen umzugehen, vom Revolver bis zur Maschinenpistole. Ich erhielt sogar meine eigene Waffe, einen .41-Magnum-Revolver, den ich von jetzt an immer mit mir herumtrug. Es war ein irres Gefühl, eine eigene Schusswaffe zu besitzen. Es fühlte sich an, als wäre ich unbesiegbar. Aber das Tollste war, dass Slikk sich nach seinem ersten Klanmeeting ebenfalls entschied, dem Klan beizutreten. Im Mai 1975 – wir waren jetzt beide siebzehn Jahre alt – fand sein Aufnahmeritual statt, und aus meinem besten Freund wurde mein Blutsbruder.

Von nun an waren wir in doppelter Weise unzertrennlich. Slikk war ein Kerl, mit dem man Pferde stehlen konnte. Er stürzte sich mit Leib und Seele in den Klan und war für jede noch so kranke Aktion zu haben. Manchmal erschreckte es mich sogar ein bisschen, wie rasch er all seine Skrupel über Bord warf. Ausgerechnet er, der Sohn eines Predigers, der sämtliche Kirchenlieder und sogar drei ganze Bücher aus der Bibel auswendig konnte und mehr über Gott und die Bibel wusste, als wir alle zusammen, entwickelte sich zu einem eiskalten Schläger. Nun, ich hatte nichts dagegen einzuwenden, und wir hatten jede Menge Spaß zusammen.

Wenn wir von der Schule kamen und Slikk nicht gerade im »Perkins« arbeiten musste oder Jake etwas unter vier Augen mit mir besprechen wollte, fuhren wir rüber zum »Denny's«, einem Fastfood-Restaurant an der Schnellstraße U.S. 31. Es war das Stammlokal des Klans. Hier hingen wir zusammen mit unseren Freunden ab, tauschten Neuigkeiten aus, baggerten Mädchen an oder planten irgendwelche Rachefeldzüge gegen Schwarze, Niggerfreunde – oder (und das nicht selten!) gegen verfeindete Klans.

Es war schon irgendwie absurd. Da predigten wir, die Weißen dieses Landes sollten sich vereinen, aber wir selbst waren so zersplittert, wie man es nur sein konnte. In unserem Gebiet gab es zum Beispiel zwei Klans, uns und den UKA. Wir kontrollierten einen Teil der Stadt und sie den anderen. Und wehe, jemand wagte es, in das Gebiet des anderen einzudringen. Im Prinzip waren wir nichts anderes als rivalisierende Gangs, die sich gegenseitig das Leben schwer machten. Häufig begann es mit irgendeiner Auseinandersetzung zwischen einem Mitglied der *Nord-Süd-Ritter* und einem Mitglied des Vereinten Klans. Der Streit artete in eine Schlägerei oder eine Messerstecherei aus, jemand wurde verletzt, die Gemüter erhitzten sich, die Situation eskalierte, und es endete damit, dass wir mit mehreren Autos voller bewaffneter Klansmänner an den Häusern der Mitglieder der UKA vorbeifuhren und ihnen die Fenster zerschossen – oder umgekehrt. Immer dann, wenn es wieder mal ordentlich gekracht hatte und die Lage außer Kontrolle geraten war (was im Schnitt alle paar Monate passierte), taten sich die Führer der beiden Klans zusammen, redeten mit ihren Leuten und brachten sie wieder zur Vernunft. Bei aller Rivalität waren wir schließlich immer noch Brüder und kämpften für die gleichen Ziele.

Nach meiner ersten nächtlichen Schießerei ging ich noch auf einen Sprung bei Jake vorbei und erzählte ihm stolz von unserem Angriff. Das ratternde Geräusch der Maschinenpistolen, das Klirren der zerspringenden Scheiben und das Gejohle unserer Leute konnte ich jetzt noch hören. Ich selbst hatte meine .41er Magnum verwendet und das ganze Magazin leer geschossen. Es war völlig abgefahren, der pure Adrenalinschub.

»Denen haben wir's so richtig gezeigt!«, schloss ich meine euphorische Erzählung und blickte erwartungsvoll zu Jake hinüber, der mit übereinandergeschlagenen Beinen in seinem Lieblingssessel saß und bislang geschwiegen hatte. Eigentlich hatte ich gedacht, er würde sich über meinen Bericht freuen und mich vielleicht sogar loben für meinen mutigen Einsatz. Stattdessen schickte er Don und James nach draußen und hielt mir völlig überraschend eine Standpauke. Er schärfte mir ein, wie gefährlich das alles sei, und verlangte, dass ich mich in Zukunft von solch kindischen Aktivitäten fernhielte. Ich glaubte mich verhört zu haben. War das wirklich der Großtitan des Mittleren Westens, der da mit mir redete? Don und James (eigentlich vor allem James) prahlten doch ständig mit irgendwelchen Gewalttaten. Und Jake musste früher selbst ein schlimmer Finger gewesen sein, sonst wäre er nicht mehrere Jahre in den Knast gewandert. Aber mir wollte er auf einmal alles verbieten, was Spaß machte? Das konnte nicht sein Ernst sein!

»Keine Sorge, ich pass schon auf mich auf«, sagte ich eingeschnappt und eine Spur zu altklug, worauf Jake plötzlich aus seinem Sessel schoss und mit hinkendem Gang auf mich zusteuerte. »Jetzt hör mir mal gut zu, Junge«, sagte er und bohrte mir seinen Zeigefinger in die Brust. »Du denkst, das wäre alles nur ein Spiel. Aber das ist es nicht! Ich sehe den Leichtsinn in deinen Augen, und es gefällt mir ganz und gar nicht! Mich hat dieser blöde Krieg mit den UKA meine Finger gekostet! Dich könnte es noch ganz andere Dinge kosten! Irgendwann fängst du dir nämlich eine Kugel ein, und dann ist es zu spät für Reue!« Er beugte sich zu mir herunter. Mir war es auf einmal nicht mehr so wohl in meiner Haut.

Jakes Stimme schwoll weiter an. »Ist es das, was du willst? In der Gegend rumballern und dein Leben für einen sinnlosen Krieg gegen unsere eigenen Brüder riskieren?«

Ich wurde immer kleiner.

»Antworte mir: Ist das der Krieg, für den du einen Treueschwur geleistet hast?«

»N ... nein«, stammelte ich. »Aber die anderen ...«

»Du bist nicht die anderen!«, schnaubte Jake und streckte mir seine Fingerstummel ins Gesicht. »Siehst du das? *Siehst du das*?! Das ist *nicht*, was ich für dich geplant habe, als ich dich unter meine Fittiche nahm! Geht das in deinen kleinen, arroganten Highschool-Schädel rein?!«

Ich rutschte noch tiefer im Sofa und nickte mit eingezogenen Schultern. Jake fixierte mich mit seinen kleinen Augen. »Eines Tages wirst du Großes vollbringen für den Klan. Aber dazu musst du erst einmal lernen, wie man *wirklich* kämpft. Häuser zerschießen kann jeder Idiot. Aber das hier« – er tippte sich mit dem krummen Zeigefinger seiner Gichthand an die Schläfe –, »das hier beherrschen nur wenige. Damit werden die wahren Schlachten gewonnen.« Er hinkte zurück zu seinem Sessel und setzte sich schwerfällig. »Ich könnte dir eine Menge über wahre Kriegstaktik beibringen, mein Junge. Wie man Leute vernichten kann, ohne sich dabei selbst zu gefährden. Wie man sie einschüchtert, terrorisiert, ihnen die Buchstaben KKK in die Seele brennt, bis sie daran zugrunde gehen.«

»Du meinst, so wie jemandem ein Kreuz anzuzünden?«, warf ich vorsichtig ein.

»Das ist eine Möglichkeit. Es gibt noch weit bessere. Aber ich fürchte, du bist noch nicht so weit.«

Wie war das?! Mich packte der Ehrgeiz. Ich hatte es schon immer gehasst, wenn ich wie ein unmündiges Kind behandelt wurde, und wenn Jake mich für unreif hielt, dann war es an der Zeit, ihn vom Gegenteil zu überzeugen. »Ich bin sehr wohl so weit! Und ich lerne schnell, das weißt du.«

»Ich brauche aber keinen schießwütigen Teenager, sondern jemanden mit Niveau.«

»Davon hab ich jede Menge!«, verkündete ich selbstsicher. »Sag mir einfach, was ich tun soll, und ich tu's!« Mein Kampfgeist war geweckt.

Jake musterte mich eine ganze Weile. Dann nickte er. »Na schön, vielleicht kann ich's ja mit dir wagen. Wir werden sehen.«

Die erste Aufgabe, die mir Jake anvertraute, war ziemlich einfach. Es ging um Mr Bowe, einen Mann um die fünfzig mit grau meliertem Haar, Brille und Bierbauch. Er war Besitzer eines Kopiergeschäfts. Ein Kopiergeschäft war für den Klan von äußerster Wichtigkeit, da es zur damaligen Zeit noch keine Computer und Drucker für zu Hause gab. Für jeden Ausdruck, für jede Kopie musste man in ein Kopiergeschäft gehen. Der Klan hatte massenweise Werbeunterlagen, Handzettel zum Verteilen und eigene Klanzeitungen, die gedruckt und vervielfältigt werden mussten, und da das Kopiergeschäft, das wir bisher verwendet hatten, eingegangen war, brauchten wir dringend ein neues. Dabei stießen wir auf »Mr Bowe's Copyshop«.

Dass Mr Bowe uns nicht mit offenen Armen empfangen und freiwillig Propaganda vom Ku-Klux-Klan drucken würde, war klar. Wir mussten ihn erst einmal ein klein wenig bearbeiten. Und dabei kam ich ins Spiel. Jake fand, ich wäre perfekt für den Job.

»Du bist wortgewandt, verständig«, sagte er, »hast ein gepflegtes Auftreten. Die meisten würden sich wie ein Elefant im Porzellanladen aufführen. Du nicht. Jedenfalls hoffe ich das nach unserer kleinen Unterhaltung neulich.«

Alles, was ich tun musste, war, Mr Bowe einen Besuch abzustatten und ihn zu bitten, Klanmaterial für uns zu drucken.

Gewissenhaft führte ich die Aufgabe aus – und erwartungsgemäß verweigerte Mr Bowe.

In der darauffolgenden Woche setzte Jake verschiedene Klansmänner auf Mr Bowe an. Ihre Aufgabe war es, alles herauszufinden, was es über diesen Mann zu wissen gab. Sie fanden heraus, wo er wohnte, wie seine Frau hieß, wo sie arbeitete, wann sie arbeitete, wo sie zum Friseur und wo sie einkaufen ging. Sie fanden heraus, dass seine Kinder Annie und Paddy hießen und zehn und zwölf Jahre alt waren. Slikk und ich wurden damit beauftragt, den beiden in die Schule zu folgen. Wir fanden heraus, wo jeder seinen Spind hatte, knackten die Schlösser und untersuchten die Garderobenschränke. Wir studierten ihren Stundenplan, merkten uns die Namen ihrer Lehrer und welches Kind an welchem Tag welche Wahlfächer besuchte. Dann trugen wir alle gesammelten Informationen zusammen und bereiteten uns auf den letzten Schachzug vor: den zweiten Besuch in Mr Bowes Kopiergeschäft.

Im Gegensatz zum ersten Besuch ging ich diesmal nicht alleine hin, sondern nahm zwanzig Klansmänner als Verstärkung mit. Wir warteten bis eine Minute vor Ladenschluss. Dann betrat ich zusammen mit Slikk das Geschäft. Die kleine Glocke über der Tür bimmelte. Es war ein sehr kleiner Laden und der einzige Angestellte, den Mr Bowe beschäftigte, war bereits gegangen – was wir natürlich ebenfalls wussten. Slikk und ich stellten uns an die Theke und warteten. Ich hatte mich wie beim ersten Mal sehr professionell gekleidet. Ein weißes, gebügeltes Hemd, schwarze Hosen, schwarze Lederschuhe, und das Haar fein säuberlich mit Gel zurückgekämmt.

»Guten Abend, Mr Bowe. Erinnern Sie sich an mich?«, fragte ich höflich. Mr Bowe lugte hinter einer seiner großen Maschinen hervor und machte sich nicht einmal die Mühe, an die Theke zu kommen, als er mich erkannte.

»Ich hab Ihnen doch schon vor einer Woche meine Antwort gegeben«, sagte er, während er sich mit einem Tuch Druckerschwärze von den Fingern abwischte.

»Nun, Mr Bowe«, sagte ich und trommelte mit den Fingern gemütlich auf dem Ladentisch herum. »Ich denke, Sie sollten Ihre Antwort noch einmal überdenken.« Ich gab Slikk ein Zeichen, worauf er zur Tür spazierte und unsere Verbündeten hereinließ. Der Raum vor der Theke füllte sich fast lautlos mit zwanzig düster dreinblickenden Gestalten. Don war auch dabei, ausgerüstet mit einem Vorschlaghammer, den er sich locker über die breite Schulter gelegt hatte wie ein Riese seine Keule. Als alle drin waren, schloss Slikk die Tür von innen zu und drehte das »Offen-Geschlossen«-Drehschildchen auf »Geschlossen«.

Spätestens jetzt wurde Mr Bowe klar, dass die Lage ernst war. Er stürmte hinüber zu seinem Schreibtisch, um die Polizei zu rufen, aber einer unserer Leute schnitt ihm den Weg ab und riss vor seinen Augen das Telefon mitsamt dem Kabel aus der Wand. Die einzige Verbindung zur Außenwelt war damit gekappt, und Mr Bowe war uns hilflos ausgeliefert. Ich sah die Furcht in seinen Augen, und langsam begann ich mich in meiner Rolle als Wortführer ausgesprochen gut zu fühlen.

»Wie gesagt, Mr Bowe: Wir sind sehr an einer Zusammenarbeit mit Ihnen interessiert. Sie drucken unser Material, wir bezahlen Sie pünktlich, Sie machen ein gutes Geschäft, gewinnen einen treuen Kunden, und alle sind zufrieden. Na, wie klingt das?«

Mr Bowe stand da, als wäre er vom Blitz getroffen worden. Schweißtropfen bildeten sich auf seiner kahlen Stirn. »Ich ... ich kann das nicht«, stammelte er und spielte nervös mit seinen Fingern. »Ich könnte nicht damit leben, für den Ku-Klux-Klan Werbematerial zu drucken ... das ... das widerspricht meiner Überzeugung.« Seine Augen hüpften hektisch zwischen den vielen Burschen hin und her, die schweigend dastanden und nur auf mein Zeichen zu warten schienen. »Warum ... warum suchen Sie sich nicht ein anderes Kopiergeschäft? Es gibt doch einige in der Gegend. Viel größere als meines.«

»Eben.« Ich lächelte. »Ihres ist nun mal genau das, was wir brauchen, um keine Aufmerksamkeit zu erregen. Also, Mr Bowe, noch mal von vorn.« Ich schob ihm einen Stapel Papiere über den Tresen. »Können Sie das bis morgen für uns drucken? Hundert Kopien. Ja oder nein?«

Der arme Mann schwitzte wie ein Tier. Er tupfte sich mit dem schmutzigen Arbeitstuch die Stirn. »Ich ... ich ... ich kann das nicht verantworten, ich ...«

»Ach nein?«, sagte ich und blickte zu Don hinüber. Don nickte, öffnete die Klappe des Ladentisches und schritt wortlos zu einer der Kopiermaschinen hinüber. »Wissen Sie was, Mr Bowe? Wenn Sie nicht für den Klan drucken wollen, bin ich der Meinung, dass Sie für niemanden mehr drucken sollten. Don!«

Don hob langsam den Vorschlaghammer in die Höhe, bereit, ihn mit voller Wucht auf die Maschine niedersausen zu lassen und damit Mr Bowes Lebenswerk zu zerstören. Das war zu viel für den Ladenbesitzer.

»Nein!«, schrie er und streckte flehend die Hände hoch. »Bitte nicht! Warten Sie! Lassen Sie uns reden! Wir finden bestimmt eine Lösung! Bitte nicht die Maschinen! Ich bitte Sie!«

Don ließ den Vorschlaghammer wieder sinken, blieb aber auf Position. Mr Bowe wandte sich mir zu. Seine Hände zitterten. »Ich tu's. Zumindest dieses eine Mal. Sie können die Kopien morgen Vormittag abholen. Gratis, von mir aus. Sie brauchen keinen Cent dafür zu bezahlen. Wenn Sie mich danach nur in Ruhe lassen.«

Ich labte mich an seiner Unterwürfigkeit. »Mr Bowe«, sagte ich und faltete meine Hände auf dem Tresen zusammen. »Sie scheinen nicht zu verstehen. Erstens werden wir Ihnen die Kopien bezahlen, und zwar so viel, wie jeder andere Kunde auch dafür bezahlen würde. Wir sind Ehrenmänner, keine Diebe. Und zweitens sind wir an einem langfristigen Geschäftspartner interessiert. Entweder Sie drucken von jetzt an unsere Sachen, und zwar *alle* unsere Sachen, oder ...« - ich machte eine bedeutungsvolle Pause - »... wir führen mit Ihrer Gattin Ilda ein kleines Gespräch, wenn sie morgen Nachmittag von ihrem Arzttermin bei Dr. Givens kommt. Ihrem Knie soll es übrigens besser gehen, haben wir gehört.« Ich beobachtete mit Genuss, wie Mr Bowe immer blasser wurde, als er hörte, was ich alles wusste. »Vielleicht schicken wir auch jemanden am Freitag um fünfzehn Uhr zu Mr Lefkowitz und sagen ihm, Paddy würde es *leider* nicht zum Basketballtraining schaffen. Der Trainer von Paddy heißt doch Lefkowitz, richtig?«

Mr Bowe ballte seine Fäuste. Sein Atem ging heftig. »Halten Sie meine Familie da raus!«, bat er mich mit brüchiger Stimme. »Warum tun Sie das? Ich habe Ihnen doch nichts getan!«

Ich ließ ihn noch ein wenig zappeln. Es war einfach zu schön, einen tüchtigen Geschäftsmann wie Mr Bowe vor einem Highschool-Schüler wie mir kriechen zu sehen. So etwas hatte ich noch nie zuvor erlebt. Es war wie eine Entschädigung für all die Jahre, in denen ich als Schwächling belächelt und wegen meines Aussehens gehänselt worden war. Jetzt endlich hatte sich das Blatt gewendet. Jetzt endlich war *ich* am Zug. Es war ein unglaublich befriedigendes Gefühl, und ich wollte es bis zum letzten Moment auskosten.

»Haben Sie übrigens gewusst, dass Ihr Sohn Ihre Unterschrift perfekt fälschen kann?«, fragte ich. »Er hat sich einen ganzen Vorrat an unterschriebenen Entschuldigungen in seinem Spind angelegt. Ein cleveres Kerlchen, das muss man schon sagen. Und Ihre Tochter Annie tanzt wirklich erstaunlich gut Ballett. Ich bin sicher, bei der nächsten Aufführung *kriegt* sie die Hauptrolle, nicht wie letztes Mal, als sie einen Baum spielen musste.«

»Was wollen Sie?!«, rief Mr Bowe. Ich hatte das Gefühl, er würde gleich in Tränen ausbrechen. Wir hatten ihn so weit.

»Sie wissen, was wir wollen«, sagte ich und deutete mit dem Kinn auf den Stapel Klanmaterial. »Also, wie sieht's aus? Kooperieren Sie mit uns oder müssen wir noch deutlicher werden?«

Mr Bowe nickte, völlig mit den Nerven fertig. »Ich drucke alles, was Sie wollen. Aber bitte ... bitte verschonen Sie meine Familie. Bitte ...«

Ich versprach es ihm großmütig, und ich versprach ihm außerdem, dass wir zu unserem Wort stehen und ihn anständig und rechtzeitig bezahlen würden, solange er unsere Aufträge pünktlich erledigte. Dann winkte ich Don von der Druckermaschine zurück und blies zum Abmarsch. Slikk entriegelte die Tür, und unsere Zwanzig-Mann-Truppe verließ – mit erfüllter Mission und ohne Mr Bowe auch nur ein einziges Haar gekrümmt zu haben – den Laden. Ich war der Letzte, drehte das »Offen-Geschlossen«-Schildchen wieder um und lächelte Mr Bowe zum Abschied zu, als wären wir alte Freunde.

»Auf Wiedersehen, Mr Bowe! Auf eine gute Zusammenarbeit!«

16 Psychoterror und Geistergeschichten

Jake hatte mich überzeugt. Es gab Einschüchterungsmethoden, die tausendmal effektiver waren als durchlöcherte Hauswände. Ich war auf den Geschmack gekommen, und ich lernte von einem der Besten. Jake hatte lange genug im Knast gesessen, um in aller Ruhe über den Klan und seine Strategien nachzudenken. Und dabei war er zum Schluss gekommen, dass physische Gewalt – sofern das Opfer nicht stirbt – keine langfristigen Resultate bringt.

»Es bringt dich höchstens ins Gefängnis«, erklärte er mir eines Abends. »Dein Opfer wird sich von seinen Wunden erholen und fröhlich weiterleben wie bisher. Damit hast du nichts gewonnen. Wahre Kunst, mein Freund, ist es, deinen Feind zu vernichten, *ohne* dir dabei die Finger schmutzig zu machen. Warum einem Mann das Bein brechen, wenn du stattdessen seine Ehe zerstören kannst? Wenn es dir nämlich gelingt, die Ehe eines Mannes zu zerstören, hast du sein *gesamtes* Leben ruiniert. Und du selbst – sofern du clever genug bist, keine Spuren zu hinterlassen – bist fein raus. Also ein Erfolg auf der ganzen Linie. Maximales Ergebnis. Minimales Risiko. *Das* ist es, worauf wir uns spezialisieren sollten, Dickie. Finde den wunden Punkt deines Feindes, schlage im richtigen Moment zu, und der Schaden wird verheerender sein als jede Schusswunde. Die Leute denken, sie hätten den Klan besiegt, nachdem sie all die Attentäter der Bürgerrechtsbewegung weggesperrt haben. Doch sie täuschen sich. Wir fangen gerade erst an.«

Psychischer Terror. Das war die neue Masche. Und sie funktionierte. Und *wie* sie funktionierte! In allen Variationen und Schattierungen. Paradoxerweise waren die wenigsten unserer Opfer Schwarze. Schwarze, die sich brav in der untersten Schicht der Gesellschaft bewegten, die brav in einer schwarzen Nachbarschaft wohnten und brav ihrem schlecht bezahlten Job als Bauarbeiter, Taxifahrer, Putzfrau, Zimmermädchen, Küchenhilfe oder Fabrikarbeiter nachgingen, hatten eigentlich nichts von uns zu befürchten. Was wir hingegen nicht tolerierten, waren Schwarze, die aus ihrer niedrigen Klasse ausbrechen wollten, die sich für etwas Besseres hielten und nach Höherem strebten, als ihnen zugedacht war. Zum Beispiel Schwarze, die in einem teuren Restaurant essen gingen, Schwarze, die an der Uni studierten, Schwarze mit schickem Anzug und Krawatte, Schwarze, die sich zum Chef hochgemausert hatten, Schwarze, die nicht bedienten, sondern sich bedienen ließen, das ging *gar* nicht! Schwarze gehörten an ihren Platz, und der war ganz unten in der Rangordnung, keinesfalls oben.

Die zweite Gruppe, die wir verabscheuten, fast noch mehr als Schwarze mit Bildung und Ansehen, waren Rassenmischer. Weiße, die Schwarzen gegenüber freundlich gesinnt waren, die sich womöglich sogar öffentlich für Minderheiten aussprachen, gerieten sehr schnell in unsere Schusslinie. Noch gefährdeter waren Weiße, die eine schwarze Freundin hatten oder Schwarze, die mit einer Weißen ausgingen. Die schlimmsten Rassenmischer von allen waren diejenigen, die eine Mischehe eingingen, schwarze Männer, die eine weiße Frau oder weiße Männer, die eine schwarze Frau heirateten. Solche Leute waren uns ein Gräuel und wir schikanierten sie bis aufs Blut. Bosheit kann sehr erfinderisch sein. So wurden auch unsere Kampfstrategien gegen Rassenmischer immer ausgeklügelter – und unmoralischer.

Einem weißen Mann, der sich mit einer Schwarzen vermählt hatte, jubelte der Klan zum Beispiel einen Liebesbrief unter. Sie schmuggelten ihn in seine Lunchbox, und als er von der Arbeit kam, fand die Frau den Brief und dachte, ihr Mann hätte ein Verhältnis mit einer Arbeitskollegin. Nachdem er sie mühsam davon überzeugt hatte, dass dem nicht so war, folgten nächtliche Telefonanrufe durch eines unserer weiblichen Klanmitglieder, was die Eifersucht der Frau erneut schürte. Und als Krönung ließ sich eines unserer Mädchen auf einen Flirt mit dem Mann ein und schlief mit ihm, während wir dafür sorgten, dass die ahnungslose Ehefrau genau im richtigen Moment nach Hause kam und die beiden auf frischer Tat ertappte. Unnötig zu erwähnen, dass sie die Scheidung einreichte. Weder er noch sie hatten auch nur den leisesten Schimmer, dass der KKK hinter allem steckte. Und sie würden es wohl auch nie erfahren. Szenarien wie diese waren keine Einzelfälle. Solange wir damit Erfolg hatten, war unsere Moral so löchrig wie ein Schweizer Käse.

Ein anderer, den wir uns auf ziemlich fiese Art vorknöpften, war Mr Foley. Mr Foley stand wegen seiner Freundschaft mit Schwarzen schon seit Längerem auf unserer schwarzen Liste, und Jake fand, es war an der Zeit, ihm eine kleine Lektion zu erteilen. Also machte sich der Klan an die Arbeit. Genau wie bei Mr Bowe vom Kopiergeschäft beschatteten unsere Leute den Mann mehrere Tage lang, um sein Leben zu studieren. Mr Foley war ein absoluter Gewohnheitsmensch. Jeden Morgen auf dem Weg zur Bank – er war dort Abteilungsleiter – legte er einen Stopp bei einem Kiosk an der Markland Avenue ein und kaufte sich den *Daily Express* sowie ein Päckchen Marlboro. Dann überquerte er die Straße und ging zu *Dunkin' Donuts*, bestellte sich einen Becher Kaffee und einen Schoko-Donut, setzte sich damit an eines der kleinen Tischchen und las die Zeitung. Anschließend fuhr er zur Arbeit, hielt aber zwei Blocks vor der Bank noch mal kurz an, um von einer Telefonkabine aus seine Freundin anzurufen. Das war seine tägliche Morgenroutine, und sie war wie geschaffen für das Vorhaben des Klans.

Eines Morgens trat der Klan in Aktion. Als sich Mr Foley wie jeden Morgen Zeitung und Zigaretten kaufte, fand er auf der Rückseite der Marlboropackung ein Klebeetikett mit dem Aufdruck: »Ku-Klux-Klan, gestern, heute und für immer! Rassenmischer, nimm dich in Acht!« Wahrscheinlich dachte er, das Etikett wäre rein zufällig auf der Schachtel angebracht worden, und machte sich nichts daraus. Er ging hinüber in den *Dunkin' Donuts*, setzte sich mit Kaffee, Donut und *Daily Express* in seine Lieblingsecke und schlug wie immer den Wirtschaftsteil auf. Dabei glitt ein Werbehandzettel, den der Klan vorher zwischen die Seiten des Wirtschaftsteils gelegt hatte, auf den Tisch. »Sei ein Mann! Komm zum Klan!«, las Mr Foley. Spätestens jetzt begriff er, dass es sich hier nicht um einen Zufall handelte. Der Klan hatte es auf ihn abgesehen! Seine Hände begannen so stark zu zittern, dass er seinen Kaffee verschüttete. Zwei Klansmänner, die als stille Beobachter nur ein paar Tische von ihm entfernt saßen, sahen, wie sich Mr Foley nervös nach allen Seiten umschaute und dann ziemlich schnell das Lokal verließ.

Unterdessen hatte ein anderer Klansmann bereits einen Aufkleber in der Telefonkabine angebracht, die Mr Foley jeden Morgen benutzte, um seine Freundin anzurufen. An der Glasscheibe der Eingangstür, schön auf Augenhöhe, klebte er und schleuderte dem Bankier die unmissverständliche Botschaft entgegen: »Die Ritter des Ku-Klux-Klan beobachten dich!«

Als Mr Foley die Nachricht las, taumelte er. Leichenblass vor Angst und Schrecken kehrte er zu seinem Wagen zurück und fand eine Visitenkarte unter seinem Scheibenwischer, auf der stand: »Wir sind hier. Du wünschst dir bestimmt, du wärst es nicht. Freundlichst, der Ku-Klux-Klan.« Mr Foley wirbelte jäh herum. Panik erfasste ihn. Wer auch immer ihm die Karte unter den Scheibenwischer geklemmt hatte, musste ihm aufgelauert haben. Aber weit und breit war keine verdächtige Person auszumachen, nur ganz normale Passanten und eine junge Frau, die auf der anderen Straßenseite einen Kinderwagen vor sich herschob. Dass ausgerechnet sie es gewesen war, die ihm aufgelauert hatte, konnte Mr Foley natürlich nicht ahnen. Der Ärmste drehte schier durch. Er blickte sich hektisch um, und dann ergriff er die Flucht. In seinem schicken Anzug rannte er die zwei Blocks bis zu seiner Bank, als wäre der Teufel höchstpersönlich hinter ihm her.

Mr Foley würde diesen Tag nicht mehr so schnell vergessen, und wir hatten am Abend einiges zu lachen. Jake hatte den ganzen Morgen lang den Polizeifunk abgehört, um auf dem Laufenden zu sein, falls Mr Foley die Polizei verständigen würde. Doch er tat es nicht. Wahrscheinlich dachte er, sie würden ihn für verrückt halten – was sie wohl auch getan hätten. Schließlich waren wir Meister darin, die Leute an den Rand des Wahnsinns zu treiben, ohne dass irgendjemand etwas davon mitbekam.

So wie Mr Hooper. Das war vielleicht eine witzige Story. Wir kugelten uns noch Tage später über die tragische Komik (oder die komische Tragik) der Situation.

Alles begann mit einem Streit zwischen Mr Hooper und Freddy. Freddy war ein junger Klansmann wie ich. Wir kannten uns von der Highschool. Freddy war ein absolutes Schwergewicht. Er brachte mindestens 180 Kilo auf die Waage, wenn nicht noch mehr, und konnte problemlos zwanzig bis dreißig Hamburger an einem Stück verschlingen. Aber noch größer als seine Fettpolster war sein loses Mundwerk. Wenn ihm etwas oder jemand nicht in den Kram passte, konnte er fluchen und wettern, dass sich die Balken bogen. Einen gewissen Mr Hooper hatte er ganz besonders auf dem Kieker. Eigentlich wir alle vom Klan. Es gab ein bestimmtes Plätzchen am Rand des Highland Parks, wo viele vom Klan bei schönem Wetter mit ihren Freundinnen abhingen. Häufig trafen wir dort auf Mr Hooper und seine Frau. Manchmal waren sie alleine, manchmal aber in Begleitung von Schwarzen, und das passte uns ganz und gar nicht. Es kam zu Streitereien zwischen dem Klan und dem jungen Paar, wobei Freddy wie üblich die größte Klappe hatte und dem Mann und vor allem seiner Frau die schlimmsten Schimpfwörter an den Kopf warf.

Irgendwann platzte Mr Hooper der Kragen. Eines schönen Abends sichtete er Freddy zufällig auf dem Parkplatz eines Einkaufszentrums. Freddy war mit seiner Großmutter einkaufen gegangen und half ihr gerade, die Einkaufstüten ins Auto zu laden, als Mr Hooper mit weiten Schritten auf ihn zukam und ihn ohne Vorwarnung mit ein paar gezielten Kinnhaken niederstreckte. Die Großmutter schrie wie am Spieß, ein Passant rief die Polizei, und Mr Hooper wurde wegen Körperverletzung eines Minderjährigen verhaftet.

Ein paar Wochen später war die Gerichtsverhandlung. Der Gerichtssaal war zum Bersten voll – und zwar fast ausschließlich mit Leuten vom Klan. Da waren junge Klansmänner im Businesslook, alte Klansmänner mit fingerlosen Wollhandschuhen und schmutzigen Mänteln, die aussahen, als kämen sie direkt von der Straße, Klansmänner in blauen Arbeitsoveralls, verhutzelte Klansfrauen, die strickten, oder elegant gekleidete Klansfrauen, die sich laufend Notizen machten, als wären sie von der Presse. Slikk und ich saßen in der hintersten Reihe gleich neben dem Eingang mit guter Sicht auf den Angeklagten. Es war ein fabelhaftes Schauspiel. Von allen Seiten starrten wir Mr Hooper an, als wären wir eines jener Portraitgemälde, dessen Augen aus jedem erdenklichen Blickwinkel auf den Betrachter gerichtet sind. Mr Hooper drehte schier durch. Wo er auch hinblickte, zwinkerte ihm jemand zu. Er erkannte die Gesichter aus dem Highland Park, Leute, von denen er wusste, dass sie mit dem Klan abhingen. Er spürte, wie die Feindseligkeit des gesamten Publikums auf ihm lastete, und es trieb ihm den Schweiß aus allen Poren.

Als er vom Richter aufgefordert wurde, sich zu erheben, schlotterte er vor Angst. Die Anklage wurde verlesen, und der Richter fragte ihn, was um alles in der Welt in ihn gefahren sei, einen unschuldigen Minderjährigen, der seiner lieben alten Oma beim Einkaufen half, anzugreifen und niederzuschlagen. Jetzt konnte sich Mr Hooper nicht mehr länger zurückhalten.

»Es ist der Klan!«, schrie er und deutete mit zitterndem Finger auf Freddy auf der Anklägerseite. »Es ist der Ku-Klux-Klan, Euer Ehren! Dieser Junge gehört zum Klan! Der gesamte Raum hier ist voll von denen!«

»Mr Hooper!« Der Richter musterte den Angeklagten über den Rand seiner runden Brille verärgert. »Ich muss doch sehr bitten! Sehen Sie vielleicht irgendwelche weiß verhüllten Kapuzenmänner hier im Saal? Ich jedenfalls nicht.« Nicht viel später sauste der Hammer auf die Richterbank nieder. »Schuldig! Nächster Fall!«

Nicht alle von unseren Opfern kamen so glimpflich davon wie Mr Hooper. Einmal hatte unser Spaß sogar sehr bittere Konsequenzen für die Betroffene. Es handelte sich dabei um eine weiße Frau namens Becky Clarsen. Sie war um die fünfunddreißig und wohnte alleine in einem kleinen Haus, direkt gegenüber von einem unserer Klansleute. Der bemerkte, dass Becky sehr viel Herrenbesuch empfing. Dass sie mit mehreren Männern schlief, war nicht das Problem. Aber dass sie mit schwarzen Männern schlief, das war sehr wohl ein Problem. Es wurde einstimmig beschlossen, Becky dafür zu bestrafen. Normalerweise blieben Frauen von uns verschont. Wir hatten unseren ungeschriebenen Kodex, Frauen und Kindern keine Gewalt anzutun. Aber eine Frau zu Tode zu erschrecken, das war etwas anderes. Wenn sie dabei einen Herzinfarkt erlitt, ihr Pech.

Wir fanden heraus, dass Becky große Angst vor Gewittern hatte. Das brachte uns auf eine Idee. Wir überwachten das Wetter und warteten auf den perfekten Sturm als Hintergrundkulisse für unser Vorhaben. Das Warten machte sich bezahlt. An einem Dienstag im Juli hieß es im Radio, eine starke Unwetterfront würde über Kokomo hereinziehen und die Stadt voraussichtlich nach Einbruch der Dunkelheit erreichen. Bingo! Das war unser Startsignal.

Am Morgen vor dem angekündigten Sturm schickten wir einen unserer Leute als Blaumann zu ihr nach Hause. Mit Werkzeugkasten und Klemmbrett bewaffnet, klingelte er an der Tür, gab sich als Beauftragter der Gasgesellschaft aus und sagte, es hätte eine Störungsmeldung gegeben.

»Möglich, dass die Gasleitung defekt ist. Wenn Sie nichts dagegen haben, Miss Clarsen, würde ich gerne die Rohre und Lüftungsgitter in Ihrem Haus überprüfen. Wir wollen ja nicht, dass es – Gott bewahre – noch zu einer Explosion kommt.«

Nein, das wollte Becky natürlich nicht, und sie war überaus dankbar, dass die Gasgesellschaft extra jemanden vorbeischickte, um sich des Problems anzunehmen. Bedenkenlos ließ sie den Klansmann in seiner blauen Latzhose eintreten und seine Arbeit tun. Seelenruhig ging unser Mann von Zimmer zu Zimmer, schraubte alle Lüftungsgitter ab und brachte darin kleine Abhörgeräte und Lautsprecher an.

»Ich hab alles überprüft. Die Leitungen sind in bester Ordnung«, beruhigte er Miss Clarsen, als er damit fertig war. »Wenn Sie hier noch unterschreiben würden?« Er hielt ihr das Klemmbrett mit seinem ausgefüllten und sehr offiziell wirkenden Bericht entgegen, Becky unterschrieb, und unser falscher Handwerker zog von dannen.

Unterdessen bezogen wir unsere improvisierte Kommandozentrale in der Garage des Klansmannes, der auf der gegenüberliegenden Straßenseite von Miss Clarsen wohnte. Hier bauten wir unsere Funkstation auf, das Kernstück unserer geheimen Mission. Von hier aus konnten wir durch die versteckten Mikrofone in den Lüftungsgittern nicht nur alles belauschen, was sich in Beckys Haus abspielte, wir waren anhand der Lautsprecher auch in der Lage, Geräusche und Stimmen zu senden, und zwar in jeden einzelnen Raum des gesamten Hauses. Jetzt brauchten wir nur noch zu warten, bis der Sturm kam.

Und der Sturm kam. Es war bereits dunkel, als die ersten schweren Regentropfen fielen. Donner grollten. Ein starker Wind pfiff durch die Straßen und brachte Bäume zum Schwanken. Kleine Äste und Blätter wirbelten durch die Luft. Blitze zuckten am Horizont, während der Regen intensiver wurde. Wer noch zu Fuß unterwegs war, beeilte sich, um nach Hause zu kommen. Der Himmel wurde pechschwarz, Blitz und Donner jagten sich in immer kürzeren Abständen. Fensterläden klapperten. Windspiele aus Metall klimperten auf den verlassenen Veranden. Es polterte, sauste und knallte, dass es eine wahre Freude war. Die Geisterstunde war gekommen, und wir gingen auf Position.

Ein paar von uns blieben in der Garage. Slikk und ich huschten rüber zu Beckys Haus, suchten das Koaxialkabel ihrer CB-Funkstation an der Außenwand und durchtrennten es. Dann rissen wir das Telefonkabel von der Wand, kappten die Stromversorgung und kehrten patschnass zurück zu den anderen. Wir setzten uns vor die Funkstation und lauschten. Der plötzliche Stromausfall hatte Becky ziemlich aufgewühlt. Wir hörten, wie sie im Haus umherwanderte und ein paar Lichtschalter testete. Natürlich ohne Erfolg. Als Nächstes ging sie zu ihrer CB-Funkstation im Wohnzimmer, schraubte an den Knöpfen und klopfte an dem Gerät herum, um ein Signal zu empfangen.

»Das kann doch nicht ...«, murmelte sie mit einem Hauch von Verzweiflung. »Jetzt komm schon!«

Sie gab es auf und eilte hinüber zum Telefon. Aber die Leitung war tot.

»Bitte nicht«, flehte sie und hämmerte so hektisch auf die Telefongabel, als wolle sie damit Morsesignale senden. In diesem Moment erleuchtete ein greller Blitz die Nacht und fast gleichzeitig krachte ein schauerlicher Donner. Becky ließ vor Schreck den Telefonhörer fallen. Dann war es für einen Moment still. Alles, was wir hörten, war Beckys schwerer Atem. Wir konnten ihre Angst förmlich spüren. Da war sie nun also, ganz allein, zitternd wie ein kleines Schaf, wenn der Wolf kommt, gefangen in einem Haus ohne Licht und ohne Telefon, ohne irgendeine Möglichkeit, Hilfe zu holen, umgeben von einem tobenden Sturm, vor dem sie sich so sehr fürchtete, dass sie keine zehn Pferde dazu gebracht hätten, auch nur einen Fuß vor ihre Schwelle zu setzen.

Sie saß in der Falle. Und wir lachten uns ins Fäustchen und begannen mit Einschüchterungsphase Nummer zwei: dem Heulen.

»Uuuuuuuuuuuuuuuu!«, heulten wir mit schauerlichen Stimmen mal laut, mal leise ins Mikrofon.

»UuuUUUUUUuuuuuu!«, hallte es aus sämtlichen Lüftungsgittern durch das präparierte Haus.

Wir hörten einen spitzen Schrei. Dann eilende Schritte. Heftiges Schnaufen. Murmelnde Selbstgespräche. Ich stellte mir vor, wie Becky leichenblass, an den Fingern knabbernd in einer Ecke kauerte und hoffte, der Spuk würde bald ein Ende nehmen. Doch wir hatten uns gerade erst warmgelaufen. Wir warteten auf den nächsten Blitz und den darauffolgenden Donnerschlag, dann fingen wir wieder an, diesmal mischten wir noch ein paar heisere Stimmen dazu.

»Uuuuuuuuu! UUUUUUUUUU! Beckyyyy! Beeeeeeckyyyyy!«

Es musste sich anhören, als würden die Seelen verstorbener Menschen durch die Räume schweben. Becky drehte schier durch.

»Wwwer seid ihr?!«, hauchte sie mit weinerlicher Stimme. »Was wollt ihr von mir?!«

»Beckyyyyy!«, raunten ihr die Ahnen von oben, von unten, aus jedem Winkel des Hauses zu. »Deine Stunde ist gekommmmen! Bluuuuut muss fliesssssen! Dein Bluuuuut!«

»Nein!«, schrie Becky hysterisch. »Bitte nicht! Bitte ...!«

»Uuuuuuuu! UuuuuUUUUUUuuuu!«

»Hilfe! Hilfe! Warum hört mich denn keiner?! Hilfe!«

Sie schrie aus Leibeskräften. Doch gegen den niederprasselnden Regen hatte sie keine Chance. Sie wusste, es würde sie niemand hören. Die Straßen waren leer gefegt. Es war keiner da, der sie retten konnte. Die Telefonleitung war tot. Das Funkgerät war tot. Der Sturm tobte unaufhörlich. Becky war den rachsüchtigen Geistern hilflos ausgeliefert. Wir hörten, wie sie leise vor sich hin wimmerte.

Sie musste Todesängste ausstehen. Sie begann sogar zu beten. Und wir setzten dem Ganzen noch eins drauf und schickten ein paar Burschen in den Regen hinaus, um die Fensterscheiben ihres Hauses von allen Seiten mit kleinen Steinchen zu bewerfen, als würden die Geister sie auch von draußen bedrängen.

Wir drangsalierten Becky die ganze Nacht hindurch. Im Morgengrauen zogen wir uns in die Garage zurück und beobachteten gespannt ihren Hauseingang. Erst als die letzten dunklen Schatten sich verkrochen hatten und die ersten Sonnenstrahlen an der Fassade hochkletterten, öffnete Becky vorsichtig die Tür. Die Geisternacht hatte ihre Spuren hinterlassen. Ihr Gesicht war aschfahl. Ihr Blick verstört. Innerhalb weniger Stunden hatten wir die Frau in ein psychisches Wrack verwandelt. Wie in Trance taumelte sie hinüber zu den Nachbarn, und kurz darauf fuhr der Krankenwagen vor. Becky wurde für zwei Wochen in die psychiatrische Klinik eingeliefert, felsenfest überzeugt davon, dass es in ihrem Haus spukte. Später, so erzählte uns der Klansmann, der ihr gegenüber wohnte, wurde das Haus zum Verkauf ausgeschrieben und Miss Clarsen zog fort, wohin, das wusste niemand.

17 Von Verbündeten und Verhassten

Der Klan hatte seine Feinde. Er hatte aber auch seine Verbündeten, in der Politik, im Gerichtssaal, bei Behörden, in Arztpraxen, Anwaltskanzleien – und nicht zuletzt bei der Polizei. Wenn wir zum Beispiel die Identität einer Person herausfinden wollten und keine Zeit für eigene lange Recherchen hatten, gingen wir zu einem unserer Kontaktmänner auf dem Polizeipräsidium, nannten ihm das Nummernschild des Wagens, den die gesuchte Person fuhr, er tippte die Nummer in seinen Computer ein, und innerhalb weniger Minuten wussten wir alles über die Person, vom Namen über die Adresse zur Sozialversicherungsnummer bis hin zu seinem gesamten Sündenregister. Natürlich waren längst nicht alle Polizisten so hilfsbereit. Eigentlich wussten wir nie so richtig, wem wir wirklich trauen konnten und wer seine Sympathie dem Klan gegenüber nur vortäuschte, um uns zu infiltrieren und das gesammelte Insiderwissen eines Tages gegen uns zu verwenden. Ein gewisses Misstrauen war immer da, genau wie innerhalb des Klans gegenüber denjenigen, die man nicht so gut kannte. Es gab aber schon welche, auf die Verlass war. Einige davon waren sogar selbst im Klan.

Eines hatten die Polizisten, mit denen wir zusammenarbeiteten, alle gemeinsam: Sie waren so korrupt, wie man es nur sein konnte. Jeder von ihnen hatte eine zweite Waffe im Kofferraum versteckt. Es waren Waffen, die sie auf dem Schwarzmarkt gekauft oder die der Klan ihnen besorgt hatte. Manchmal kam es vor, dass sie jemanden kaltblütig mit ihrer Dienstwaffe erschossen. Um ihre Tat zu vertuschen, holten sie einfach die nicht registrierte Waffe aus dem Kofferraum und legten sie dem Toten in die Hand, als wäre es seine. Wenn dann die Kollegen eintrafen, gaben sie zu Protokoll, der Kerl hätte plötzlich eine Waffe gezückt und da hätten sie halt schießen müssen. Damit kamen sie problemlos durch, und keiner konnte ihnen irgendetwas nachweisen.

Was für die Kommunikation mit unseren Verbündeten bei der Polizei unerlässlich war, war der CB-Funk. Fast jeder von uns hatte seine eigene CB-Funkstation im Auto eingebaut. Offiziell erlaubt waren 40 Kanäle. Es gab weit mehr Kanäle, bloß war es illegal, diese zu nutzen, was uns selbstverständlich nicht davon abhielt, es trotzdem zu tun. Wir hatten unsere eigenen Techniker, die wussten, wie man die sogenannten Schwingquarze austauschte, um weitere Frequenzen zu empfangen. Dadurch hatten wir unsere eigenen Klankanäle. Es waren drei Frequenzen, die von sonst niemandem genutzt wurden, und auf diesen Kanälen konnten wir ungestört reden. Sobald wir eine Geheimoperation planten und sichergehen wollten, dass uns niemand belauschte, sagten wir: »Ich gehe nach oben«, was bedeutete, dass wir auf einer der verbotenen Frequenzen weiterredeten. Die Bullen, die mit uns befreundet waren, kannten diese Frequenzen und hatten ihre Funkanlage so manipuliert, dass sie sie ebenfalls empfangen konnten.

Eines Abends planten wir eine Aktion, bei der unsere Beziehungen zur Polizei von großem Nutzen waren. Es war im Juli 1975, kurz vor Ende meines zweitletzten Schuljahres an der Highschool. Ich war nun schon ein Weilchen in der Klanfamilie und kein Grünschnabel mehr. Ich hatte bei den Einsätzen wertvolle Erfahrungen gesammelt und traute mir von Mal zu Mal mehr zu. Ich war dreister geworden und auch abgestumpfter gegenüber den Gefühlen anderer Menschen. Nur eine Schwelle gab es, die ich bisher nicht überschritten hatte: die Schwelle körperlicher Gewalt. Außer beim Kampf gegen die UKA hatte ich mich bei Gewaltaktionen immer etwas zurückgehalten. Nicht, um Jake einen Gefallen zu tun. Aber ich war nun mal nicht der geborene Schlägertyp. Slikk und auch die meisten anderen hatten keine Probleme damit, jemanden zu vermöbeln, wenn es sein musste. Bei mir war das anders. Ich konnte besser mit Worten umgehen als mit den Fäusten. Doch das sollte sich heute Abend ändern, so hatte ich beschlossen.

Ich hatte mir ein siebzig Zentimeter langes Stahlrohr besorgt, dessen vorderes Ende abgesägt und dadurch gefährlich ausgefranst war. Mit den messerscharfen Metallkanten konnte man seinem Gegner hässliche Wunden ins Fleisch reißen. Viele vom Klan benutzten solche mörderischen Folterinstrumente. Ich hatte gesehen, was sie damit anrichteten – es war ein übler Anblick. Genau das richtige Werkzeug, um über meinen eigenen Schatten zu springen und mir und den anderen zu beweisen, dass ich durchaus in der Lage war, zuzuschlagen, wenn es hart auf hart kam.

Unser Opfer an diesem Juliabend war Familie Green, eine schwarze Familie, die den Fehler begangen hatte, in eine weiße Nachbarschaft zu ziehen. Die Greens hielten sich für was Besseres als ihre minderbemittelten Niggerbrüder. Mr Green war Anwalt, seine beiden ältesten Söhne studierten an der Uni, der dritte war an der Highschool und belegte massenweise Zusatzkurse und die kleinste, ein neunjähriges Mädchen, spielte Klavier und wollte doch tatsächlich Konzertpianistin werden. Als einer unserer Klansmänner Mr und Mrs Green in der Stadt begegnete, wie sie gerade lachend aus einem sehr noblen Restaurant kamen, war das Maß an Toleranz voll. Jemand musste diesen Möchtegern-Weißen ein für alle Mal zeigen, was für eine Hautfarbe sie hatten und dass sie in der weißen High Society nichts, aber auch gar nichts verloren hatten. Wir beschlossen, sie einmal richtig durchzuprügeln; nicht so sehr, dass sie daran sterben würden, aber hart genug, um sie aus der Gegend zu vertreiben.

Wir trommelten eine ordentliche Truppe zusammen, warteten bis nach Einbruch der Dunkelheit und bis wir wussten, dass alle Greens zu Hause waren. Dann verteilten wir uns auf fünf Wagen und fuhren los. Wir hatten Schusswaffen dabei, einigten uns aber darauf, keinen Gebrauch davon zu machen, um die Nachbarn nicht zu schnell aufzuschrecken. Außerdem hatten wir einen Polizisten namens Cooper in unser Vorhaben eingeweiht, der uns so lange wie möglich die Bullen vom Hals halten sollte.

An jenem Abend, als wir uns zusammengerottet hatten, um Familie Green eine Abreibung zu verpassen, war Cooper im Dienst und achtete darauf, dass er sich mit seinem Streifenwagen nie mehr als zwei Blocks von Greens Haus entfernte. Über den CB-Funk war er die ganze Zeit mit uns verbunden. Gegen acht Uhr stürmten wir das Haus. Wir waren normal gekleidet und trugen keine weißen Roben.

Die bodenlangen Gewänder wären nur hinderlich gewesen und ein leichtes Erkennungszeichen bei einer möglichen Verfolgungsjagd mit der Polizei. Doch unser Auftritt war auch ohne weiße Kutten Furcht einflößend. Wir traten kurzerhand die Haustür ein und überraschten die Familie beim gemeinsamen Abendessen im Wohnzimmer. Das neunjährige Negermädchen schrie auf. Mrs Green ließ vor Schreck die Suppenschüssel fallen. Die drei Söhne blieben wie angewurzelt sitzen. Mr Green sprang instinktiv auf, stellte sich schützend vor seine Familie und hob abwehrend die Hände, um mit uns zu reden, aber da gab es nichts zu bereden. Und unsere finsteren Mienen und die Baseballschläger, Ketten und Eisenstangen, mit denen wir bewaffnet waren, sagten wohl genug aus über unsere Absichten.

Wie Wölfe stürzten wir uns auf die Greens. Die Mutter und das kleine Mädchen verschonten wir, aber die drei Söhne und Mr Green schlugen wir erbarmungslos zusammen. Slikk, ich und ein paar andere schnappten uns den jüngsten Sohn, der ungefähr in meinem Alter war, und zerrten ihn vom Tisch weg. Während meine Freunde begannen, den Jungen mit Fäusten, Fußtritten und Metallstangen zu bearbeiten, kämpfte ich noch immer mit mir selbst. Das mörderische Folterinstrument in der Hand, stand ich einfach nur da und war wie blockiert. Ich wollte zuschlagen. Aber es ging nicht.

Feigling!, redete ich mir selbst zu. *Du willst ein Mann sein? Ein Ritter des Ku-Klux-Klan? Dann benimm dich gefälligst wie einer!*

Ich schwitzte. Mein Puls raste. Ich beobachtete Slikks irren Gesichtsausdruck, während er auf den schwarzen Jungen einprügelte. Ich sah die Panik in den Augen des Negers und mit einem Mal dachte ich zurück an die Zeit, als die Schwarzen an unsere weiße Schule gekommen waren und wie mich das angekotzt und wie ich mir gewünscht hatte, es würde alles wieder so wie früher. Langsam begann die Hemmschwelle zu sinken, und wilde Entschlossenheit trat an ihre Stelle. Ich umklammerte das Stahlrohr mit beiden Händen und schlug es dem Jungen mit voller Wucht gegen die Schulter. Das aufgeraute Ende zerfetzte sein Hemd und die Haut darunter. Der Bursche jaulte auf vor Schmerzen. Sein erbärmlicher Anblick berauschte mich.

»Verpiss dich von hier!«, brüllte ich ihn an, stieß ihm das Rohr gegen den Oberkörper und drehte es, sodass die Metallzähne sich wie Haken in seine Brust bohrten. Sein Hemd tränkte sich mit Blut. »Hast du gehört, Nigger?! Du und deine verfluchte Niggerfamilie, ihr habt hier nichts verloren!«

Slikk warf mir einen bewundernden Blick zu. Er hätte wohl nicht gedacht, dass ich in der Lage wäre, das abgesägte Rohr auch wirklich einzusetzen. Doch ich hatte es getan. Und es fühlte sich großartig an. Befreiend. Wie ein Durchbruch durch eine Mauer. Ich war zweifelsohne über mich selbst hinausgewachsen. Ich hatte den hässlichen Kokon meines Minderwertigkeitskomplexes endgültig durchbrochen. Von nun an würde ich nicht mehr zu bremsen sein. Zur selben Zeit, wie wir drinnen unsere Opfer blutig schlugen, drehte Cooper draußen brav seine Runden, bis der Polizeifunkspruch reinkam, es gäbe einen Überfall an der West Lincoln Road. Die Nachbarn hätten Hilferufe und Schreie gehört, hieß es. Cooper griff nach seinem Funksprechgerät: »Ich bin zufällig in der Nähe. Gerade mal zwei Blocks entfernt. Ich übernehme!« Dann wechselte er umgehend auf Kanal 35 und verständigte einen unserer Männer, der als Wache im Auto zurückgeblieben war. »Hör zu, die Polizei ist unterwegs. Ich werde in einer Minute da sein. Ihr habt 45 Sekunden, um abzuhauen.«

Gesagt, getan. Während Cooper sich mit heulenden Sirenen auf den Weg zum Tatort machte, wurden wir von unserem Mann gewarnt und hatten gerade genug Zeit, aus dem Haus zu spurten und in unsere fünf Wagen zu hechten. Da sahen wir auch schon die Blaulichter von Coopers Streife im Rückspiegel. Mit quietschenden Reifen bretterten wir los und verschwanden in der Dunkelheit. Cooper erledigte den Rest. Wir hörten alles über Polizeifunk mit.

»Ich bin vor Ort. Vier Verletzte. Schickt einen Krankenwagen und Verstärkung. Täter sind in einem dunkelgrauen Jeep Richtung Highland Park geflüchtet. Ich wiederhole: Täter sind in einem dunkelgrauen Jeep Richtung Highland Park geflüchtet.«

Die Beschreibung des Fluchtwagens stimmte sogar. Aber dass wir nicht mit einem, sondern mit fünf Wagen in eine ganz andere Richtung unterwegs waren, verschwieg Cooper wohlweislich. So konnten die Bullen die Gegend absuchen, so viel sie wollten, sie würden uns nicht finden. Cooper aber war der große Held, der als Erster zur Stelle gewesen war und sich vorbildlich dafür eingesetzt hatte, dass die Opfer ärztliche Hilfe bekamen.

Die nächsten Monate schwebte ich beinahe über dem Boden vor lauter Eitelkeit. Tagsüber ging ich brav zur Highschool, spielte Trompete im Blasorchester, machte mein Schulradioprogramm und stolzierte mit meinem Presseausweis übers Schulgelände. Abends und bis spät in die Nacht hinein verwandelte ich mich vom verkannten Nerd mit dicker Brille in einen feurigen und von allen respektierten Klansmann. Mein neu erlangtes Selbstbewusstsein und die immer lauteren Gerüchte an der Schule, dass ich Beziehungen zum Ku-Klux-Klan pflegte, führten dazu, dass sich keiner mehr eine falsche Bemerkung über mich erlaubte. Alle waren auf einmal übertrieben freundlich und zuvorkommend, um mich ja nicht zu verärgern und dadurch ins Visier des Klans zu geraten. Ich fühlte mich pudelwohl bei der ganzen Maskerade um meine Person. Am meisten aber gefiel mir, was mein Mythos bei den Mädchen auslöste: Ich war so begehrt wie nie zuvor. Jede wollte damit prahlen, meine Freundin zu sein. Und so kam es, dass ich nie länger als eine Woche ohne eine Freundin war. Natürlich hielten die Beziehungen nicht allzu lange. Kaum kreuzte ein neues hübsches Mädchen meinen Weg, ließ ich das alte fallen. Ich hatte den Überblick längst verloren, mit wie vielen Mädchen ich im vergangenen Jahr zusammen gewesen war.

»Vielleicht solltest du Buch führen«, pflegte Slikk zu scherzen (der übrigens fast noch schlimmer war als ich). »Nicht, dass du zweimal dieselbe anbaggerst oder ihre Namen verwechselst, wenn du sie küsst. Wäre irgendwie peinlich.«

Die wirklich große Liebe war aber keine von allen. Das einzige Mädchen, das jemals Schmetterlinge in meinem Bauch hatte tanzen lassen (abgesehen von Nancy, die mich wegen meiner Pickel versetzt hatte), war Lisa gewesen.

Lisa. Auch wenn ich es mir niemals eingestanden hätte: ich vermisste sie. Ich vermisste ihre Freundschaft. Ich vermisste ihr Lachen, ihr Weinen, ihre Wutausbrüche. Ich vermisste es, mich mit ihr über Gott und die Welt zu unterhalten. Ich vermisste es, ihr in ihre wunderschönen blauen Augen sehen zu können und ihr mit einem Zwinkern ein Lächeln aufs Gesicht zu zaubern. Mit Lisa hatte alles begonnen. Und jetzt hatte ich sie verloren.

Seit ich dem Klan beigetreten war, hatten wir uns nichts mehr zu sagen. Jeder kannte den Standpunkt des anderen, und jeder hatte sich damit abgefunden. Wir sagten »Hi«, wenn wir einander begegneten, wechselten ein paar belanglose Worte, und dann ging jeder seines Weges. Sie hatte das Interesse an mir verloren, und ich auch an ihr – so redete ich es mir jedenfalls ein, um nicht ständig über meine Gefühle für sie zu stolpern. Ich hatte mich für den Klan entschieden. Und es war die richtige Entscheidung gewesen. Daran hielt ich mich eisern fest. Außerdem verdankte ich dem Klan unendlich viel.

Er war meine Familie. Er füllte die Lücke, die meine eigene Familie schon lange nicht mehr zu füllen vermochte.

Mein Vater bekam von meinem Doppelleben nicht das Geringste mit. Er arbeitete unermüdlich, war kaum zu Hause, und wenn doch, dann war ich gerade unterwegs. An den Wochenenden war ich sowieso weg, zum Campen mit Slikk, wie ich meinem Vater jedes Mal auf einen Zettel in der Küche schrieb. Er fragte nie nach. Nur einmal kam er in mein Zimmer und stellte etwas verwundert fest: »Sag mal, Richard, mir ist da was Merkwürdiges zu Ohren gekommen. Bist du etwa beim Ku-Klux-Klan?«

Ich lachte laut heraus. »Ich?! Beim Ku-Klux-Klan? Natürlich nicht! Ich bin doch nicht bekloppt. Wer hat dir denn *den* Käse erzählt?«

»Na ja, die Leute reden halt«, meinte mein Vater achselzuckend. »Aber wenn du nichts damit zu tun hast, bin ich ja beruhigt.«

Und damit drehte er sich um, verließ mein Zimmer und sprach mich nie wieder darauf an.

Obwohl ich meinen Vater selten bis nie zu Gesicht bekam, liebte und respektierte ich ihn sehr. Es gab eigentlich nur eine Sache, die mir total gegen den Strich ging, und das war die Wahl seiner neuen Freundin. Sie hieß Barbara, und ich kam überhaupt nicht klar mit ihr. Nicht, dass sie sich mir gegenüber unkorrekt verhielt. Sie war so weit ganz nett und gab sich alle Mühe, damit ich sie nicht als Bedrohung empfand. Mein Vater liebte sie wirklich sehr. Doch ich hasste sie, so wie ich vermutlich jede Frau gehasst hätte, die versucht hätte, den Platz an der Seite meines Vaters einzunehmen. Allein der Gedanke, mit ihr das Haus und meinen Vater teilen zu müssen, war mir zuwider, und ich versäumte keine Gelegenheit, über sie zu lästern, egal wo und egal wer gerade zuhörte.

Eines Abends saßen Don, James und ich in Jakes Wohnzimmer und kreierten einen Bericht für unsere Klanzeitung *Weltweite Stimme des arischen Volkes*. Ich hatte meine tragbare Schreibmaschine dabei und tippte mir die Finger wund. Der gesamte Artikel war frei erfunden, aber so gut geschrieben, dass keiner der Zeitungsleser es merken würde. Die wenigsten unserer Zeitungsartikel beruhten auf Tatsachen. Wir verdrehten einfach alles, so wie es uns gerade passte. Hauptsache, es schürte den Hass auf Schwarze, Mexikaner, Juden, Homosexuelle oder Rassenmischer und unterstrich die Bedeutung des Rassenkrieges, auf den wir unausweichlich zusteuerten. Ich war besonders gut darin, Fakten zu erfinden und sie in journalistisch einwandfreie Formulierungen zu bringen. Aus dem Blauen heraus erfand ich einen Professor, der an der *Ivy League* unterrichtete, gab ihm einen jüdischen Namen und legte ihm irgendwelche absurden Behauptungen in den Mund. Dann ließ ich ein paar revolutionäre wissenschaftliche Forschungsergebnisse und Statistiken bezüglich der kleineren Gehirne von Juden und Schwarzen einfließen, um die Aussagen des jüdischen Professors zu widerlegen, untermauerte alles mit hochintelligent klingenden Fachbegriffen, und fertig war der Artikel.

Ich weiß nicht mehr, wie ich auf Barbara kam, aber wieder mal begann ich über sie herzuziehen, bis Don mir eine Frage stellte, die mich völlig aus der Bahn warf: »Willst du sie loswerden?«

»Was?«, fragte ich und sah ihn entgeistert an. »Was hast du gerade gesagt?«

»Nun, du nörgelst jetzt schon seit über einem Jahr an ihr rum. Ich dachte mir, vielleicht hättest du Interesse daran, dass sie verschwindet.«

»Gute Idee«, meldete sich James. »Wir sind der Klan. Wir könnten das problemlos für dich erledigen, Little Dickie.«

Meine Augen wurden immer größer. »Ihr meint, ihr würdet sie *umbringen*?!«

Don zuckte die Achseln. »Wenn es sein muss? Ich meine, wahrscheinlich würde es nicht so weit kommen. Wir könnten sie einfach dazu animieren, die Gegend zu verlassen. Du weißt ja, wie überzeugend wir sein können.«

»O ja, darin haben wir Übung«, ergänzte James mit schadenfreudig funkelnden Augen. »Na, was sagst du? Deal?«

Ich wusste nicht, wie ich darauf reagieren sollte, und wandte mich verunsichert an Jake. »Wie siehst du das, Jake?«

Jake fuhr sich mit der rechten Hand nachdenklich über sein Kinn. »Na ja, um ehrlich zu sein, geht mir dein ewiges Rumgemotze schon lange auf den Keks. Falls du danach Ruhe gibst, würde ich sagen: Tun wir's. Es liegt ganz bei dir, Dickie. Dein Problem, deine Entscheidung.«

Er sah mich auffordernd an und wartete auf eine Antwort. Aber die konnte ich ihm unmöglich geben. »Ich ... äh ...« Verlegen knetete ich meine Finger. »Ich muss erst mal darüber nachdenken.«

»Tu das«, sagte Jake und im selben Atemzug, als hätten wir nur kurz übers Wetter geredet, fuhr er fort: »Ich glaube, den Schluss unseres Artikels müssen wir noch mal überarbeiten. Irgendwelche Vorschläge?«

Ich saß noch immer da wie vom Donner gerührt. Nicht nur, dass die drei tatsächlich die Ermordung der Freundin meines Vaters in Betracht zogen, sie hatten auch gegen sämtliche ungeschriebenen Gesetze verstoßen, die es im Klan für derartige Gespräche gab.

Erstens: Rede nie über irgendwelche illegalen Aktivitäten mit mehr Leuten als absolut nötig.

Zweitens: Benutze so wenige Leute wie irgend möglich, um deinen Plan in die Tat umzusetzen.

Drittens: Rede niemals, unter keinen Umständen, über deine kriminellen Absichten, wenn ein Führer anwesend ist. Wenn schon jemand den Kopf für ein Verbrechen hinhalten muss, dann einer der unteren Klansmänner, aber auf keinen Fall ein Führer. Führer müssen jederzeit eine absolut reine Weste haben, damit die Polizei oder das FBI ihnen nicht einmal den Hauch einer Verschwörung nachweisen kann.

Und dann war da noch etwas, nämlich die Art und Weise, wie man solche Dinge handhabte: Wenn ein Führer beabsichtigte, ein bestimmtes Problem oder eine bestimmte Person aus der Welt zu schaffen, erteilte er niemandem einen klaren Auftrag dafür. Er benutzte Anspielungen wie: »Diese Person geht mir wirklich mächtig auf die Nerven!«, oder: »Es ist eine echte Schande, wie dieses Geschäft seine Kunden behandelt!« Dass etwas dagegen unternommen werden musste, verstand sich bei den Zuhörern von selbst. Und irgendwann, Wochen, vielleicht Monate später, hieß es plötzlich so ganz nebenbei, dass diese Person oder jenes Geschäft dem Klan keine Schwierigkeiten mehr bereiten würde. Wer sich der Sache angenommen hatte und wie genau das Problem gelöst worden war, wurde nicht erwähnt, und der Führer wollte es auch gar nicht wissen. Hauptsache, die Angelegenheit war geregelt.

So funktionierte der Klan. So lauteten die Regeln. Aber hier saßen wir in Jakes Wohnzimmer mit zwei hochkarätigen Führern, Don als nationalem Klokard und Jake als Großtitan des Mittleren Westens, und diskutierten in aller Offenheit über die Möglichkeit, die Freundin meines Vaters von der Bildfläche verschwinden zu lassen. Das ergab keinen Sinn. War es ihnen wirklich ernst damit? Kein Wort wurde mehr darüber gesprochen. Wir schrieben den Artikel zu Ende, ich tippte alles in die Schreibmaschine, und da es schon ziemlich spät war, verabschiedete ich mich von den dreien, um mich langsam auf den Heimweg zu machen. Ich stand bereits auf der Türschwelle, als Jake mich zurückhielt.

»Und? Wie sieht es aus? Hast du dich entschieden? Ich meine die Sache mit der Freundin deines Vaters.«

»Ach das«, sagte ich und vergrub meine Hände in den Hosentaschen. Ich kam nicht umhin, mich auf einmal furchtbar schlecht zu fühlen, dass es überhaupt zu dieser Unterhaltung gekommen war. »Ich ... ich glaube, wir sollten es bleiben lassen. Ich meine, mein Vater wäre bestimmt untröstlich, wenn ihr etwas zustoßen würde. Und im Grunde ist es ja sein Leben, nicht meins.«

»Gute Entscheidung«, lobte mich Jake. Dann trat er ganz nahe an mich heran und presste mir seinen Zeigefinger gegen die Brust. »Und jetzt will ich nichts mehr davon hören, okay? Du hast dich entschieden, deinen Vater zu ehren, und das respektiere ich. Und nun respektiere du gefälligst, wen dein Vater sich als Lebenspartnerin ausgesucht hat, und lass die beiden in Frieden. Nie wieder will ich hören, wie du dich in diesem Haus oder sonst wo über die Freundin deines Vaters beschwerst. Haben wir uns verstanden?«

»Ja, Sir«, murmelte ich schuldbewusst. Ich hasste es, korrigiert zu werden, vor allem, wenn ich tatsächlich einen Fehler gemacht hatte. Und ich wusste sehr wohl, dass mein Verhalten nicht korrekt gewesen war.

»Anstatt über andere schlecht zu reden«, fuhr Jake fort, »solltest du besser mal die Selbsthilfebücher lesen, die dir Nancys Mutter damals vom Buchladen mitgebracht hat. Du weißt schon, die ohne Deckel, die sie nicht mehr verkaufen konnte.«

Ich starrte Jake verdutzt an. »Woher weißt du davon?«

Jake lachte schelmisch. »Wir sind der Klan, schon vergessen? Das ist es, was wir tun.«

Eigentlich hätte es mich nicht überraschen sollen. Wir bespitzelten andauernd Leute. Wir beobachteten sie wochen-, manchmal monatelang, merkten uns, wohin sie gingen und wer ihre Freunde waren. Wir verwanzten ihre Häuser, hörten ihre Telefongespräche mit, wir setzten Spione ein, um sich mit ihnen anzufreunden, mit ihnen zu arbeiten oder sogar mit ihnen zu schlafen. Da sollte es eigentlich nicht verwundern, wenn der Klan auch über mich bestens informiert war. Befremdlich war es trotzdem. Aber noch befremdlicher war das Gefühl, dass Jake, Don und James offenbar bereit gewesen wären, einen Mord für mich zu begehen. War das nur ein Bluff gewesen? Es ließ mir keine Ruhe.

Am nächsten Abend traf ich James im »Denny's« an. Er war allein und knabberte gerade an einer fettigen Hähnchenkeule herum. Ich ging zu seinem Tisch und setzte mich.

»Hey, Little Dickie«, sagte er schmatzend und schob mir einen Teller mit Pommes frites entgegen. »Hunger?«

»Nein, danke«, winkte ich ab und kam gleich zur Sache. »Sag mal, James, wegen gestern. Es will mir einfach nicht mehr aus dem Kopf gehen. Wäre ich damit einverstanden gewesen, hätte der Klan dann tatsächlich die Freundin meines Vaters umgebracht?«

James grinste, dass ich alle Hähnchenfasern zwischen seinen Zähnen sehen konnte. »Das wirst du wohl nie erfahren.«

»Dann sag es mir. Hättet ihr es getan?«

»Vielleicht. Vielleicht auch nicht«, sagte James unbestimmt und wischte sich die klebrigen Finger an der Serviette ab. »Du bist doch der Oberchecker. Finde es selbst heraus.«

»Ich denke, ihr wolltet nur, dass ich aufhöre, mich über sie zu beschweren. Hab ich recht?«

James beugte sich zu mir herüber, ein neckisches Lächeln um die Mundwinkel. »Tja, Little Dickie, ich schätze, dieses Rätsel wirst du wohl mit ins Grab nehmen müssen.«

18 Ein neues Amt

Es wurde Sommer, es wurde Herbst und schließlich Winter. Ich war nun schon ein ganzes Jahr beim Klan, und es standen ein paar interessante Veränderungen an. Wir befanden uns in einer Übergangsphase. Der Krieg des Klans während der Bürgerrechtsbewegung war sehr blutig gewesen. Viele Bürgerrechtler waren umgebracht, viele Klansmänner ins Gefängnis gesteckt worden. Und zum Schluss hatten die Neger doch ihre Rechte bekommen. Das war eine große Niederlage für den Klan gewesen. Er verlor Tausende von Mitgliedern und schrumpfte immer mehr zusammen. Die Führer waren sich einig: Es musste dringend etwas dagegen unternommen werden. Es war Zeit für einen neuen Aufbruch, neue Ziele, neue Methoden, einen neuen Klan. Der Kaiserliche Hexenmeister, Jake und ein paar andere an der Führungsspitze diskutierten schon seit Längerem über eine komplette Umstrukturierung.

Einen gab es, der bereits damit begonnen hatte. Sein Name war David Duke. Er war jung, intelligent, kam gerade von der Uni und war der geborene Rhetoriker. Seine Gesinnung war dieselbe wie die von jedem anderen Klansmann. Er war mit Leib und Seele Rassist. Während seines Studiums hatte er durch das Tragen einer Naziuniform und das Feiern des Geburtstages von Adolf Hitler Aufsehen erregt. Jetzt machte er die Medien und die Öffentlichkeit hellhörig, indem er ein völlig neues Konzept des Klans vertrat. »Wir sind nicht anti-schwarz«, so lautete Dukes Botschaft. »Wir sind pro-weiß! Es gibt Tausende von verschiedenen Organisationen, die sich für die Interessen der Schwarzen und von Minderheiten einsetzen. Wir sind schlicht die Organisation, die sich für die Interessen, Ideale und die Kultur der Weißen einsetzt!«

Plötzlich hatte der Klan wieder großen Zulauf, und das nicht nur vom einfachen Volk, sondern auch von der Mittel- und Oberschicht.

Jake steuerte in dieselbe Richtung. Er hatte genug von Gewalt, Gerichten, Anwälten und Gefängnissen. »Wir brauchen ein neues Image«, eröffnete er mir eines Abends. »Wenn wir es bis in die Achtzigerjahre schaffen wollen, müssen wir attraktiver werden für Leute mit Niveau, Leute, die wohlhabend sind und gebildet. Wir müssen fortschrittlicher werden, klüger, ausgereifter. Verstehst du, was ich meine?«

»Ich denke schon. Und wie willst du das anstellen?«

»Öffentlichkeitsarbeit«, sagte Jake, und es klang, als würde diese Erkenntnis auf jahrelanger intensiver Forschung seinerseits beruhen. »Wir besinnen uns auf unsere Wurzeln. Du weißt doch, warum wir Masken tragen. Aus reiner Demut, weil wir für all unsere guten Taten keine Lorbeeren ernten wollen.«

Ich musste lachen. »Das ist nicht dein Ernst, oder?«

Jake schmunzelte. »Natürlich nicht. Aber es klingt gut, findest du nicht? Die Leute sollen uns mögen. David Duke hat es vorgemacht, und seine Strategie funktioniert hervorragend. Du wirst sehen, wir werden so viele neue Mitglieder kriegen, dass wir uns kaum noch davor retten können. Wetten?«

Wir machten uns unverzüglich an die Arbeit. Jake ließ im ganzen Staat Indiana verkünden, dass wir Ideen für gute Taten brauchten. Im Winter fiel immer jede Menge Schnee in Indiana. Also begannen wir damit, wenn wir in einem Motel übernachteten, frühmorgens aufzustehen und sämtliche Autos auf dem Motelparkplatz von Schnee und Eis zu befreien. Dann klemmten wir eine Visitenkarte unter die Scheibenwischer, worauf stand: »Ihre Windschutzscheiben wurden diesen Morgen von fürsorglichen Mitgliedern des Ku-Klux-Klan gereinigt. Haben Sie einen wundervollen Tag!«

Während der Weihnachtstage gab es in Kokomo immer eine Sammelaktion für Hilfsprojekte. Jeden Tag wurden auf der Frontseite der lokalen Zeitung die Spender aufgelistet. Natürlich hätte die Redaktion niemals eine Anzeige vom Klan in ihrer Zeitung abgedruckt, aber jedes Mal, wenn ein Klansmann eine Spende getätigt hatte, stand auf der Frontseite: »100 Dollar, gespendet von Einheit 16 der Ritter des Ku-Klux-Klan«.

Wir kreierten Handzettel, die wir bei öffentlichen Paraden unter der Bevölkerung verteilten. Darin ermunterten wir die Leute, gegen

Drogen, Alkohol und Gewalt in der Nachbarschaft vorzugehen und die lokalen Behörden in ihrer aufopfernden Arbeit zum Wohl der Bürger zu unterstützen. Wir wählten neue Pressesprecher aus. Nur die Gebildetsten, die Höflichsten, die Charismatischsten und die Wortgewandtesten sollten den Klan in der Öffentlichkeit vertreten. Außerdem durften sie keine rassistischen Witze reißen, mussten anstatt von Niggern von Afroamerikanern sprechen und möglichst oft unseren neuen Slogan in ihre Reden einflechten: »Der Ku-Klux-Klan ist nicht anti-schwarz, sondern pro-amerikanisch, pro-weiß und pro-christlich.«

Ab sofort verbot Jake jegliche illegalen Aktivitäten. Wenn ein Klansmann aus dem Gefängnis kam, setzte sich Jake erst mal mit ihm zusammen und erklärte ihm die neuen Richtlinien.

»Du willst zurück ins Gefängnis? Dein Problem. Die Dinge laufen jetzt etwas anders. Wenn du mit dem Gesetz in Konflikt gerätst und die Polizei dich verhaftet, bist du auf dich allein gestellt. Der Klan hat es nicht angeordnet, und der Klan wird es nicht für dich ausbaden, kapiert?«

Wann immer Klangruppen aus anderen Staaten Verbrechen begingen und im Fernsehen darüber berichtet wurde, ging Jake schier an die Decke vor Wut. »Diese elenden Idioten! Das ist nicht die Art von Werbung, die wir jetzt brauchen! So werden wir Amerika nie für uns gewinnen!«

Gleichzeitig, wie wir alles daransetzten, den Erwachsenen ein positiveres Bild vom Klan zu vermitteln, warben wir auch ganz bewusst um jüngere Mitglieder. Ich spielte dabei wegen meines jugendlichen Alters eine Schlüsselrolle. Zusammen mit Slikk begann ich, in der Middleschool und Highschool Schüler für den Klan zu rekrutieren. Das Mindestalter, um dem Klan beizutreten, war sechzehn. Aber wir gründeten auch einen Juniorklan für Mädchen und Jungs, der offen war für jedes Alter.

Die Jungs an der Highschool waren unglaublich leichte Beute. Als Köder benutzten wir ein paar hübsche, unanständige Mädchen. Das klappte einwandfrei, jedes Mal, Schule für Schule. Die Mädchen lockten die Jungs mit ihren kurzen Röcken und bauchfreien Oberteilen zu uns, und wir machten ihnen den Klan schmackhaft. Das war nicht weiter schwierig. Die Chance, einer geheimen Gesellschaft anzugehören, die es sogar in ihre Geschichtsbücher geschafft hatte, wollte sich kein Teenager entgehen lassen. Zudem versprachen wir ihnen Mädchen, Alkohol und Marihuana, so viel sie wollten. Dass der Klan genau das Gegenteil predigte und Betrunkenheit und Drogen eigentlich nicht tolerierte, kümmerte uns wenig. Hauptsache, wir zogen ein paar Fische an Land. Und das taten wir in rauen Mengen.

Wir gingen auch an die Universitäten. Dort gestaltete sich das Ganze ein bisschen schwieriger. Aber eines Sonntagabends stieß ich unverhofft auf eine Goldmine. Ein Klansmann fragte mich, ob ich mit ihm zur Uni mitfahren wolle. Er musste seine Schwester hinbringen, die auf dem Campus wohnte. Es war das *Marion College*, eine christliche Hochschule. Ich fuhr mit, und als wir das Gelände erreichten, kamen mindestens zwölf Mädchen aus dem Studentenwohnheim gestürmt, um ihre Mitstudentin zu begrüßen. Bingo! Wir fragten die Mädels, ob sie Lust auf ein Eis hätten, worauf sie sich kichernd in unser Auto quetschten, bis es fast aus allen Nähten platzte. Dann fuhren wir zur nächsten Eisdiele und kamen rasch ins Gespräch über den Klan. Wir erzählten ihnen, was für eine feine christliche Organisation der Klan wäre, und es dauerte nicht lange, da hatten wir unsere ersten Bekehrten – und das wohlgemerkt von einer christlichen Universität! Für mich war das der Beweis dafür, dass der Klan die Wahrheit sagte, was den christlichen Glauben betraf. Wir waren tatsächlich die wahren Christen. Oder warum sonst schlossen sich uns sogar Studenten eines christlichen Colleges an und fanden keine Argumente gegen die Überlegenheit der weißen Rasse oder die Verbote von Rassenmischerei?

Am 17. März 1976 wurde ich achtzehn Jahre alt. Es war mein letztes Jahr an der Highschool und mein zweites Jahr beim Klan. Wenige Tage nach meinem Geburtstag bescherte mir Jake in seinem Wohnzimmer eine Überraschung, die mich schier vom Hocker haute. Don und James waren zusammen mit Jakes Leibwache draußen auf der Veranda, Carol werkelte in der Küche herum und Lisa saß im Schaukelstuhl und las in einem Buch.

»Und, Dickie, was hältst du so vom Klan?«, fragte mich Jake, nachdem er eine Zigarette angezündet und sich in seinem Sessel zurückgelehnt hatte.

»Ich denke, es läuft ganz gut«, sagte ich und legte die neueste Ausgabe der *Weltweiten Stimme des Arischen Volkes* neben mir aufs Sofa. »Wir haben viele neue Mitglieder angeworben. Die Familie blüht richtig auf. Ich finde, wir haben eine gute Richtung eingeschlagen.«

»Das freut mich zu hören«, meinte Jake und nahm einen Zug von seiner Zigarette. »Weißt du, ich werde älter. Ich sehe, wie wenig der Klan in den vergangenen Jahren erreicht hat, und finde, es ist an der Zeit, neue Schritte zu wagen. Mit neuen Führern, jüngeren Führern mit Geist und Power, so wie du sie hast.« Er sah mich an, und mir wurde ganz warm ums Herz. Was genau wollte er damit andeuten?

»Du weißt, wir sind dabei, die Führerschaft umzustrukturieren«, fuhr Jake fort. »Für dich ist auch ein Amt reserviert.«

Ich platzte schier vor Neugier. »Und was genau hast du für mich vorgesehen?«

Ein Schmunzeln umspielte seine Mundwinkel. »Was meinst du, wie dir Rot stehen würde?«

Mir fiel die Kinnlade herunter. Ich wusste sehr wohl, welche Klangewänder rot waren und was das zu bedeuten hatte. »Ein Staatsführer? Du willst mich zu einem *Staatsführer* machen?«, rief ich überwältigt.

Jake nickte stolz. »Ist bereits von höchster Stelle bewilligt. Du wirst Großklexter von Indiana.«

»Im Ernst, Jake? Das ... wow ... was soll ich sagen, das ist großartig! Wow!«

Mein Herz pochte vor Freude. Ein Staatsführer! Damit hatte ich überhaupt nicht gerechnet. Gut, ich hatte mir schon gedacht, dass ich irgendwann einmal aufsteigen würde im Klan. Schließlich wusste ich, dass Jake große Stücke auf mich hielt, und ich war mit Leib und Seele dabei und rekrutierte neue Mitglieder, was das Zeug hielt. Aber jetzt schon? Und dann auch noch Großklexter? Es war zwar nur ein niedriges Amt im Vergleich zu anderen Staatsämtern, aber was spielte das schon für eine Rolle! Ich würde vom Bezirksführer zum *Staats*führer befördert! Ich würde eine rote Robe mit einem grünen Umhang tragen genau wie Jake! Das war mehr, als ich je zu träumen gewagt hatte. Unauffällig schielte ich zu Lisa hinüber, um zu sehen, ob sie mitgekriegt hatte, worüber wir gerade sprachen. Aber sie saß immer noch genauso da wie vorher und war in ihre Lektüre vertieft.

»Ich dachte mir, dass dir die Neuigkeit gefallen würde«, sagte Jake. »Wer weiß, am Ende steigst du noch zum Großdrachen auf.«

Ich lachte. Ich wusste, dass Jake nur Spaß machte. Natürlich würde ich niemals Großdrache werden. Man musste schon etwas mehr auf dem Kasten haben als ich, um mit der Führung eines ganzen Staates betraut zu werden. Aber hey, ich würde Großklexter von Indiana werden! Damit war ich vollends zufrieden.

»Und wann beginne ich?«, fragte ich voller Tatendrang.

Jake lächelte. »Du hast gerade eben begonnen. Ich werde die anderen über deine Beförderung informieren. Carol!«, rief er in Richtung Küche. »Bring mir bitte meinen Wintermantel aus dem Schrank!«

»Deinen Wintermantel?«, kam Carols verwunderte Antwort aus der Küche. »Es ist Frühling! Wozu bitteschön brauchst du deinen Wintermantel?«

»Ich muss hier was ausmessen. Richard wird eine neue Robe kriegen! Eine *rote*!«

»Ah«, sagte Carol bedeutungsvoll. Sie kam aus der Küche, lächelte mir zu, verschwand im Schlafzimmer und kehrte kurz darauf mit einem dicken Wintermantel zurück. »Hier, Richard. Zieh den an.«

Jetzt war ich es, der verwirrt war. »Wieso brauchen wir zum Ausmessen der Robe einen Wintermantel?«, wollte ich wissen, während ich in den Mantel schlüpfte.

»Damit genug Platz darunter ist für eine kugelsichere Weste und eine Pistole«, klärte mich Jake auf. »Du gehörst jetzt zur echten Führerschaft, mein Junge. Ein rotes Gewand ist wie eine Zielscheibe für jeden Heckenschützen, der versucht, einen von uns auszuschalten.«

»Na, das ist ja sehr beruhigend. Vielen Dank auch für den neuen Job ...«

Auf einmal war ich gar nicht mehr so begeistert von meiner Beförderung. Wie war das? Man würde versuchen, auf mich zu schießen, vielleicht sogar mich umzubringen? War das sein Ernst? Plötzlich erinnerte ich mich an unseren letzten Klanmarsch. Jake hatte zu meiner Überraschung nicht seine rote Robe mit grünem Umhang getragen, sondern eine ganz gewöhnlich weiße. Als ich ihn gefragt hatte, warum er denn sein Gewand nicht trage, hatte er geantwortet: »Ach, ich habe einen jungen Klansmann gefragt, ob er Lust hätte, einen Tag lang Großtitan zu sein. Er hat das als eine große Ehre empfunden. Also hab ich mit ihm die Robe getauscht.« Damals war ich beeindruckt gewesen von Jakes Großzügigkeit. Jetzt wurde mir klar, dass es keine Großzügigkeit, sondern pure Berechnung gewesen war: Er wollte nur keinem Heckenschützen zum Opfer fallen.

Eine völlig neue Realität drang in mein Bewusstsein. Als Klansmann hatte man immer Feinde. Deswegen waren wir ständig bewaffnet. In meinem Auto lag immer ein Stahlrohr griffbereit neben meinem Fahrersitz auf dem Boden. Bei Demonstrationen und Kundgebungen trug jeder seine Waffe unter der Robe. Wir hatten auch speziell angefertigte Kopf-Waffenholster, die wir mit Gummibändern an unserem Kinn befestigten, und somit trugen wir selbst unter unseren konischen Spitzhüten Waffen. Die meisten Protestmärsche verliefen zwar friedlich. Aber es kam immer mal wieder vor, dass ein Krawall ausbrach, und dann wurde es sehr schnell sehr hässlich. Klansmänner wurden angeschossen, Zuschauer wurden angeschossen, und die Polizei wurde meistens sehr gewalttätig, um die Lage wieder unter Kontrolle zu bringen. Ja, ich kannte die Gefahren und Tücken, die das Leben als Klansmann so mit sich brachte. Doch jetzt war ich kein gewöhnlicher Klansmann mehr. Jetzt gehörte ich zur Elite, und die Vorstellung, mir deswegen eine Kugel einzufangen, war sehr beängstigend, um ehrlich zu sein.

Worauf hast du dich da nur eingelassen?, dachte ich, während ich mir äußerlich alle Mühe gab, locker zu bleiben. *Du nimmst Maß für ein Gewand, das zu deinem Leichenhemd werden könnte! Bist du eigentlich völlig übergeschnappt?*

Mir wurde auf einmal ganz heiß. Aber es war nicht mehr diese wohlige Hitze, dieses Gefühl, den Sinn meines Lebens gefunden zu haben. Es war das pure Gegenteil davon: das Gefühl, einen riesigen Fehler zu machen. Einen fatalen.

»Streck die Arme aus«, sagte Carol. Sie nahm Maß von meiner Hüfte, meinen Schultern, meinen Armen, vom Schulterblatt bis zum Boden und notierte sich alles auf einem kleinen Zettel. Jake stand mit verschränkten Armen daneben und wirkte wie ein erhabener Musketier, dessen Sohn beschlossen hat, in seine Fußstapfen zu treten.

Ich warf erneut einen Blick hinüber zu Lisa, diesmal einen leicht verzweifelten. Tatsächlich hob sie in genau diesem Augenblick den Kopf. Es war fast so, als hätte sie meine Unsicherheit gespürt. Sie schaute mich direkt an. Ich kannte diesen Blick nur allzu gut. Wann immer ich meine Zweifel hatte, ob es richtig gewesen war, dem Klan beizutreten, schien Lisa dies instinktiv zu spüren, und dann nagelte sie mich mit ihren wunderschönen blauen Augen fest und gab mir, ohne dass dabei ein einziges Wort über ihre Lippen kam, unmissverständlich zu verstehen: »Ich hab dich gewarnt.«

»Du wirst ein feiner Klexter sein«, sagte Jake unterdessen und half mir wieder aus dem Mantel heraus. »Ich werde dir einen Bodyguard zuteilen.«

»Ich krieg meinen eigenen *Bodyguard*?!«, rief ich überrascht aus.

»Natürlich«, bestätigte Jake, als wäre es das Selbstverständlichste auf der Welt. »Du bist jetzt ein Staatsführer. Du brauchst jemanden, der dich beschützt, falls es nötig sein sollte. Dein Bodyguard wird nicht die ganze Zeit bei dir sein, aber zumindest bei allen Demos und öffentlichen Veranstaltungen.«

Das relativierte die Sache mit der Zielscheibe natürlich erheblich. Für meine Sicherheit war also gesorgt. Ich würde meinen eigenen Leibwächter kriegen. Wie krass war das denn! Meine gute Laune kehrte postwendend zu mir zurück, und als Don und James kurz darauf ins Wohnzimmer gelatscht kamen, plusterte ich mich vor ihnen auf wie ein Pfau und verkündete großspurig: »Hey, Leute, habt ihr's schon gehört? Ich bin jetzt Großklexter von Indiana! Und ich krieg meinen *eigenen* Bodyguard!«

Die zwei hatten natürlich schon gewusst, dass Jake mir eine neue Aufgabe zugedacht hatte.

»Gratuliere«, sagte Don, trocken wie immer, »aber pass bloß auf, dass es dir nicht zu Kopf steigt.«

»Ganz genau«, ergänzte James mit einem spöttischen Unterton. »Vielleicht sollten wir vorsichtshalber die Maße für deine neue Kapuze verdoppeln, Little Dickie. Dein Kopf ist ja jetzt schon so groß wie eine Wassermelone.«

»Hey, lasst ihn in Ruhe!«, ermahnte sie Jake. »Dickie ist im Moment bloß etwas übermütig, und ich kann's ihm nicht verübeln. Es ist eine große Ehre, dem neuen Klan als Staatsführer zu dienen. Richard wird diese Aufgabe mit Bravour meistern, das weiß ich.« Er machte eine Pause und blickte würdevoll in die Runde. Fehlte nur noch das Champagnerglas in seiner Hand. »Wir stehen vor einer großen Wende, meine Schrecken und Klansmänner. Der Klan war nun ein paar Jahre im Untergrund, und schon denken alle, es gäbe uns nicht mehr. Aber wir sind wieder da, meine Freunde! Wir sind wieder da!« Seine Stimme wurde mit jedem Satz theatralischer. »Besser und stärker denn je! Und mit jungen, engagierten Führern wie unser Freund hier einer sein wird, blickt der Klan einer grandiosen Zukunft entgegen. Die werden sich alle noch wundern. Lang lebe der Klan!«

»Lang lebe der Klan!«, wiederholte Don, angesteckt von Jakes euphorischer Rede.

»Lang lebe der Klan!«, rief James mit geschwellter Brust.

Jetzt hielt auch mich nichts mehr zurück: »Lang lebe der Klan!«

»Lang lebe der Klan!«, schrien wir zu viert durchs Wohnzimmer. »Lang lebe der Klan!«, brüllten wir immer lauter. »Lang lebe der Klan!«

Auf einmal klappte Lisa zornig ihr Buch zu, sprang vom Schaukelstuhl auf, rannte an uns vorbei in ihr Zimmer und knallte die Tür hinter sich zu. Etwas verdutzt hielten wir inne.

»Was war das denn?«, fragte James.

»Ach nichts«, winkte Jake ab, wandte sich in Richtung Flur und sagte so laut, dass seine Tochter es auch ja hören konnte: »Sie möchte bloß nicht, dass wir sehen, wie gerührt sie ist, dass ihr Freund Dickie es in einer der mächtigsten Organisationen dieses Landes zum Staatsführer geschafft hat. Hab ich nicht recht, Lisa?«

Aber aus Lisas Zimmer kam nichts als beharrliches Schweigen, was wieder einmal mehr sagte als tausend Worte.

19 Ein vermeintlicher Sieg

Großklexter von Indiana. Ein Staatsführer des KKK. Ein eigener Bodyguard. Ich kam mir unglaublich wichtig vor. Don hatte mich gewarnt, ich solle mir meine neue Position nicht zu Kopf steigen lassen. Aber natürlich war genau das der Fall. Es stieg mir zu Kopf und das nicht zu knapp. Ich schätze, jedem normalen Burschen in meinem Alter wäre es genauso ergangen, erst recht jemandem wie mir, der jahrelang unter dem Spott seiner Mitschüler gelitten hatte. Aber die Zeiten waren endgültig vorbei, in denen ich »Vier-Auge« genannt wurde und jeden Tag fürchten musste, dass mir irgendwelche Fieslinge mein Pausengeld abknöpften oder in der Mensa aus Versehen mein Esstablett umwarfen. Ich war nicht mehr der spindeldürre, wehrlose Schwächling mit der Flaschenbodenbrille. Ich war ein respektierter Führer des Ku-Klux-Klan, und ich hatte meinen eigenen Leibwächter! Er hieß übrigens Ethan, war zwei Jahre älter als ich, über einen Meter neunzig groß und brachte mindestens hundertsechzig Kilo auf die Waage. Mit dem Mann erlaubte man sich keine Scherze oder man bekam mächtig Ärger.

Manchmal wünschte ich mir, sie könnten mich jetzt sehen, meine damaligen Peiniger. Sollten sie ruhig kommen und versuchen, mir dumme Sprüche nachzurufen. Ethan hätte ihnen allen das Maul gestopft. Ich war unantastbar und triefte geradezu vor Überheblichkeit.

Ein paar Mal nahm ich Ethan mit an die Schule, nur um allen zu zeigen, dass sie sich besser nicht mit mir anlegten. Und es wirkte. Früher war es nur eine vage Vermutung unter den Schülern gewesen, dass ich Verbindungen zum Klan hätte. Jetzt wusste es jeder, auch die Lehrer und sogar der Schuldirektor. Sie fürchteten sich vor mir. Ich sah es in ihren Augen, wenn sie meinen Weg kreuzten. Es war herrlich! Ich konnte tun und lassen, was ich wollte. Zwar hatte ich schon vorher viele Freiheiten genossen wegen meiner Position als Radiosprecher. Doch jetzt gab es keine Grenzen mehr. Ich konnte die Schule schwänzen oder zu spät zum Unterricht erscheinen, so viel ich wollte. Keiner sagte etwas, nicht einmal der Schuldirektor. Zu groß war die Angst davor, bei mir und damit dem Ku-Klux-Klan in Ungnade zu fallen. Schließlich wusste jeder, wozu der KKK fähig war. Also ließ man es besser nicht darauf ankommen.

Und dann all die Mädchen! Ich konnte jedes Mädchen haben, das ich wollte. Einmal hatte ich sogar sieben Freundinnen gleichzeitig. Natürlich dachte jede, sie wäre die Einzige, was es ganz schön schwierig machte, die Dates so zu koordinieren, dass keine die andere zu Gesicht bekam. Einmal spannte ich einem Jungen die Freundin aus, einfach nur weil ich es konnte. Das wäre mir allerdings beinahe zum Verhängnis geworden ...

Das Mädchen hieß Rebecca und war wunderschön. Der Bursche hieß Brian und war klein, dünn und unscheinbar – fast so wie ich es früher gewesen war. Als ihm Rebecca eröffnete, sie wäre jetzt mit mir zusammen, packte ihn die Wut. Verständlicherweise. Wahrscheinlich hatte er Monate gebraucht, um den Mut aufzubringen, das Mädchen überhaupt anzusprechen. Und da kam ich, flüsterte ihr einmal etwas charmant Unanständiges ins Ohr und berührte sie dabei sanft an der Hüfte, und schon hatte ich sie in meinen Bann gezogen. Für mich war sie nichts weiter als eine weitere Trophäe in meiner Sammlung. Für ihn war sie die Liebe seines Lebens, und er wollte sie um nichts in der Welt verlieren.

Es folgte ein heftiger Streit zwischen Brian und mir über Kanal 11 unserer CB-Funkstationen. Eigentlich wusste Brian um meine hohe Stellung beim Klan und dass man mich besser nicht provozierte. Aber das kümmerte ihn nicht. Er war zu allem bereit, um Rebecca zurückzugewinnen.

»Gib sie mir zurück!«, forderte er mich auf. »Du liebst sie doch gar nicht, hab ich recht? Du weißt überhaupt nicht, was Liebe ist!«

»Und du weißt nicht, mit wem du redest, Kumpel! Außerdem war es ihre Entscheidung, dich zu verlassen, nicht meine, klar?«

»Du verlogener Mistkerl! Für dich ist das nichts weiter als ein Spiel, oder?«

Ich lachte. »Mag sein. Und ich hab gewonnen. Finde dich damit ab. Alea iacta est. Die Würfel sind gefallen.«

»Sind sie nicht!«, rief Brian mit zitternder Stimme. »Und wenn du nicht so ein Feigling wärst, hättest du auch den Mumm, dich mit mir zu treffen anstatt über Kanal 11 darüber zu diskutieren!«
»Du nennst mich einen Feigling?«
»Beweise mir das Gegenteil!«
»Schön. Sag mir, wann und wo.«
Brian dachte kurz nach. »Morgen Abend um sieben bei den Nolands. Keine Waffen. Keine Tricks. Nur du und ich. Dann regeln wir das wie Männer.«
»Ich werde da sein«, willigte ich ein.
Die Nolands waren eine befreundete Familie, die sowohl mich wie auch Brian kannten und nichts mit unserem Streit zu tun hatten. Wir würden uns also auf neutralem Boden treffen. So machte es zumindest den Anschein. Natürlich ging ich nicht alleine hin. Ich nahm Ethan, Slikk und sechs weitere Klansmänner mit. Bevor ich ausstieg, verstaute ich meine Waffe und mein Messer im Handschuhfach.
»Die Brille würde ich auch dalassen«, riet mir mein Bodyguard.
»Wieso?«
»Ich warte, bis der Kerl dich einmal schlägt«, erklärte mir Ethan. »Dann stampf ich ihn zu Brei.«
»Na Danke schön«, sagte ich. »Und warum muss ich mir erst eine klatschen lassen, bevor du eingreifst?«
»Damit du sagen kannst, *er* habe den Kampf begonnen.«
»Das kann ich doch sowieso sagen.« Ich fand seine Logik nicht sehr einleuchtend. Wozu musste *ich* den Kopf hinhalten, wenn *ich* doch derjenige mit dem Bodyguard war? Aber nun gut. »Warte einfach nicht zu lange«, bat ich ihn. »Ich hab keine Lust auf ein blaues Auge.«
Wir ließen die Wagen am Straßenrand stehen und marschierten auf das Haus zu. Ich klingelte. Die Tür wurde von innen geöffnet, und ich trat ein. Meine acht Leute wollten mir folgen, doch da schlug ihnen jemand die Tür vor der Nase zu. Es war Mrs Noland – sie umklammerte einen Baseballschläger!
O Gott!, schoss es mir jäh durch den Kopf. *Ich sitz in der Falle! Die miese Ratte hat mich reingelegt!*

Ich weiß nicht, was Brian den Nolands gesagt hatte, aber es war ihm ganz offensichtlich gelungen, sie gegen mich aufzuhetzen. Sie waren zu viert. Mrs Noland bewachte mit finsterer Miene die Eingangstür, damit ich nicht abhauen konnte. Schräg links von mir saß ein Teenagermädchen auf dem Sofa. Soweit ich sehen konnte, trug sie keine Waffe. Aber ihr Blick hätte ebenso töten können. Neben der Couch befand sich ein mir unbekannter Mann, ausgerüstet mit einem sechzig Zentimeter langen Bleirohr. Und direkt vor mir stand Brian. Er war mit einem zweiteiligen Nunchaku bewaffnet, einer Art Dreschflegel, wie Bruce Lee sie in seinen Filmen verwendete. Die Schlagwaffe kam ursprünglich aus Japan und bestand aus zwei Holzteilen, die mit einer Metallkette miteinander verbunden waren. Brian schwang das Nunchaku vor seinem Körper und fixierte mich dabei wie eine Laus, die man zerquetschen musste.

Ein Schauer lief mir über den Rücken. Mein Gefolge war draußen, ich war drinnen. Allein und unbewaffnet. Ich wusste, ich hatte keine Chance gegen meine Gegner. Sie waren entschlossen, mich umzubringen. Daran gab es nicht den geringsten Zweifel. Wenn nicht ein Wunder geschah, war ich erledigt.

Ich hörte, wie meine Jungs draußen herumschrien und gegen die Tür polterten. Doch Türsteherin Noland rührte sich nicht vom Fleck. Breitbeinig bewachte sie den Eingang und schlug sich dabei den Baseballschläger auf die offene Handfläche. Der Mann mit dem Bleirohr und Brian bewegten sich indessen mit langsamen Schritten auf mich zu. Ich war von allen Seiten eingekesselt.

»Alea iacta sunt«, sagte Brian, ohne die Augen von mir abzuwenden. »Die Würfel sind gefallen, mein Freund.«

Ich schluckte. Kalter Schweiß trat mir auf die Stirn. Ich sah mich schon mit eingeschlagenem Schädel auf dem Boden liegen, als es plötzlich hinter mir laut krachte. Ethan hatte mit seinen hundertsechzig Kilo die Tür gerammt, die mit einem Schlag aufbarst und den gesamten Türrahmen mitriss. Mit einem Urschrei stürzte er sich auf Mrs Noland, warf sie zu Boden und presste ihr mit beiden Händen den Baseballschläger gegen die Gurgel. Slikk und ein anderer Klansmann stürmten auf den Mann mit dem Bleirohr zu, rammten ihn gegen die

Wand und rissen ihm die Metallstange aus der Hand. Das Mädchen ergriff die Flucht, bevor sie jemand schnappen konnte. Zwei weitere Klansmänner lösten Ethan ab und hielten Mrs Noland weiter am Boden, während Ethan sich den Hauptschuldigen zur Brust nahm: Brian.

Alle Farbe wich aus Brians schmalem Gesicht, als der Hüne auf ihn zustapfte. Es war ein Anblick wie aus einem Film: Der kleine Brian schwang sein Nunchaku wie ein Weltmeister, um sich Ethan vom Leib zu halten. Ein paar Mal traf er ihn sogar an der Brust, was Ethan aber nur ein paar knurrende Laute entlockte. Schließlich hatte der Riese genug von dem Spiel mit dem Zwerg. Er entwaffnete Brian mit einem einzigen Griff und schleuderte das Nunchaku quer durchs Wohnzimmer. Dann packte er meinen Rivalen am Hals, hob ihn mit einer Hand hoch und drückte ihn so hart gegen die Wand, dass mehrere Bilder herunterfielen. Die gläsernen Bilderrahmen zersprangen klirrend am Boden. Brian zappelte hilflos einen halben Meter über dem Boden und rang verzweifelt nach Luft.

»Bitte tu mir nichts«, flehte er mit erstickter Stimme. »Ich ... werde euch nicht mehr ... belästigen. Bitte ...!«

Ethan knallte ihn erneut gegen die Wand, dass auch noch die restlichen Bilder herunterfielen.

»Jetzt hör mir mal zu, du Dreckschwein«, schnarrte er, seine Nase nur ein paar Zentimeter von Brians purpurrot angelaufenem Gesicht entfernt. »Wenn du die Polizei rufst und ihnen erzählst, was heute Abend hier gelaufen ist, bist du tot. Und wenn du es noch einmal wagen solltest, Dickie in die Quere zu kommen, schlitze ich dir eigenhändig die Kehle auf. Haben wir uns verstanden?«

Brian nickte, so gut es ihm in seiner Position möglich war. Ethan ließ ihn fallen und der Junge rappelte sich auf und stolperte davon.

»Gehn wir«, ordnete ich an und gab meinen Leuten einen Wink. »Wir sind hier fertig.«

Wir sammelten die Schlagwaffen ein und zogen uns zurück. Auf der Türschwelle drehte ich mich noch einmal um, deutete auf die zerstörte Haustür und meinte mit einem fiesen Grinsen: »Ihr solltet was wegen der Tür unternehmen. Kommt 'ne Menge kalte Luft rein.« Ich klaubte eine Visitenkarte aus der Hosentasche und streckte sie mit zwei Fingern Brian, Mrs Noland und dem fremden Mann entgegen. »Dies war ein freundlicher Besuch des Ku-Klux-Klan«, stand darauf. »Hättest du gerne, dass wir dir einen *echten* Besuch abstatten?«

Das Adrenalin pumpte noch in meinen Adern, als wir das Haus verließen. Mann, das war vielleicht knapp gewesen! Aber das Blatt hatte sich Gott sei Dank gewendet, und wir hatten gesiegt.

»Jungs, ich bin stolz auf euch!«, verkündete ich, als wir unsere Autos erreicht hatten. »Das muss gefeiert werden!«

Wir fuhren zu unserem Stammlokal und setzten uns wie immer in den hinteren Teil des Restaurants in die Nähe der Notausgänge. Die Stimmung war hervorragend. Wir lachten und scherzten über die panischen Gesichtsausdrücke unserer Opfer. Ich hielt mir mit beiden Händen meinen Hals, streckte die Zunge raus, verdrehte die Augen und äffte Brian nach, wie er Ethan um Gnade anwinselte. Meine Zuhörer kugelten sich vor Lachen. Aber dann, mittendrin, verstummten sie plötzlich, und einer nach dem anderen wurde ernst. Etwas verwirrt unterbrach ich meine Faxen und drehte mich um. Und da sah ich sie auch: Don und James standen mit verschränkten Armen unmittelbar hinter mir und blickten sehr geschäftsmäßig auf mich herab. Ich hatte sie gar nicht kommen hören. Die gute Laune war wie fortgeblasen.

»Kigy«, sagte Don sehr förmlich.

»Kigy«, antworteten wir alle.

»Ayak?«, fragte James.

»Akia«, antwortete ich und versuchte, die Fröhlichkeit wieder etwas anzukurbeln. »Hey Leute, warum so formell? Setzt euch zu uns und feiert mit!«

Die beiden verzogen keine Miene.

»Wir bringen Euch eine Botschaft des Großtitans des Mittleren Westens und des angesehenen Nachtfalken Indianas«, richtete Don seine erhabene Rede an mich. »Er lässt Euch ausrichten: Herzlichen Glückwunsch zu der Demonstration von Macht und Stärke, die Ihr an diesem Abend im Namen der Familie gegeben habt.«

Wahrscheinlich hatten sie über Kanal 11 davon erfahren.

»Jawohl!«, rief Slikk und hob sein Glas. »Die haben ihre Lektion gelernt! Niemand stellt sich gegen einen Führer des Klans! Erst recht nicht gegen unseren Freund Dickie! Niemand!«

»Niemand!«, brüllten alle im Chor, hoben die Gläser und prosteten einander zu.

Don und James teilten unsere Begeisterung nicht. Don beugte sich zu mir herunter und raunte mir ins Ohr: »Der Nachtfalke möchte Euch unter vier Augen sprechen, wenn Eure kleine Feier zu Ende ist. Egal, wie spät es ist.«

»Okay«, sagte ich und fragte mich zugleich, was das alles zu bedeuten hatte. War ich in Schwierigkeiten? Wenn ja, weswegen?

Es war zwei Uhr morgens, als ich vor Jakes Haus parkte. Ich wunderte mich, dass noch in mehreren Zimmern Licht brannte. Jake saß in seinem Sessel im Wohnzimmer und reinigte seine Schrotflinte.

»Setz dich!«, sagte er tonlos, ohne mich anzusehen.

Ich setzte mich ihm gegenüber und wartete. Und wartete. Und wartete. Ich wusste, es hatte keinen Sinn, Jake zu drängen. Irgendwann würde er sagen, was er auf dem Herzen hatte. Und das tat er.

»Ich fürchte, wir werden diese Unterhaltung mehr als einmal führen müssen, weil du zu unreif bist, es schon beim ersten Mal zu kapieren. Weißt du, wovon ich rede?«

Ich schüttelte den Kopf. »Ehrlich gesagt nein.«

»Ich spreche von dem, was heute passiert ist. Was hast du dazu zu sagen?«

»Nun, dass der Klan heute einen großen Sieg errungen hat und …«

»Einen Sieg?«, fiel mir Jake energisch ins Wort. »Du denkst tatsächlich, ihr hättet heute Abend einen Sieg errungen?«

»Na ja, immerhin hast du Don und James vorbeigeschickt, um uns zu gratulieren.«

»Nicht, um euch zu gratulieren, sondern um die *Moral* aufrechtzuerhalten!«, fauchte mich Jake an. Seine Augen blitzten. »Das war kein Sieg für den Klan, sondern für *dich*! Der Klan hatte *nichts* zu schaffen mit den Nolands oder diesem Brian. Das hast du dir ganz alleine eingebrockt! *Du* hast dich entschieden, dem Jungen seine Freundin zu klauen, nicht der Klan! Schon mal was von der Geschichte mit David und Bathseba gehört?«

»Ähm ... ich bin mir nicht sicher«, antwortete ich ausweichend. Ich kannte die Geschichte von David und Goliath. Aber von David und Bathseba hatte ich noch nie gehört.

»Du bist ein Staatsführer. Du kannst jedes x-beliebige Mädchen haben. Aber nein, *du* musst ja unbedingt eines nehmen, das schon vergeben ist! Und dann ziehst du die Familie mit rein, obwohl die Familie nichts, aber auch *gar* nichts damit zu tun hat!« Er machte eine Pause, um die Worte auf mich wirken zu lassen. »Diese Leute waren dem Klan gut gesinnt. Jetzt zittern sie vor Angst, ihr Haus sieht aus, als hätte eine Bombe eingeschlagen und alles nur, weil du die Finger nicht von diesem Mädchen lassen konntest! Es ist nicht die Aufgabe des Klans, deine Suppe auszulöffeln, ist das klar?«

»Ja, klar«, brummte ich etwas widerwillig. »Es wird nicht wieder vorkommen. Versprochen.«

»Gut. Und wenn wir schon dabei sind: Es wird höchste Zeit, dass du dein Frauenproblem in den Griff kriegst.«

»Was für ein Frauenproblem?«, entgegnete ich pikiert. »Ich hab kein Frauenproblem.«

»Du weißt ganz genau, was ich meine«, sagte Jake trocken. »Jeder hat sein Laster. Für die einen ist es das Glücksspiel, für die anderen ist es der Alkohol oder Zigaretten. Für dich sind es hübsche Mädchen. Du drehst durch, wann immer du eines siehst.«

»Na und? Ist es etwa verboten, auf schöne Mädchen zu stehen?«

»Nein«, sagte Jake. »Aber wenn du nicht damit aufhörst, wird dich das früher oder später deinen Kopf kosten.«

Er sah mich direkt an. Und wie schon so oft hatte ich den Eindruck, als würde er mitten in meine Seele hineinblicken. Ich wich seinem Blick aus und schwieg ergeben. Ich wusste ja, dass er recht hatte. Er hatte immer recht. Aber es passte mir nicht, dass er sich in mein Liebesleben einmischte. Gut, ich hatte es vielleicht ein wenig übertrieben in letzter Zeit. Und gut, ich hätte die Sache mit Brian vielleicht anders angehen sollen. Aber deswegen war ich noch lange nicht bereit, mir meine Privilegien als Staatsführer nehmen zu lassen. Außerdem: Was sollte mir schon passieren? Falls mich wieder mal jemand versuchen würde umzubringen wegen einer meiner Affären, hatte ich ja immer noch meinen Bodyguard. Mir konnte keiner was anhaben. Ich war unbezwingbar. Und so würde es auch bleiben. Dachte ich zumindest.

20 Aufstieg zur Macht

Ich hatte Macht. Ich hatte Mädchen. Ich hatte alles erreicht, was man in meinem Alter erreichen konnte. Man wollte mit mir zusammen gesehen werden, um damit angeben zu können. Ich nahm an Meetings teil, wo ich KKK-Legenden der Sechzigerjahre kennenlernte, Männer, die Schulbusse in die Luft gejagt hatten, Männer, die Bürgerrechtler verprügelt und sogar den einen oder anderen Mord auf dem Gewissen hatten.

Doch es kam noch besser. Auf wundersame Weise suchte auf einmal jeder im Klan meinen Rat. Es waren nicht etwa unbedeutende Leute, die mich um meine Meinung baten oder mich zum Essen einluden, sondern Klansmänner mit Rang und Namen. Manchmal erhielt ich mitten in der Nacht einen Telefonanruf und es hieß, ein paar wichtige Klansführer wären auf der Durchreise und wollten mich sprechen. Dann sprang ich aus dem Bett, erfand – falls mein Vater zufällig wach geworden war – eine gute Ausrede, wohin ich so spät noch gehen würde, und fuhr zu dem Motel, wo die Männer abgestiegen waren, um mich mit ihnen zu treffen. Ich wunderte mich jedes Mal, warum sie ausgerechnet mit mir reden wollten und nicht mit Führern, die ein höheres Amt bekleideten als ich. Tja, und dann, eines Abends Ende Mai, erfuhr ich den Grund dafür.

Jake berief eine Versammlung des »Inneren Zirkels« in seiner Garage ein. Er sagte, es würde um den neuen Klan gehen. Wir unterhielten uns in letzter Zeit sehr oft über dieses Thema. Es war so: Wir, die *Nord-Süd-Ritter des Ku-Klux-Klan*, waren eine abgespaltene Klangruppe, gegründet von Jake, nachdem er aus den UKA ausgestiegen war. Bill Chaney stammte ebenfalls aus den UKA. Er war anfangs der Siebzigerjahre Großdrache von Indiana gewesen und wegen seiner charismatischen Ausstrahlung bei allen sehr beliebt. Als er die UKA verließ, folgten ihm viele Großdrachen, die ebenfalls nicht mehr zufrieden waren mit der Führung des Klans. Chaney versprach ihnen Autonomie. Er wollte keine Diktatur mehr wie bei den

UKA, sondern eine Republik, in der jeder Staat möglichst eigenständig agierte. Das war geschehen, bevor ich überhaupt mit dem Klan in Berührung kam, und hatte auch Jake dazu bewogen, sich Chaney anzuschließen, sowie viele andere unabhängige und abgespaltene Klangruppen aus dem ganzen Land. Im Verlauf der vergangenen Jahre kamen immer wieder neue Gruppierungen dazu, und schließlich waren es Klans aus über vierzig verschiedenen Bundesstaaten, die sich mit Bill Chaney verbündeten und ihn als ihren neuen Kaiserlichen Hexenmeister anerkannten. Es wurden viele Verhandlungen und Diskussionen geführt, wie dieser neu entstehende Klan aussehen sollte. Ganze zwei Jahre hatten die Vorbereitungen gedauert, um ihn zu formen und die führenden Positionen mit den richtigen Leuten zu besetzen. Und jetzt endlich war es so weit. Der neue Klan war geboren. *Konföderation unabhängiger Orden, Unsichtbares Reich der Ritter des Ku-Klux-Klan* wurde er genannt, wobei Indiana den Namen *Nord-Süd-Ritter des Ku-Klux-Klan* beibehalten sollte.

Ungefähr zwei Dutzend Bezirks- und Staatsführer hatten sich an diesem Abend in Jakes Garage eingefunden. Worüber genau Jake mit uns reden wollte, wussten wir nicht, nur, dass er eine sehr wichtige Ankündigung zu machen hatte. Wir setzten uns in einem losen Kreis auf Stühle, während Jake sich majestätisch in die Mitte stellte.

»Meine Herren«, begann er seine Ansprache, »wie ihr alle wisst, ist der Startschuss für unsere neue Organisation gefallen. Dies wird der größte Klan, den Amerika je gesehen hat. Unser Kaiserlicher Hexenmeister hat die Gründung vor wenigen Tagen offiziell bekannt gegeben. Somit ist der Moment gekommen, in dem wir, die *Nord-Süd-Ritter des Ku-Klux-Klan*, endlich unseren eigenen Großdrachen haben werden.«

Na endlich!, dachte ich. *Das wurde aber auch Zeit.* Es war immer peinlich, wenn wir an Kundgebungen teilnahmen und gefragt wurden, wer denn der Großdrache von Indiana wäre. Und wir mussten antworten: »Wir haben keinen.«

Ich war mir ziemlich sicher, dass Jake den Job übernehmen würde. Er war zwar Großtitan des Mittleren Westens, aber er konnte durchaus in beiden Ämtern dienen.

»Meine getreuen Schrecken und Kobolde«, fuhr Jake fort. Er liebte es, die alten Klanbegriffe zu verwenden. Und wie ich so dasaß, all die vielen Zeitungsartikel und alten Klanposter um mich herum, wurde mir auf einmal ganz feierlich zumute. Dies war ein historischer Moment. Jake würde den neuen Großdrachen von Indiana ausrufen! Ich fragte mich bloß, warum der Kaiserliche Hexenmeister dies nicht tat. Es schien mir etwas unschicklich, wenn Jake sich selbst zum neuen Großdrachen ernennen würde. Oder war es vielleicht doch jemand anderes? Aber wer?

»Wir haben diesen Mann jahrelang beobachtet, um sicherzugehen, dass er das Zeug dazu hat. Viele von euch wissen, von wem ich rede, denn ihr habt die Aufgabe gehabt, jeden seiner Schritte sorgsam zu überwachen. Nun, er hat uns nicht enttäuscht. Klanblut fließt durch seine Adern. Klanblut floss durch die Adern seiner Vorfahren. Und Klanblut wird durch seine Adern fließen bis zum Tod!«

Einige klatschten. Ein paar nickten bestätigend mit dem Kopf. Ich war verwirrt. Das klang nun nicht mehr so, als würde Jake von sich selbst reden. Aber von wem sonst? Ich blickte mich in der Runde um, und auf einmal stellte ich fest, dass alle mich anschauten und mir zulächelten. Mir blieb schier das Herz stehen.

O mein Gott! Er redet von mir*!*

Ein eisiger Schauer lief mir den Rücken hinunter. Mir wurde leicht schwindlig.

»Ich präsentiere euch den Großdrachen von Indiana!«, verkündete Jake wie ein Herold. »Dickie Harris!«

Alle Anwesenden erhoben sich von ihren Sitzen und streckten ihre rechten Arme zum Klansalut in meine Richtung.

»Lang lebe der Drache!«, rief James.

»Lang lebe der Drache!«, stimmten alle, auch Jake, in den Beifall ein.

Dem kalten Schauer folgte eine fiebrige Hitze. Da war ich gerade mal achtzehn Jahre alt und man übertrug mir die Verantwortung des Klans von Indiana. Mein Leben würde nie mehr dasselbe sein. Es war wie ein Traum. Ein Traum, aus dem ich nie mehr aufwachen wollte. Ich kam mir vor wie ein Fürst. Ich stand auf und blickte erhaben in die Runde, und ohne es selbst zu begreifen, kamen Worte aus meinem Mund, als hätten sie seit Jahren in mir geschlummert: »Ich bin der Großdrache der *Nord-Süd-Ritter des Ku-Klux-Klan* vom Reich Indiana. Dies ist meine Bestimmung.«

Die Führer brachen in Jubel aus. Einer nach dem anderen kam auf mich zu und gratulierte mir.

»James, bring den Champagner!«, ordnete Jake an.

»Champagner?«, fragte ich verwundert. »Was ist aus der goldenen Regel ›Kein Alkohol bei Klanmeetings‹ geworden?«

Jake schmunzelte. »Ich denke, heute machen wir eine Ausnahme. Don, verteil die Gläser!«

Jake war normalerweise strikt gegen Alkoholkonsum. Er fand, es gäbe viel zu viele Betrunkene im Klan, die das Image der Familie gefährdeten.

»Was sagt man dazu«, lachte einer der Führer, während er sich ein Champagnerglas nahm. »Wir haben einen Großdrachen, der noch nicht einmal das trinkfähige Alter erreicht hat! Hoffe, die Cops lösen die Party nicht auf, weil wir einem Minderjährigen Alkohol servieren!«

James kam mit einer Champagnerflasche zurück und schenkte jedem ein Glas ein. Wir hoben die Gläser und stießen an. Die Stimmung war hervorragend. Ich hatte fast das Gefühl, auf Wolken zu schweben.

James legte mir kameradschaftlich den Arm um die Schulter. »Unser Dickie, Großdrache von Indiana. Zieh dir das mal rein: Du bist der Führer der größten terroristischen Untergrundbewegung des Mittleren Westens!«

»Sind wir wirklich die größten?«

»Sicher doch«, meinte James mit altkluger Miene. »Oder kennst du eine größere?«

»Eigentlich nicht. Aber wer weiß das schon?«

»Eben«, sagte James und trank in einem Zug das Glas leer. »Solange wir keine größere finden, würde ich sagen, *wir* sind die größten. Du hast eine ganze Armee zur Verfügung. Nutze sie weise, mein Freund.«

Mein Freund. So hatte mich James noch nie genannt. Aber schließlich war ich jetzt ein Großdrache, und ich würde jede Menge Freunde haben – und auch Feinde, dessen war ich mir sicher. Und Jake bestätigte meine Vermutung.

»Komm morgen Abend vorbei«, sagte er. »Dann messen wir dich aus für dein Drachengewand und reden übers Geschäftliche. Ich werde dir ein paar zusätzliche Bodyguards zuteilen. Du brauchst eine kugelsichere Weste, und einen neuen Namen solltest du dir auch zulegen.«

»Einen neuen Namen?«, fragte ich verdutzt. »Wieso das denn?«

»Um deine Familie zu schützen. Stell dir vor, du hältst eine öffentliche Rede, und plötzlich erscheint dein Name Richard C. Harris im Fernsehen. Was denkst du, würde dein Vater davon halten? Oder deine Brüder? Steven wäre es vielleicht egal. Aber denk mal an David. Er ist immerhin Arzt. Ich glaube nicht, dass er begeistert davon wäre, dass ihn seine Patienten mit dem Klan in Verbindung bringen, obwohl er gar nicht dazugehört.«

So hatte ich das noch gar nicht gesehen. Aber er hatte recht. Das Letzte, was ich wollte, war, dass mein Vater oder meine Brüder meinetwegen in Erklärungsnot kamen. David war immerhin glücklich verheiratet, hatte eine kleine Tochter und war ein sehr beliebter Arzt. Steven hatte nach seinem heftigen Drogen- und Alkoholproblem doch noch die Kurve gekriegt, hatte ebenfalls geheiratet und sogar sein eigenes Geschäft gegründet, eine Firma, die Zäune verkaufte. Es ging ihnen gut, und ich wollte nicht der Grund sein, warum sich das ändern sollte.

»Aber eine Namensänderung ist doch kompliziert«, überlegte ich. »Wie soll das gehen?«

»Wir haben unsere Beziehungen«, antwortete mir Jake, und es klang wieder mal, als wäre es das Einfachste auf der Welt, so etwas zu arrangieren. »Die Ausweise, die du erhältst, werden keine Fälschungen sein, sondern zu hundert Prozent echt. Führerschein, Sozialversicherungsnummer, Geburtsurkunde, Personalausweis. Alles eben.«

»Wow«, staunte ich. »Sag mal, könnte ich dann auch mein Alter ändern?«

Jake schmunzelte. »Damit du wenigstens im trinkfähigen Alter bist? Kein Problem. Aber denk dran ...«

»Betrunkene Klansmänner schaden dem Image, ich weiß. Keine Sorge, dazu wird es nicht kommen. Ich kenne mein Limit.« Und das tat ich wirklich. Ich war eigentlich fast nie betrunken. Ich trank ab und zu ein paar Bierchen, aber nie so viele, dass ich die Kontrolle über meinen Geist verloren hätte. Das war mir sehr wichtig. Von einem Getränk ließ ich allerdings die Finger: Whisky. Ich hatte einmal zu viel davon getrunken und war total aggressiv geworden. Das wollte ich nicht noch mal erleben, und so beschränkte ich mich - wenn ich überhaupt trank - auf Bier.

Am nächsten Abend setzte ich mich mit Jake zusammen, und wir besprachen mein neues Leben.

»Und? Hast du dir einen Namen überlegt?«, fragte mich Jake.

»Ja, hab ich«, nickte ich. »Haywood nehme ich als Nachnamen. Und für den Vornamen hab ich mir ein Wortspiel ausgedacht, damit es klingt wie das Synonym für die Südstaaten.«

»Du meinst ›Dixie‹?«

»Genau. Ich nenne mich Dick C. Haywood. Ausgesprochen wie Dixie, bloß anders geschrieben.«

Jake lachte. »Dick C. Haywood. Dixie. Ein Großdrache, der sich Dixie nennt. Das ist gut. Das ist wirklich gut! Der Kaiserliche Hexenmeister wird begeistert sein!«

»Ja, das dachte ich mir auch. Ist mir einfach so eingefallen.«

Während wir uns noch über meinen originellen neuen Namen amüsierten, kam Lisa hereinspaziert.

»Hey, Lisa!«, rief ich ihr gut gelaunt zu. »Hast du es schon gehört? Ich bin zum Großdrachen von Indiana ...«

»Habs gehört«, schnitt sie mir tonlos das Wort ab. Sie durchquerte das Wohnzimmer, und im Vorbeigehen zischte sie mir leise ins Ohr: »Du elender Trottel!«

Ich starrte ihr fassungslos hinterher. *Wie* hatte sie mich eben genannt? Was erlaubte sie sich eigentlich!

»Entschuldige mich, Jake, bin gleich wieder da«, nuschelte ich und eilte Lisa hinterher.

Als ich sie auf der Veranda einholte und sie endlich stehen blieb, wären wir beinahe zusammengeprallt.

»Elender Trottel?!«, wiederholte ich ihre Worte. »Was soll das, Lisa? Kannst du dich nicht wenigstens *einmal* für mich freuen?«

Sie lachte bitter. »Mich freuen? Worüber denn? Dass du Großdrache geworden bist? Soll ich etwa vor dir salutieren wie alle anderen? Was um alles in der Welt hast du dir dabei gedacht, Richie? Willst du wirklich dein Leben verlieren?«

»Jetzt übertreib mal nicht. Ich krieg 'ne kugelsichere Weste und dein Vater hat mir sechs Bodyguards zugeteilt.«

»Ich habe nie gewollt, dass du meinen Vater triffst«, sagte Lisa trocken. »Er hat von dir gesprochen, als wir uns noch nicht einmal kannten. Ich wusste, wo das hinführt.«

»Moment mal«, unterbrach ich sie und fasste sie an der Schulter. »*Was* hast du gesagt? Dein Vater wusste von mir, *bevor* wir uns kennenlernten?«

Lisa zog den Mund schief. »So ist es, Richie. Er lässt dich seit Jahren überwachen, genauer gesagt seit der Middleschool, wo du mit diesen Referaten über den Klan begonnen hast. Es gab eine Lehrerin, die ihm regelmäßig Bericht erstattete.«

»Was?!« Ich war schockiert. »Doch nicht etwa Ms Bell? Meine Englischlehrerin?«

»Weiß ich nicht«, sagte Lisa. Sie stützte sich mit den Händen auf das Holzgeländer der Veranda und richtete ihren Blick auf die Straße. »Ich weiß nur, dass mein Vater total begeistert war, als ich ihm erzählte, ich hätte dich im »Perkins« getroffen. Er redete andauernd von dir und deiner Familie. Nicht dass du der Einzige gewesen wärst, den der Klan überwachen ließ – es gab viele. Doch an dir war mein Vater besonders interessiert. Ich glaube, es hat mit dem Fluch zu tun.«

Der Fluch! Mich fröstelte bei diesem Wort. Und mich fröstelte bei den Dingen, die mir Lisa soeben offenbart hatte. Es war so surreal, so verrückt und so unheimlich. Sie hatten mich also durchleuchtet, Jahre bevor ich überhaupt mit der Organisation in Kontakt kam! Damals schon, in der Middleschool, wo ich mir so sehnlichst gewünscht hatte, einem echten Klansmann zu begegnen, hatten sie mich längst im Visier gehabt und nur auf den richtigen Augenblick gewartet, mich anzusprechen. Big brother was watching me. Und ich hatte nicht die leiseste Ahnung! *Deswegen* wusste Jake so gut Bescheid über Dinge aus meiner Vergangenheit, die er eigentlich gar nicht wissen konnte! Weil er mich seit über acht Jahren heimlich ausspionierte! Nur ganz allmählich begann ich das alles zu begreifen.

»Mein Vater hat dein Leben auf Jahre hinaus vorgeplant. Er wusste von Anfang an, dass du eines Tages Großdrache würdest.«

Ich stürzte von einer Überraschung in die nächste. »Er *wusste* es?«

Lisa nickte, den Blick immer noch stur geradeaus gerichtet. »Alle wussten es. Meine Mutter wusste es, Don und James wussten es. Ich wusste es auch. Sie haben dich manipuliert und Stück für Stück in die Richtung gelenkt, in die du gehen solltest. Und du hast es nicht gemerkt.«

Ich runzelte die Stirn, unschlüssig darüber, ob ich Lisa glauben sollte oder nicht.

»Das ist nicht wahr«, sagte ich. »Jake hat mich zu *nichts* gezwungen. Es war *meine* Entscheidung, dem Klan beizutreten.«

»Ach ja?« Sie drehte sich mir zu. In ihren Augen lag aufrichtige Besorgnis. »Und wer hat dich unmittelbar nach deiner Einbürgerung zum Kligrapp ernannt? Und zwei Jahre später zum Großklexter? Ich hab versucht, dich vor meinem Vater zu warnen. Aber du hast ja nie auf mich gehört. Und jetzt bist du genau da, wo er dich schon immer haben wollte: Du bist Großdrache von Indiana und brauchst eine kugelsichere Weste und sechs Bodyguards, um dich vor deinen Feinden zu schützen.« Sie klang nicht herablassend, sondern einfach nur enttäuscht.

»Hey, Lisa«, sagte ich beschwichtigend. »Jetzt mal langsam.« Es war mir nicht recht, sie meinetwegen so betrübt zu sehen. Und gleichzeitig versuchte ich, meine Gedanken zu sortieren und abzuwägen, ob etwas dran war an ihren Behauptungen oder nicht. »Selbst wenn es so wäre, wie du sagst: Dein Vater mag Pläne für meine Zukunft geschmiedet haben. Schön und gut. Aber ich wäre heute nicht hier, wenn ich es nicht *gewollt* hätte. Ich *will* das hier! *Das* ist das Leben, das ich mir ausgesucht habe. Und ich bereue keinen Tag davon, verstehst du?«

Lisa schüttelte den Kopf. »Ich wünschte, du hättest dich nie darauf eingelassen, Richie.« Ihre Augen wurden auf einmal feucht. Sie wischte sich rasch darüber, damit ich es nicht bemerkte.

»Du machst dir ja tatsächlich Sorgen um mich«, stellte ich bewegt fest. »Ich dachte immer, seitdem ich dem Klan beigetreten bin, wäre ich dir mehr oder weniger egal.«

»Du bist mir nicht egal!«, gab Lisa aufgebracht zurück und wischte sich gleichzeitig eine weitere Träne aus den Augen. »Meinst du, es lässt mich kalt, zusehen zu müssen, wie du Schritt für Schritt dein Leben ruinierst?!«

»Wow«, murmelte ich gerührt. Da waren ja doch noch Gefühle für mich. Dabei hatte mir Lisa in den vergangenen Monaten immer nur die kalte Schulter gezeigt und mir diesen »Ich-hab-dich-gewarnt«-Blick zugeworfen. Ich wäre nie auf die Idee gekommen, dass ich ihr überhaupt noch etwas bedeutete. Ein Funke von Hoffnung flammte in mir auf.

»Heißt das etwa, du magst mich?«, fragte ich sie und griff vorsichtig nach ihrer Hand.

Doch sie schüttelte sie rasch ab. »So sehr nun auch wieder nicht«, entgegnete sie schnippisch und schob sich verlegen eine Haarsträhne hinters Ohr.

Aber so leicht gab ich nicht auf. »Weißt du, ich hab gedacht, du und ich, wir ...«

»Nein!«, sagte sie forsch und trat einen Schritt zur Seite. »Nicht jetzt! Niemals! Vor allem nicht jetzt!«

Das Knistern, das ich für ein paar Sekunden zwischen uns gespürt hatte, war schlagartig vorbei. Ich wusste nicht, was mich mehr ärgerte: dass Lisa es gewagt hatte, mir, dem Großdrachen von Indiana, eine Abfuhr zu erteilen, oder dass ich, der ich sonst alle Mädchen bekam, genau das *eine*, für das ich je echte Gefühle empfunden hatte, *nicht* haben konnte.

»Fein, dann eben nicht!«, fauchte ich verdrossen und reckte mein Kinn. »Ich hab noch zu tun. Wir sehen uns.«

»Ja, wir sehen uns, Drache«, brummte Lisa. Sie wandte ihr Gesicht von mir ab, und ich drehte mich auf dem Absatz um und kehrte missmutig ins Haus zurück.

Als ich an diesem Abend nach Hause ging, grübelte ich noch lange über Lisas Informationen nach. Hatte ihr Vater mich tatsächlich schon so lange bespitzeln lassen? Klar, damals, als ich ihn kennenlernen wollte, hieß es ja, sie würden mich durchleuchten. Aber dass sie damit bereits in meiner Kindheit begonnen hatten, das hätte ich nicht gedacht. Und irgendwie löste es doch ein paar zwiespältige Gefühle in mir aus. Was, wenn Lisa recht hatte? Was, wenn meine Entscheidung, dem Klan beizutreten, und mein Aufstieg gar nicht so freiwillig geschehen waren, wie ich gedacht hatte? Was, wenn ich nichts weiter als eine Marionette war, die immer genau das tat, was Jake, Don und James von ihr verlangten?

Nein, das ist nicht wahr!, rief ich mir innerlich zu und ballte meine Fäuste. *Ich bin zu nichts gezwungen worden! Ich habe es so weit geschafft, weil Jake an mich glaubt und weil er schon in meiner Kindheit etwas in mir gesehen hat, was ihn begeisterte. Er hat mich auserwählt, und ich habe die Herausforderung angenommen. Deshalb bin ich hier! Ich bin nicht fremdgesteuert. Weder von einem Fluch noch von irgend sonst etwas! Ich bin Großdrache von Indiana, weil ich gut bin. Ich bin nicht nur gut, ich bin der Beste für dieses Amt. Und das werde ich allen beweisen!*

Und mit dieser Gewissheit und einer wilden Entschlossenheit, der beste Großdrache zu werden, den Indiana je gesehen hatte, legte ich mich schlafen.

21 Unversehrt aus Chicago

Im Sommer 1976 hatte ich meinen Highschool-Abschluss in der Tasche und begann an der Indiana University in Kokomo Journalistik, Kommunikations- und Medienwissenschaft zu studieren. Ich konnte es mir so einrichten, dass alle meine Kurse abends und nachts stattfanden. Einige begannen sogar erst um 23 Uhr und endeten um Mitternacht. Danach verbrachte ich ein paar Stunden mit Klanaktivitäten, fuhr frühmorgens nach Hause und schlief bis zum Mittag.

Meine sechs Bodyguards waren zur Stelle, wann immer ich sie brauchte. Neben Ethan zählte nun auch Slikk offiziell zu meiner Leibwache, außerdem Josh, Tyson, Dennis und Ben. Dennis und Ben kannte ich seit bald zwei Jahren und wir waren gute Freunde. Ethan, Josh und Tyson erfüllten einfach ihre Pflicht als Bodyguards, gehörten aber nicht zu meinem engeren Freundeskreis. Alle sechs nahmen ihren Job sehr ernst. Dennis belegte sogar dieselben Kurse an der Uni wie ich, damit er jederzeit einspringen konnte, wenn jemand versuchen sollte, mir etwas anzutun. Wenn ich um Mitternacht die letzte Vorlesung verließ, stand meine bewaffnete Eskorte bereits vor der Tür, um mich sicher vom Campus zu geleiten. Ich kam mir zuweilen vor wie der Präsident der Vereinigten Staaten, wenn ich mit meinem lebenden Schutzschild durch die Gegend spazierte. Zwei der Jungs liefen jeweils vor mir, zwei hinter mir und zwei links und rechts von mir. Sie hielten immer genügend Abstand, damit es nicht zu sehr auffiel, blieben aber nahe genug an mir dran, um beim kleinsten Anzeichen von Gefahr sekundenschnell reagieren zu können.

Manchmal gab es wirklich skurrile Situationen wie zum Beispiel an jenem Nachmittag, als ich mit meiner Leibwache durchs *Markland*-Einkaufszentrum schlenderte.

»Hey Richard!«, hörte ich plötzlich eine laute Mädchenstimme hinter mir. Ich schaute mich um und entdeckte ein schwarzes Mädchen in etwa sechs Meter Entfernung, das mir zuwinkte und dabei wie ein Honigkuchenpferd strahlte. Es war Shonnie. Wir kannten uns flüchtig von der Highschool. Ich weiß nicht, ob sie die Einzige war, die nicht mitgekriegt hatte, dass ich im Klan war, oder ob es sie ganz einfach nicht kümmerte; jedenfalls schien sie sich total darüber zu freuen, mich zufällig im Einkaufszentrum anzutreffen, und kam mit ausgestreckten Armen auf mich zugestürmt. Ihre Freude war nur von kurzer Dauer. Als sie noch knappe drei Meter von mir entfernt war, stellten sich ihr mit einem Mal sechs kräftige Burschen in den Weg und richteten ihre Waffen auf sie. Shonnie blickte in die Mündungen von sechs Pistolen und sperrte vor Schreck Mund und Augen auf. Es war wohl der Schock ihres Lebens.

»Shonnie!«, sagte ich, während ich mir einen Weg durch die Mauer meiner Leibwächter bahnte. »Schön, dich zu sehen!«

Die Waffen senkten sich, und so schnell wie meine Männer zur Stelle gewesen waren, rückten sie wieder ab. Shonnie stand wie angewurzelt da. Ich hielt vorsichtshalber ein wenig Abstand, damit sie mich am Ende nicht noch umarmte.

»Hi«, sagte ich und lächelte. »Wie geht's denn so?«

»Wer zum Henker sind die?«, fragte Shonnie, die Augen immer noch weit aufgerissen.

»Ach, mach dir mal keine Sorgen. Wahrscheinlich haben sie dich für jemand anderes gehalten.« Mir war das Ganze etwas unangenehm. »Nun, ich muss dann mal. War nett dich zu sehen. Man sieht sich.«

»Ja, bis dann«, murmelte Shonnie etwas durcheinander. Sie ging weiter, drehte sich aber noch ein paar Mal nach mir um, bevor sie in der Menge verschwand.

Meine Bodyguards sammelten sich um mich, und es war ihnen anzusehen, dass sie auf eine Erklärung warteten.

»Jetzt sag bloß, du bist mit diesem Niggermädchen befreundet«, raunte Tyson argwöhnisch.

»Nein, natürlich nicht. Wir kennen uns von der Highschool. Das ist alles. Sie hätte mir nichts getan. Aber ihr wart großartig, Leute. Gute Arbeit!«

Ich hoffte, damit wäre die Sache erledigt. Aber Tyson konnte es nicht lassen, einen weiteren Kommentar abzugeben. »Was sagt man dazu? Der Großdrache von Indiana ist mit einem Niggermädchen befreundet«, murmelte er etwas provokant. »Hätte nicht gedacht, dass ich den Tag erlebe, an dem der Klan so tief sinkt.«

Das war zu viel. Ich ging in die Offensive. »Hey!«, konterte ich in autoritärem Ton und streckte ihm den Finger ins Gesicht. »Ich muss mich weder vor dir noch vor sonst jemandem rechtfertigen, klar? Ich sagte, wir kennen uns von der Schule. Mehr ist da nicht. Also spar dir deine Bemerkungen und erinnere dich daran, mit wem du hier redest!«

»Ja, Mann. Er ist der Großdrache von Indiana. Vergiss das nicht, Tyson«, ergriff Slikk Partei für mich, und auch die anderen nickten unterstützend mit dem Kopf. Tyson akzeptierte die Zurechtweisung mit einer muffigen Schnute und schwieg für den Rest des Nachmittags.

Die Geschichte mit Shonnie war harmlos und irgendwie auch witzig gewesen. Es gab aber andere Situationen, die nicht so witzig und weit gefährlicher waren. Einmal hätte ich um ein Haar einen Mord begangen. Schuld daran war meine Freundin Stacy. Wir waren bei einer Klanhochzeit. Ich kannte sowohl die Braut als auch den Bräutigam. In die Braut war ich sogar mal verschossen gewesen, aber das war lange her. Der halbe Klan war zur Hochzeit eingeladen worden. Eine Band spielte, es wurde gelacht, getanzt und gefeiert.

Alles war, wie es sein sollte – nur ich nicht. Ich war irgendwie gereizt und auf Konfrontation aus, obwohl ich gar keinen Grund dazu hatte. Auch meine Bodyguards konnten sich keinen Reim auf mein aggressives Verhalten machen. Ich war sonst nicht so grantig, es sei denn, ich hatte etwas Hochprozentiges angerührt. Und das hatte ich definitiv nicht. Stacy war immer mal wieder zur Bar gegangen, um mir eine Cola zu holen. Ich hatte also den ganzen Abend nur Cola getrunken, keinen einzigen Tropfen Alkohol. Aber warum zum Kuckuck war ich dann so schlecht drauf?

Die Hochzeitstorte, ein mehrstöckiges Kunstwerk, wurde hereingebracht, und die Braut und der Bräutigam erhoben sich vom Bankett, um die Torte anzuschneiden. Wie ich die hübsche Braut so in ihrem weißen Kleid betrachtete und mich zurückerinnerte, wie sie mir damals einen Korb gegeben hatte, weil sie in ihren jetzigen Ehemann verliebt gewesen war, brannte mir plötzlich die Sicherung durch.

Wenn ich sie schon nicht haben kann, dann soll er sie erst recht nicht haben!, dachte ich und beschloss kurzerhand, den Bräutigam umzulegen. Und zwar hier und jetzt! Ich zog meine Magnum aus dem Hosenbund und schritt fluchend und in wilder Entschlossenheit auf den Bräutigam zu. Alles um mich herum verschwamm. Ich sah nur noch meinen Rivalen vor mir und hörte das Blut in meinem Kopf rauschen.

»Du hast sie nicht verdient!«, knurrte ich, während ich die Waffe hob und auf den Kopf des Bräutigams richtete.

»Vorsicht! Er ist bewaffnet!«, hörte ich in diesem Moment meinen Bodyguard Josh aus der Menge rufen. »Runter mit ihm!«

Ich hatte den Finger schon am Abzug, als Slikk und Ethan sich mit einem gewaltigen Hechtsprung auf mich stürzten und mir gerade noch rechtzeitig den Revolver aus der Hand rissen.

»Lasst mich!«, fauchte ich und versuchte mich von ihnen zu befreien. »Ich bring das Schwein um! Lasst mich los, verflucht noch mal!«

Während Tyson, Ben und Dennis die Schaulustigen zurückdrängten und die schockierten Hochzeitsgäste zu beruhigen versuchten, schafften Slikk und Ethan mich mit vereinten Kräften aus dem Saal. Erst draußen und als ich mich wieder einigermaßen eingekriegt hatte, ließen sie mich los, gaben mir die Waffe aber nicht zurück und versperrten mir vorsichtshalber den Zugang zum Festsaal.

»Sag mal, bist du völlig übergeschnappt?«, wies mich Slikk zurecht. »Du gehst auf den Bräutigam los und willst ihn an seiner eigenen Hochzeit *erschießen*? Hast du getrunken?«

»Nur Cola.«

»Irrtum!«, sagte Josh, der soeben etwas außer Atem herbeigeeilt kam, und streckte mir eine leere Flasche Jack Daniels vor die Nase.

»Die gehört mir nicht! Wo hast du die her?«

»Aus der Handtasche deiner kleinen Freundin. Sie hat dir das Zeug heimlich reingemischt. Nur so zum Spaß, um dich betrunken zu machen.«

»Was?!«, rief ich empört. »Das kann nicht sein. Das hätte ich doch merken müssen!«

»Nicht unbedingt«, erklärte Josh. »In der ersten Cola, die sie dir brachte, war nur ein Hauch von Whisky drin. Und dann hat sie bei jeder Cola die Dosis gesteigert, bis du betrunken warst.«

Auf einmal ergab alles einen Sinn. Deswegen hatte ich mich so komisch gefühlt. Stacy hatte mich reingelegt. Sie hatte genau gewusst, dass ich Whisky nicht vertrage, und wahrscheinlich gedacht, es wäre unterhaltsam zuzusehen, wie ich mich vor der gesamten Festgesellschaft zum Affen machte. Ich war fuchsteufelswild.

»Dieses Luder!«, knirschte ich zornig und ballte meine Fäuste. »Die kann was erleben!« Ich wollte unverzüglich zurück ins Gebäude, aber Ethan hielt mich zurück.

»Werde erst mal wieder nüchtern«, sagte er. »Wir kümmern uns um Stacy.«

Und das taten sie. Nach diesem Abend sah ich sie jedenfalls nie wieder. Und das war auch besser so.

Es war das einzige Mal, dass meine Bodyguards mich vor mir selbst schützen mussten. Und wieder einmal war Gott sei Dank keiner verletzt worden. Ein paar Wochen später ging die Sache jedoch nicht so glimpflich aus ...

Wir fuhren mit sieben Wagen, vollgestopft mit Klansmännern aus Kokomo und Umgebung, nach Chicago, um an einer Klanveranstaltung teilzunehmen. Es war ein Samstag. Die Versammlung fand tagsüber statt, daher gab es keine Kreuzerleuchtungs-Zeremonie, dafür aber viele Reden. Der Kaiserliche Hexenmeister sprach über den neu gegründeten Klan. Auch ich hielt in meinem edlen grünen Gewand mit aufgesticktem Drachen und violettem Umhang eine Rede und begeisterte die Massen mit einer feurigen Ansprache über den unmittelbar bevorstehenden Rassenkrieg. Es waren auch verschiedene mit dem Klan befreundete Neonazigruppen anwesend. Ein paar von ihnen waren von Jake persönlich eingeladen worden, und als Geste der Verbundenheit hatte sich Jake sogar ganz hitlermäßig seinen Schnauzer geschnitten, sein Haar schwarz gefärbt, geglättet und schräg über die Stirn gekämmt.

Alles verlief soweit friedlich. Gegen fünf war die Veranstaltung zu Ende, wir zogen uns um, verstauten unsere Roben im Kofferraum und machten uns auf den Heimweg. Jake, Don, James und zwei weitere Klansmänner fuhren im vordersten Wagen, Slikk, Ethan, Dennis, Ben und ich im hintersten, und die restlichen von uns waren auf die anderen fünf Wagen verteilt. Ich saß auf dem Beifahrersitz und unterhielt mich über Funk mit den anderen Klansmännern in der Kolonne, als wir an einem Park vorbeifuhren, wo ein paar Schwarze eine Grillparty veranstalteten. Und dann passierte es. Edgar, ein Klansmann aus dem Auto vor uns, lehnte sich plötzlich zum Fenster hinaus, zückte seine Waffe und schrie in Richtung der Gruppe: »Hier! Für euch, Nigger!«

Und ehe ihn jemand daran hindern konnte, feuerte er mehrere Schüsse auf die Leute ab. Keine gute Idee. Die Schwarzen waren nämlich ebenfalls bewaffnet, und schneller als uns lieb war, sprangen sie in ihre Autos und hefteten sich an unsere Fersen. Keine Minute später zerschmetterten die ersten Kugeln die Heckscheibe unseres Autos.

»Runter!«, schrie Ethan, der am Steuer saß. »Schützt den Großdrachen, um Himmels willen!«

Ich duckte mich instinktiv und hielt mir die Hände über den Kopf.

»Was zum Teufel ist da hinten los?!«, erklang Jakes Stimme über Funk.

»Wir sind unter Beschuss!«, rief Ethan und begann, in Schlangenlinien zu fahren, um den Schüssen auszuweichen, die auf uns abgefeuert wurden. »Don, James! Schafft den Großtitan da raus! Bringt euch in Sicherheit!«

Dennis griff vom Rücksitz nach meinem Arm. »Dick! Komm nach hinten!«

»Wieso?«, fragte ich, während wir alle von Ethans Gekurve hin und her geschleudert wurden.

»Die haben Maschinenpistolen! Wenn die deine Tür durchsieben, bist du hin! Wir nehmen dich in die Mitte! Keine Sorge, ich geb dir Deckung!«

»Also gut«, willigte ich ein und krabbelte zwischen Fahrer- und Beifahrersitz nach hinten. Slikk und Ben hatten ihre Waffen gezogen und gaben durch die zersplitterte Heckscheibe mehrere Schüsse ab. Dennis passte auf, dass ich nicht in die Schusslinie geriet.

»Achtung, Jungs! Festhalten!«, rief Ethan, bevor er mit quietschenden Reifen scharf nach links abbog, um die Typen abzuschütteln. Wir purzelten übereinander. Dennis warf sich schützend auf mich, und im selben Moment schrie er auf.

»Was ist passiert?«, fragte ich besorgt.

»Kopf runter!«, wies er mich an.

»Bist du getroffen?«

»Halb so wild, bleib unten, Dick!«

Ich kauerte mich auf den Boden, und Dennis beugte sich über mich, während sich Slikk und Ben aus dem Fenster hängten und ihr ganzes Magazin leer schossen. Ich hatte Angst. Angst davor, ebenfalls eine Kugel abzukriegen, Angst, dass die Gang unsere Reifen zerschießen und das Auto sich überschlagen würde. Oder was, wenn sie wie in den Filmen den Tank trafen und uns alle in die Luft jagten? Ich hatte mal gehört, so etwas würde in Wirklichkeit gar nicht passieren. Aber ich war nicht gerade erpicht darauf, es am eigenen Leib zu testen. Zitternd umklammerte ich meine Knie. Ich konnte nichts sehen, hörte nur, wie die Kugeln uns um die Ohren pfiffen, und spürte jeden Schlenker, den Ethan machte. Jede Sekunde kam mir wie eine Ewigkeit vor.

Über Funk informierten uns die anderen, dass sie sich aufgeteilt hatten und drei von ihnen aus dem Gefecht raus waren. Aber die Gruppe, die uns verfolgte, klebte uns noch immer an der Stoßstange und hatte, so kam es mir vor, Munition ohne Ende. Ich hörte, wie unser Auto mehrmals getroffen wurde. Gott, wir waren eindeutig an die Falschen geraten. Vor allem hatten unsere Verfolger Heimvorteil. Chicago war ihre Stadt, nicht unsere. Sie kannten jeden Schleichweg, jede Gasse, jede Bodenwelle. Und wir rasten völlig orientierungslos durch die Straßen und hofften, endlich auf den Highway nach Indiana zu gelangen.

Endlich, *endlich* fanden wir einen Weg aus dem Labyrinth, fuhren auf den Highway auf, Ethan gab Gummi und hängte die schießwütigen Kerle ab. Ich atmete auf.

»Alles klar bei euch?«, fragte Ethan mit einem Blick durch den Rückspiegel. »Jemand verletzt? Dick?«

Ich rappelte mich auf. »Mir geht's gut. Aber Dennis hat's erwischt. Dennis?«

Dennis hielt sich mit der rechten Hand den linken Oberarm und biss die Zähne aufeinander. Sein Ärmel war voller Blut. »Das wird schon wieder«, sagte er tapfer. Er war ganz bleich im Gesicht.

»Lass mal sehen«, sagte Slikk. Er schnitt mit einem Messer den Ärmel auf und betrachtete die Wunde kritisch. Sie hörte nicht auf zu bluten. »Sieht nicht gut aus. Ich kann keine Austrittswunde erkennen. Ich glaube, die Kugel steckt noch drin.«

»Vielleicht sollten wir ins nächste Krankenhaus fahren«, schlug Ben vor.

»Zu riskant«, meinte Ethan ungerührt. »Die müssen Schusswunden melden. Dann haben wir alle ein Problem.«

»Aber er braucht dringend einen Arzt!«

»Wir bringen ihn zu Dr. Peralta«, bestimmte Ethan. »Der macht das schon. Ist ein Freund des Klans.«

»Aber heute ist Samstag«, gab ich zu bedenken. »Da ist er bestimmt nicht in seiner Praxis.«

»Dann fahren wir eben zu ihm nach Hause. Ich weiß, wo er wohnt.«

»Gut«, willigte ich ein. »Einverstanden. Bringen wir ihn zu diesem Dr. Peralta.« Ich klopfte Dennis auf die Schulter. »Wir fahren dich zu einem Arzt, damit er die Kugel entfernen kann. Nur ein paar Stunden, dann geht's dir besser, okay?«

»Okay«, murmelte Dennis. Ich hatte den Eindruck, als wäre er noch blasser geworden. Er sah gar nicht gut aus. Und von seinem blutdurchtränkten Ärmel tropfte es ununterbrochen auf das Polster der Rückbank. Ich konnte mir das nicht länger ansehen. Ich hatte schon viele Verletzungen gesehen, und normalerweise machte es mir auch nichts aus, aber diesmal schon. Denn erstens war Dennis mein Freund, und zweitens hatte er sich die Kugel meinetwegen eingefangen. Sicher, er war mein Bodyguard. Es war seine Pflicht, mich zu beschützen. Doch jetzt, wo er es tatsächlich getan hatte und ich den Schmerz in seinen Augen sehen konnte, den Schmerz, der ohne seinen Einsatz *meiner* gewesen wäre, schämte ich mich irgendwie.

»Hey«, sagte ich verlegen und ergriff seine Hand. »Danke, Mann.«

»Gern geschehen, Großdrache«, hauchte er zurück und lächelte schwach.

Ich kletterte auf den Beifahrersitz zurück, und Slikk und Ben halfen Dennis, sein Hemd auszuziehen. Slikk schnitt ein paar Stoffstreifen und umwickelte Dennis' Arm, um die Blutung zu stoppen.

»Scheiße«, knurrte Slikk, während er den improvisierten Verband anlegte. »Welcher Blödmann hat uns das eigentlich eingebrockt?«

»Es war Edgar«, klärte ich ihn auf. »Hat einfach das Feuer eröffnet.«

»Edgar«, wiederholte Slikk verärgert. »Ballert in der Gegend rum und bringt das Leben unseres Großtitanen und unseres Großdrachen in Gefahr. Idiot! Ich wette, der Kaiserliche Hexenmeister wird nicht begeistert sein, wenn er davon erfährt.«

»Worauf du Gift nehmen kannst«, bestätigte Ethan hinter dem Steuer.

Die Fahrt zurück nach Kokomo dauerte drei Stunden. Jake informierte uns per Funk, dass es auch in den anderen Wagen ein paar Verletzte gab. Aber die hatten alle nur Streifschüsse abgekriegt und hielten es nicht für nötig, deswegen zu einem Arzt zu gehen. So waren wir die Einzigen, die sich zu Dr. Peralta aufmachten. Wir parkten vor seinem imposanten Wohnsitz und halfen Dennis beim Aussteigen. Erst jetzt konnten wir den Schaden an unserem Auto begutachten. Es sah aus wie eine durchlöcherte Waschtrommel. Dass wir – außer Dennis natürlich – die Horrorverfolgungsjagd unverletzt überstanden hatten, grenzte an ein Wunder. Slikk legte sich Dennis' rechten Arm über die Schulter und stützte ihn. Ich eilte voraus zum geschwungenen Eingangstor und drückte auf den Knopf der Gegensprechanlage. Eine Frauenstimme meldete sich.

»Ja bitte?«

»Wir möchten gerne Dr. Peralta sprechen.«

»Worum geht es denn?«

»Wir haben einen Verletzten.«

»Tut mir leid, da müssen Sie in die nächste Notaufnahme. Der Doktor hat heute keinen Dienst.«

»Bitte! Es ist wirklich dringend. Unser Freund hat eine Menge Blut verloren. Sagen Sie dem Doktor, Jake Monroe schickt uns.«

»Einen Moment bitte.«

Es dauerte eine halbe Minute, dann wurde das Tor plötzlich wie von magischer Hand geöffnet.

»Na wer sagt's denn«, grinste Slikk. »Es geht eben nichts über gute Beziehungen.«

Wir schritten auf die Villa zu, wo Dr. Peralta uns bereits entgegenkam und uns mit einem Kopfnicken zu verstehen gab, ihm zu folgen. Er führte uns um das Haus herum zu seinem privaten Behandlungszimmer.

»Legt ihn da drüben hin«, ordnete er an und deutete auf die Bahre an der Wand, während er sich chirurgische Handschuhe überstreifte. »Was ist passiert?«

»Schusswechsel mit einer Gang aus Chicago«, erklärte Ethan ihm kurz und knapp. »Die Kugel steckt noch drin.«

»Hm«, machte Peralta nur. Er löste die Stoffstreifen von Dennis' Arm, reinigte die Wunde und sah sie sich an.

»Können Sie die Kugel entfernen, Doktor?«, fragte ich nervös und kaute auf meiner Unterlippe herum.

»Sie sitzt nicht tief. Das dürfte kein Problem sein.« Er sah von dem Patienten auf. »Aber ihr wisst schon, dass ich die Schussverletzung melden muss, ja?«

Wir warfen uns ein paar besorgte Blicke zu. Ich räusperte mich.

»Na ja«, stammelte ich und suchte nach den richtigen Worten. »Um ehrlich zu sein: Wir sind eigentlich davon ausgegangen ...«

»Keine Sorge«, unterbrach mich Peralta, ein Schmunzeln um die Mundwinkel. »Von mir wird niemand was erfahren.«

Wir atmeten kollektiv auf. »Danke, Doc«, sagte ich erleichtert.

Innerhalb weniger Minuten hatte Dr. Peralta die Kugel entfernt und die Wunde fachmännisch versorgt. Dann deckte er Dennis mit Schmerzmittel und Antibiotika ein und geleitete uns zum Eingang. Dennis konnte sich kaum noch auf den Beinen halten. Wir brachten ihn nach Hause, dann fuhren wir rüber ins »Denny's«, wo wir uns mit den anderen trafen und noch mal ausführlich über die dramatischen

Ereignisse des Nachmittags diskutierten. Natürlich tat jeder so, als hätten wir die Situation voll unter Kontrolle gehabt. In Wahrheit waren wir alle nur heilfroh, es lebend aus Chicago geschafft zu haben. Für mich waren es mit Abstand die beklemmendsten Momente meines Lebens gewesen. Und ich hoffte inständig, nie wieder in eine ähnliche Lage zu kommen.

Der Kaiserliche Hexenmeister wurde über den Vorfall informiert und war außer sich vor Wut. Er ordnete an, dass Edgar für seine Dummheit aufs Härteste bestraft werden sollte. Und das wurde er. Die Züchtigung des Großdrachen von New England, der ich vor Jahren einmal beigewohnt hatte, war ein Klacks gewesen gegen das, was wir mit Edgar anstellten. Wir fuhren mit ihm zu einer Mülldeponie und dort schlugen wir ihn erbarmungslos zusammen. Wir töteten ihn nicht. Der Kaiserliche Hexenmeister hatte befohlen, ihn am Leben zu lassen. Aber wir richteten ihn übel zu, und als er uns röchelnd um Vergebung bat und uns anflehte, aufzuhören, schlug ich erst recht noch einmal mit meinem Bleirohr zu. Ich traf ihn mitten im Gesicht, und ein hässliches Knacken war zu hören, als vermutlich sein Kiefer brach.

»Du kannst von Glück reden, dass wir dich am Leben lassen!«, schrie ich zornig. »Das nächste Mal, wenn du mich und den Großtitan in Lebensgefahr bringst, wird es nicht so glimpflich für dich ausgehen, das garantier ich dir, so wahr ich der Großdrache von Indiana bin! Kommt Jungs, Abmarsch.«

Wir ließen unser Opfer im Staub liegen, spazierten seelenruhig zu unseren Autos zurück und fuhren davon. Mit Sicherheit hätte Edgar in ein Krankenhaus gehört. Aber das kümmerte uns nicht. Er konnte froh sein, dass Chaney ihn nicht aus dem Klan verbannt hatte. Jedenfalls hatte er seine Lektion gelernt, und damit war die Sache für uns erledigt.

22 Bomben basteln

Jake hatte einen alten Freund, einen Sprengstoffexperten aus Indianapolis eingeladen, um ein kleines Bombentraining mit uns durchzuführen. Er fand, es wäre wieder mal an der Zeit, unsere Kenntnisse in der Herstellung von Bomben aufzufrischen. Schließlich konnte man nie wissen, was die Zukunft so mit sich bringen würde. Slikk und ich freuten uns wie zwei kleine Jungs auf das Wochenende. Dennis' Schussverletzung war gut verheilt, und so war auch Dennis mit von der Partie sowie meine anderen vier Bodyguards Ben, Ethan, Josh und Tyson. Unsere Freundinnen ließen wir zu Hause. Sie hätten bestimmt nur im Weg gestanden. Das hier war eine Angelegenheit für Männer.

Ich hatte mit Slikk vereinbart, ihn am Samstagmorgen gegen zehn Uhr mit dem Auto abzuholen. Am Freitagabend war es wie üblich sehr spät (oder besser gesagt früh) geworden, und so torkelte ich am Samstag in aller Herrgottsfrühe (so gegen neun) ziemlich verschlafen in die Küche im Erdgeschoss, um zu frühstücken. Mein Vater und Barbara waren auch schon wach und äußerst erfreut, mich zu sehen.

»Morgen, Richard!«, begrüßte mich mein Vater verdächtig fröhlich.

»Morgen«, brummte ich und schlappte rüber zum Kühlschrank.

Barbara nahm gerade eine Pfanne vom Herd.

»Setz dich doch zu uns«, lud sie mich freundlich ein. »Ich hab Rührei mit gebratenem Speck gemacht, und Pfannkuchen gibt's auch.«

Tatsächlich stand bereits ein Teller mit dampfenden Pfannkuchen und Ahornsirup auf dem gedeckten Tisch. Und es roch herrlich nach Speck, Eiern und frischem Kaffee. Ich war fast ein wenig überfordert mit einer so großen Auswahl an einem gewöhnlichen Samstagmorgen. Normalerweise frühstückten wir nicht zusammen, sondern ich schnappte mir nur schnell einen Toast und einen Kaffee, bevor ich das Haus verließ. Aber ich wollte ja nicht unhöflich sein (vor allem nicht nach meinem Gespräch mit Jake, was Barbara anbelangte).

»Also gut«, nahm ich das Angebot an und warf einen Blick auf meine Armbanduhr. »Für einen Pfannkuchen dürfte es reichen. Dann muss ich aber los.«

Ich setzte mich und mein Vater schenkte mir eine Tasse Kaffee ein. »Musst du zur Uni?«

»Nein, heute nicht«, sagte ich und nahm mir einen Pfannkuchen vom Stapel. »Slikk und ich gehen campen. Ich bin dann morgen Abend zurück.«

Mein Vater musste mich für den naturverbundensten Mann aller Zeiten halten, so oft wie ich »campen« ging. Aber ich konnte ihm ja schlecht unter die Nase reiben, dass wir aufs Land rausfuhren, um mit *Bomben* zu experimentieren.

»Magst du Rührei und Speck?«, fragte mich Barbara, und bevor ich überhaupt Nein sagen konnte, schaufelte sie mir eine große Portion von der Pfanne in meinen Teller. Ich goss mir Ahornsirup über meinen Pfannkuchen und begann zu essen. Mir fiel auf, dass Barbara meinem Vater immer wieder einen verschlüsselten Blick zuwarf, als wolle sie ihn auffordern, mit mir zu reden. Hatte er am Ende die Wahrheit herausgefunden?

»Also gut«, sagte ich und legte Gabel und Messer auf den Tisch. »Dad, was ist los?«

Mein Vater druckste herum.

»Jetzt sag es ihm schon!«, spornte ihn Barbara an und lächelte dabei in meine Richtung. Ihrem Lächeln nach zu urteilen, waren sie über mein Geheimnis offenbar doch nicht im Bilde. Das war schon mal sehr beruhigend.

»Dad?«

»Na schön, früher oder später hättest du es ja sowieso erfahren.« Er tupfte sich mit der Serviette den Mund ab, sah mich an und verkündete stolz: »Barbara und ich werden heiraten!«

»Was?!« Ich saß da wie erschlagen. Darauf war ich nicht gefasst gewesen. »Wann?«

»Im nächsten Frühling.« Er griff nach der Hand seiner Freundin, und die zwei sahen sich an wie Turteltäubchen. »Ich meine, wir sind seit über drei Jahren zusammen. Wir lieben uns und wir möchten gemeinsam durchs Leben gehen.«

»Das ist schön, Dad. Das ... das freut mich wirklich sehr«, quetschte ich mühsam hervor, auch wenn ich alles andere als begeistert war. Aber ich hatte Jake hoch und heilig versprochen, mich nicht mehr in das Liebesleben meines Vaters einzumischen. Daran hielt ich mich, auch wenn mir die Vorstellung, eine Stiefmutter zu kriegen, ganz und gar nicht in den Kram passte. Ich schlang meinen Pfannkuchen herunter und hatte es auf einmal eilig, wegzukommen. Ich musste erst mal meine Gedanken sortieren, und zwar ohne dass mir mein Vater und seine zukünftige Gattin dabei zusahen.

»Danke für das Frühstück«, sagte ich und sprang auf. »War sehr lecker. Aber jetzt muss ich leider los. Slikk wartet auf mich. Wir sehn uns!«

Und weg war ich.

Ich fuhr zu Slikk und klingelte an seiner Haustür. Frank Moore öffnete die Tür und strahlte mich an. »Richard! Schön, dich zu sehen! Komm doch rein. Christian ist gleich da.«

Christian. Es war immer witzig, Slikks richtigen Namen zu hören. Eigentlich wusste ich gar nicht, wie es dazu gekommen war, dass wir ihm den Spitznamen Slikk gaben. Ich folgte Frank ins Haus, und er bestand darauf, mir einen Kaffee anzubieten und mich einem Mitglied der Freien Methodistengemeinde vorzustellen, einem jungen Mann, der gerade zufällig vorbeigekommen war, um ein paar ausgeliehene Videos zurückzubringen.

»Richard, das ist Harold. Harold, das ist Richard C. Harris«, machte uns Frank bekannt und legte mir den Arm um die Schulter wie ein stolzer Vater seinem Sohn. »Präg dir diesen Namen gut ein, Harold. Denn vor dir steht einer, der noch Großes vollbringen wird für das Reich Gottes.«

Ich lächelte etwas verlegen. Ich kannte den Spruch langsam auswendig, obwohl ich nach all den Jahren noch immer nicht kapierte, was Frank eigentlich damit meinte. Und warum es ihm jedes Mal ein solches Bedürfnis war, mich allen seinen Freunden und Besuchern vorzustellen, war mir ebenfalls ein Rätsel. Aber das dritte und größte Rätsel war eindeutig die Tatsache, dass Frank mir immer so begegnete, als wäre ich die allerwichtigste Person auf Erden. Klar, ich war eine Persönlichkeit. Ich war der Großdrache von Indiana. Aber erstens wusste das Slikks Vater nicht, und zweitens war er schon immer so zu mir gewesen, schon in der ersten Klasse, als ich diese fürchterliche Flaschenbodenbrille trug und nur aus Haut und Knochen bestand. Frank hatte sich schon damals für mich interessiert. Und ich hatte nie das Gefühl gehabt, sein Interesse wäre gespielt. Im Gegenteil. Ich spürte, dass ich ihm wichtig war, und vielleicht fühlte ich mich deswegen auch so wohl bei den Moores. Frank reichte mir eine Tasse Kaffee, wir plauderten ein wenig über mein Studium; Frank erzählte mir, er würde sich im kommenden Jahr pensionieren lassen und seinen Job als Pastor einem Jüngeren überlassen; und Mrs Moore berichtete mir ganz begeistert von ihren Tomaten, die sie im Garten angepflanzt hatte. Als Slikk mit der Tasche über der Schulter die Treppe herunterkam, bedankte ich mich für den Kaffee und verabschiedete mich.

»Kommt bitte heil zurück, ja?«, sagte Slikks Vater und warf seinem Sohn einen bedeutungsvollen Blick zu.

»Aber sicher, Dad.«

»Und hast du auch alles eingepackt?«, erkundigte sich Mrs Moore, während wir schon auf dem Weg nach draußen waren. »Das Mückenspray?«

»Ja, Mom.«

»Und die Wollsocken und das Thermounterhemd? Nicht, dass du dir eine Erkältung holst.«

»Ja, Mom«, sagte Slikk und verdrehte mir zugewandt die Augen. »Wollsocken, Thermohemd, Mückenspray, alles dabei.«

Wir verstauten Slikks Tasche im Kofferraum, stiegen in den Wagen, winkten Mr und Mrs Moore nochmals zu und fuhren los.

»O Mann«, meinte Slikk genervt. »Wann kapiert meine Mom endlich, dass ich kein kleiner Junge mehr bin und auf mich selbst aufpassen kann? War deine Mom früher auch so nervig?«

»Ich denke, das haben Mütter so an sich«, sagte ich und lachte. »Hey, besser so, als dass sie rausfinden, was wir an den Wochenenden wirklich treiben.«

»Mein Vater weiß es.«

Ich wäre beinahe auf die Bremse getreten vor Schreck. »Er *weiß* es? Was meinst du damit? Was genau weiß er denn? Hast du es ihm etwa gesagt?«

»Ich hab ihm gar nichts gesagt. Er ist von selbst drauf gekommen. Na ja, er ist ja nicht blind, und ich denke, er hat es schon sehr lange vermutet. Und irgendwann hat er mir halt gesagt, er wüsste, dass ich im Klan wäre, und er wüsste auch, dass du der Großdrache von Indiana bist. Und ich solle aussteigen, bevor es zu spät sei.«

»Wow«, murmelte ich mit hochgezogenen Augenbrauen. Ich war für einen Moment sprachlos. Ich dachte an die Herzlichkeit, mit der mich Slikks Vater auch heute wieder empfangen hatte. Und das, obwohl er *wusste*, wer ich war! Und obwohl er vermutlich genau wusste, dass *ich* es war, der Slikk dazu überredet hatte, dem Klan beizutreten! Er hätte weiß Gott allen Grund gehabt, mich zu hassen. Aber er tat es offenbar nicht. Aus irgendeinem mir unerfindlichen Grund verhielt er sich mir gegenüber genauso warmherzig wie eh und je. Und das stimmte mich ein wenig nachdenklich, um ehrlich zu sein.

»Und deine Mom?«, fragte ich. »Weiß sie es auch?«

»Noch nicht. Wie ich meinen Dad kenne, wird er den richtigen Zeitpunkt abwarten, um es ihr schonend beizubringen.«

Ich schüttelte fassungslos den Kopf. »Das ist doch verrückt. Dein Vater weiß es und lässt dich trotzdem jeden Abend mit mir rumhängen?«

»So ist er nun mal«, erklärte mir Slikk. »Er weiß genau: Je mehr er mich davon abzuhalten versuchte, desto weniger würde ich auf ihn hören. Also hat er mir einmal seine Meinung gesagt und beschränkt sich seither aufs Beten.«

»Aufs Beten?!« Ich lachte. »Das ist nicht dein Ernst, oder?«

»Er ist Pastor. Es gehört zu seinem Job zu beten. Aber mir soll's recht sein. Soll er beten. Und wir lernen so lange, wie man eine Bombe baut. Hast du so was schon mal gemacht?«

»Ich? Nee. Aber ich freu mich total drauf. Und du?«
»Kann's kaum erwarten!«

Wir trafen uns bei Jake mit den anderen »Kursteilnehmern« und fuhren gemeinsam zu einer abgeschiedenen Farm außerhalb Kokomos, die wir schon mehrmals für unser Training benutzen durften. In der Scheune wurden wir von unserem Sprengstoffexperten begrüßt. Sein Name war Romey. Er hatte bereits an einem langen Tisch für jeden von uns einen Arbeitsplatz mit den nötigen Utensilien vorbereitet. Zwischen den Arbeitsplätzen war jeweils ein großer Sicherheitsabstand für den Fall, dass eine Bombe vorzeitig explodierte.

»Wenn jemand so dämlich ist, sich beim Bauen selbst in die Luft zu sprengen, sind wenigstens die klugen Kollegen nicht gefährdet«, begründete Romey den Abstand, worauf wir alle in lautes Gelächter ausbrachen.

Wir verteilten uns an dem langen Tisch und warteten gespannt auf weitere Anweisungen. Ich kam mir vor wie im Chemieunterricht, wenn wir an unseren Labortischen Experimente durchführten. Nur, dass wir hier mit etwas gefährlicheren Materialien herumhantierten. Mein Platz war genau in der Mitte des Tisches, und ich stellte fest, dass der Sicherheitsabstand zu meinen beiden Nachbarn um einiges größer war als bei den anderen. Entweder, unser Lehrer traute mir nicht zu, dass ich eine Bombe bauen konnte, ohne sie vorzeitig zu zünden, und wollte meine Nachbarn schützen – oder es war genau umgekehrt und er wollte sichergehen, dass *ich*, der Großdrache von Indiana, außerhalb der Reichweite der Bomben meiner Nachbarn war. Ich tendierte zu Variante zwei.

Vor mir auf dem Tisch lagen ein altmodischer Wecker, silbergraues Gewebeklebeband, ein Schraubenzieher, ein paar Zündschnüre und Dynamitstangen. Es war unschwer zu erraten, was daraus entstehen sollte.

»Als Erstes bauen wir das klassische Modell«, informierte uns Romey. »Eine Zeitbombe aus einem Wecker.« Er schritt, die Hände auf dem Rücken, an dem langen Tisch auf und ab, während er uns Anweisungen gab, wie wir den Wecker richtig verkabelten, was bei der Handhabung mit dem Dynamit zu beachten war und wie und wo wir die Zündschnüre anbringen mussten. Es war ein Kinderspiel. Nur der Klansmann links von mir stellte sich ein wenig tollpatschig an und brauchte für alles doppelt so lange wie die anderen. Aber am Schluss hatte auch er es geschafft und bestaunte stolz sein Meisterwerk.

»Schön«, meinte Romey, nachdem er alle Zeitbomben kontrolliert hatte. »Dann wollen wir doch mal sehen, ob eure Bomben auch wirklich funktionieren.« Er warf einen Blick auf seine Armbanduhr. »Es ist fünf nach zwei. Wir stellen jetzt den Wecker so ein, dass die erste Bombe in genau zehn Minuten, also um Viertel nach zwei, zündet. Und danach eine Bombe jede Minute.« Er nannte jedem von uns eine bestimmte Uhrzeit, und wir stellten den Wecker dementsprechend ein. Meine Bombe sollte pünktlich um zwanzig Minuten nach zwei hochgehen.

»Gut, und jetzt nehmt eure Konstruktion und folgt mir«, sagte Romey. Vorsichtig hoben wir die hochexplosiven Teile vom Tisch. Ich muss zugeben, es war schon ein komisches Gefühl, eine tickende Zeitbombe in Händen zu halten, noch dazu eine scharfe, die in zwanzig Minuten tatsächlich explodieren würde, sofern ich sie richtig zusammengebaut hatte.

»Warte, Dick, ich trag dir deine«, bot sich mir ein Klansmann zuvorkommend an. Er war für die Bereitstellung des Materials zuständig und hatte daher keine eigene Bombe gebaut.

»Danke«, sagte ich überrascht und überreichte ihm den Wecker. Natürlich hätte ich den Wecker auch selbst tragen können, aber wenn mir schon jemand einen Dienst erweisen wollte wegen meiner Position als Großdrache, hatte ich nichts dagegen einzuwenden.

Ich folgte den anderen nach draußen. Etwa hundert Meter von der Scheune entfernt wurden alle Sprengkörper in einem bestimmten Abstand auf den Boden gestellt. Ich hatte meine Bombe genau im Visier, es war die sechste von rechts. Dann kehrten die Kursteilnehmer und mein persönlicher »Bombenträger« zur Scheune zurück, und wir warteten alle gespannt auf die erste Explosion. Pünktlich um Viertel nach zwei war es so weit. Ein lauter Knall. Ein grelles

Licht. Steine und Erde wirbelten durch die Luft. Und wir pfiffen und johlten begeistert wie Fußballfans, deren Mannschaft soeben ein Tor geschossen hatte.

»Yeah!«, rief Slikk, dem die erste Bombe gehört hatte, und zog die geballten Fäuste an seinen Körper. »*Meine* Bombe! Habt ihr das gesehen? Das war *meine* Bombe!«

Eine Minute später ging die nächste hoch. Wieder brüllten wir und klatschten uns gegenseitig ab. Dann explodierte die dritte Bombe. Dann die vierte. Dann meine! Was für ein herrlicher Anblick! Und dann ... nichts. Einundzwanzig Minuten nach zwei, und der Wecker meines Tischnachbarn machte keinen Mucks. Enttäuscht kratzte sich der Bursche am Kinn.

»Kann sein, dass ich die Drähte nicht richtig angeschlossen hab«, murmelte er verlegen. »Ich hab gedacht, der rote müsste ... oder war's doch der blaue?«

»So was kommt vor«, tröstete ihn Romey. »Vielleicht hast du bei der Rohrbombe mehr Glück.«

Nachdem auch die restlichen Sprengsätze erfolgreich explodiert waren, kehrten wir motiviert an unseren Arbeitsplatz zurück, um die nächste Bombe in Angriff zu nehmen. Diesmal handelte es sich um eine sogenannte Rohrbombe. Das Material lag wie beim ersten Mal griffbereit an unserem Platz: ein Stück Stahlrohr, zwei stählerne Kappen, Schmiermittel, Schießpulver, eine Zündschnur und ein Zeitzünder. Das Prinzip war simpel: Stahlrohr mit Schießpulver füllen, Zündschnur durch das bereits vorgebohrte Loch führen, Deckel draufschrauben, Zeitzünder anbringen. Fertig.

»Meine Herren, ich muss euch warnen«, begann unser Sprengstoffexperte, nachdem er uns die Vorgehensweise erklärt hatte. »Wenn sich Metall an Metall reibt, entstehen bekanntlich Funken. Ein Funke genügt, und das Ding fliegt euch um die Ohren. Also wenn ihr das Rohr mit dem Schießpulver gefüllt habt, schraubt bitte den Deckel äußerst behutsam oben drauf und benutzt genügend Schmiermittel. Alles klar?«

Das klang einleuchtend, und als ich zu dem Teil kam, bei dem ich die stählerne Kappe auf das Rohr schrauben sollte, schmierte ich das Gewinde extra dick ein. Zwischendurch warf ich immer mal wieder einen Blick zu meinem Tischnachbarn mit den zwei linken Händen. Er hatte ja schon bei der Weckerbombe versagt. Hoffentlich bewies er diesmal etwas mehr Geschick. Ich sah, wie er sich den Schweiß von der Stirn wischte, während er mehrere Anläufe nahm, den Deckel auf das Rohr zu schrauben. Aber irgendwie gelang es ihm nicht. Also nahm er das Rohr vom Tisch, stemmte es sich gegen den Bauch, um mehr Kraft zu haben, und begann die Kappe erneut aufzuschrauben.

Was für ein Dummkopf, dachte ich und wandte mich kopfschüttelnd wieder meiner eigenen Bombe zu. *Er soll die Bombe besser auf dem Tisch lassen, bevor ...*

Bumm!

Ich wirbelte herum und konnte nicht glauben, was ich da sah: Der Kerl lag auf dem Boden in seinem eigenen Blut, röchelnd. Seine gesamte Bauchhöhle war zerfetzt. Nicht zu fassen, er hatte sich tatsächlich selbst in die Luft gejagt! Unverzüglich ließen alle ihre Bomben liegen und kamen herbeigeeilt. Romey kniete sich neben dem Verletzten nieder und wies uns an, einen Schritt zurückzutreten. Der Klansmann am Boden rang verzweifelt nach Luft und spuckte Blut. Seine Arme zitterten. Er wollte etwas sagen, doch nichts als gurgelnde Laute kamen über seine Lippen. Sein Gesicht war schmerzverzerrt, seine Augen weit aufgerissen. Wir alle wussten, dass es mit ihm zu Ende ging. Ein letztes Mal bäumte sich sein Körper auf, dann entwich ein langer Atemzug seinen Lungen, sein Kopf glitt zur Seite, und er bewegte sich nicht mehr.

»Er ist tot«, stellte Romey emotionslos fest, legte die Hand auf das Gesicht des Toten und schloss seine Augen. »Ich hab euch gewarnt. Ich sagte, ihr sollt die Kappe gut einschmieren, damit keine Funken entstehen.« Er blickte vielsagend in die Runde. »Ich brauche drei Freiwillige, die mir helfen, die Schweinerei hier sauber zu machen. Ihr andern geht bitte nach draußen und wartet so lange.«

Murmelnd schlenderten wir davon. Slikk huschte zu mir rüber. »Krasse Sache, ey. Hast du gesehen, wie es passiert ist?«

»Ich hab nur die Explosion gehört, und dann lag er da auf dem

Boden«, sagte ich ungerührt. »Also echt. Wie kann man so bescheuert sein, das Einschmieren zu vergessen?« Eine halbe Stunde nach dem tödlichen Unfall holte uns Romey in die Scheune zurück. Das Blut war weggewischt. Die Leiche war fort. Was sie mit dem Toten gemacht hatten und wie und ob sie überhaupt seine Eltern verständigen würden, wusste ich nicht. Ich machte mir auch keine Gedanken darüber. Wenn man lange genug mit Gewalt konfrontiert wird, wird man irgendwann immun dagegen. Das ging uns allen so.

Außerdem hatte ich den Kerl nur flüchtig gekannt. Meiner Meinung nach war er selbst Schuld an seinem Tod. Romey hatte klare Anweisungen gegeben. Die hatte der Bursche missachtet. Und dann stemmte er sich das Teil auch noch gegen den Bauch! Hatte er etwa gedacht, das Ding wäre eine Attrappe?

Nun, ich jedenfalls war nicht so dumm. Meine Rohrbombe, die mein »Bombenträger« eine Viertelstunde später für mich aufs offene Feld hinaustrug, zündete einwandfrei. Tja, der gute Dick C. Haywood war eben ein Naturtalent. Und nach diesem Wochenende hatte sich mein technisches Wissen wieder einmal explosionsartig vergrößert. Jetzt wusste ich nicht nur, wie man Schlösser knackte, Telefone anzapfte, Funkstationen lahmlegte und Häuser verwanzte, ich hatte auch noch gelernt, wie man Molotowcocktails, Wecker-, Rohr-, Auto-, Briefbomben und alle anderen möglichen Sprengsätze herstellte.

Wer sich mit mir anlegen wollte, sollte sich besser warm anziehen.

23 Der Fluch

Das geheimste aller KKK-Treffen, das alljährliche Führertreffen, an dem nur Führer auf regionaler und nationaler Ebene zusammen mit ihren Bodyguards teilnehmen durften, stand vor der Tür. Als Großdrache von Indiana war ich natürlich auch eingeladen. Ich war sehr gespannt darauf. Sogar der Kaiserliche Kaiser (das war der Titel für einen ehemaligen Kaiserlichen Hexenmeister) würde anwesend sein, so verriet mir Jake auf der Hinfahrt. »Außerdem Bruder Carl. Mit dem musst du dich unbedingt unterhalten, Dick.«

»Wieso? Wer ist Bruder Carl?«

»Er ist Mitglied der *Ritter der Weißen Kamelie*.«

Davon hatte ich schon gehört. Es war ein mit dem Klan verlinkter Elitegeheimbund, der zur selben Zeit wie der Klan gegründet worden war und dessen Mitglieder alle aus der Oberschicht stammten. Sie trugen dieselben Kutten wie wir, und schräg über der Brust eine rote Schärpe mit einer weißen aufgestickten Kamelienblume.

»Bruder Carl ist ein sehr weiser und sehr alter Mann. Er kannte die Gründer des Ku-Klux-Klan persönlich«, sagte Jake.

»Wie bitte?! Das kann doch gar nicht sein. Der Klan wurde 1865 gegründet, das war vor 110 Jahren! Dann müsste dieser Carl ja über hundert Jahre alt sein!«

Jake schmunzelte. »Ist er auch. So ungefähr jedenfalls. Genau weiß das keiner, ich glaube nicht mal er selbst. Sein Vater war im ersten Klan, und er selbst ist dabei, seit er geboren wurde. Von Bruder Carl kannst du einiges lernen, Dick. Auch über den Fluch.«

Jetzt wurde ich neugierig. Ich hatte schon immer mehr über den Fluch erfahren wollen, aber bei meinem letzten Gespräch mit Don in der Garage hatte Jake ihn ja ziemlich wirsch abgeklemmt, als Don mir gerade etwas von meinem Vater erzählen wollte. Und seither hatte ich mich nicht mehr getraut, danach zu fragen.

»Ich bin sicher, Bruder Carl wird dir erstaunliche Dinge erzählen können«, fuhr Jake fort. »Dinge, die heute niemand mehr weiß. Also nutze deine Chance und frag ihn alles, was du wissen möchtest. Man begegnet schließlich nicht alle Tage einem Mann, der beim ursprünglichen Klan dabei war. Vermutlich ist er der Einzige, der noch am Leben ist aus der damaligen Zeit.«

Ich war fasziniert. Ein Klansmann, der die Gründer des Klans gekannt hatte. Wow. Eine solche Chance würde sich mir wahrscheinlich nie wieder bieten. Keine Frage, mit diesem Bruder Carl musste ich unbedingt reden.

Nach einer mehrstündigen Fahrt erreichten wir unser Ziel: ein kleines Motel mit angebautem Restaurant, irgendwo im Süden Indianas. Wo genau wir waren, wusste ich nicht. Die jährliche Zusammenkunft war so geheim, dass nur die Fahrer den Ort des Treffens kannten. Wir waren mit sechs Autos aus Kokomo und Umgebung angereist. Mit dabei waren Jake, Don, ich und zwölf Bodyguards. Wie üblich hatte der Klan das ganze Motel gemietet, um mehr Privatspähre zu haben. Unser Versammlungsraum war ein Bankettsaal, der das gesamte Untergeschoss des Restaurants einnahm.

Beim Check-in wurde jedem Führer ein Umschlag mit einer Reihe von Passwörtern und Handzeichen überreicht. Die mussten gleich bei der Ankunft auswendig gelernt und der Umschlag danach wieder zurückgegeben werden. Die Codes dienten dazu, die drei Sicherheitskontrollen vor dem Festsaal zu passieren. Wenn einer der Führer ein Passwort vergaß, musste er draußen bleiben und durfte nicht an dem Meeting teilnehmen. Gott sei Dank hatte ich keine Schwierigkeiten mit dem Auswendiglernen, und so kam ich problemlos in den Versammlungsraum.

Es waren an die fünfzig Klansmänner anwesend. Alle trugen ihre Gewänder und Kapuzen, ein paar hatten ihre Masken auf. Ich zählte ungefähr zwölf Großdrachen sowie verschiedene nationale und regionale Führer und jede Menge Sicherheitsleute. Jake war bereits ein paar Minuten vor mir hereingekommen und unterhielt sich mit einem seiner Großdrachen. Wieder einmal musste ich mir in Erinnerung rufen, dass Jake ja der Führer des gesamten Mittleren Westens war und mehrere Großdrachen unter sich hatte. Ich war der Einzige, der das Privileg hatte, fast täglich mit ihm in seinem Wohnzimmer zu sitzen. Die anderen bekamen ihn nur selten zu Gesicht. Jake beendete sein Gespräch und kam zu mir herüber.

»Hey, Dick«, sagte er. »Schau da hinten in der Ecke. Der alte Mann mit der Hornbrille. Das ist Bruder Carl. Jetzt wäre eine gute Gelegenheit, ihn anzusprechen, bevor das Meeting beginnt. Aber rede laut. Er hört nicht mehr so gut.«

»Mach ich. Danke, Jake«, sagte ich und bahnte mir einen Weg zu Bruder Carls Tisch. Er saß einfach nur da und lächelte mit glasigen Augen vor sich hin.

»Bruder Carl«, sprach ich ihn mit lauter Stimme an. »Ich bin Dick C. Haywood, Großdrache von ...«

»Indiana«, beendete er den Satz und sah mich durch seine dicke Brille an. Seine Augen schimmerten trüb, waren aber noch voller Leben. »Ich weiß, wer Ihr seid, junger Mann. Einen witzigen Namen habt Ihr euch da ausgesucht. Dick C. Ich musste so lachen, als ich davon hörte. Endlich mal ein Großdrache mit etwas Humor. Setzt Euch doch.«

»Danke, Sir.«

»Nichts da mit Sir«, meinte der alte Mann und machte eine flüchtige Handbewegung. »Nennt mich Bruder Carl. Ihr und ich, wir haben viel gemeinsam, so habe ich gehört. Wir sind so etwas wie Seelenverwandte.«

Ich setzte mich ihm gegenüber an den Tisch. »Wie meint Ihr das, Sir ... ich meine, Bruder Carl?«

Bruder Carl beugte sich ein wenig vor. Seine grauen Augen begannen zu leuchten. »Der Fluch«, sagte er geheimnisvoll. »Man hat mir gesagt, er wäre auch auf Euch, so wie er auf mir ist. Deswegen wollt Ihr mich doch sprechen, hab ich recht?«

»Äh, ja«, nickte ich. »Der Großtitan des Mittleren Westens hat mir gesagt, Ihr könntet mir dabei helfen, den Fluch besser zu verstehen.«

Bruder Carl lächelte. »Jake ist ein guter Mann, nicht wahr? Er ist sehr stolz auf Euch, müsst Ihr wissen. Ihr seid für ihn der Sohn, den er nie gehabt hat. Er spricht immer nur in den höchsten Tönen von Euch. Es ist schön zu sehen, wie fähige junge Leute wie Ihr sich in die Familie einbringen. Wisst Ihr, mein Dad erzählte mir, dass jedes

Einzelne von den Gründungsmitgliedern mich als Baby gehalten hat. Das war nach Ende des Bürgerkriegs. Natürlich erinnere ich mich nicht mehr daran. Aber ich erinnere mich noch daran, wie mein Daddy mich als kleiner Junge zu den Klanmeetings mitgenommen hat. So hab ich die Männer kennengelernt, die den Klan gegründet haben. Feine, ehrenhafte Männer waren das.«

Er wackelte mit dem Kopf und schwelgte in Erinnerungen. Ich nutzte die kurze Pause, um das Gespräch zurück auf mein eigentliches Anliegen zu lenken. »Ihr habt gesagt, der Fluch wäre auch auf Euch. Was genau bedeutet das? Was ist dieser Fluch?«

»Der Fluch«, wiederholte Bruder Carl und nickte bedächtig. »Er liegt auf mir, seit ich geboren wurde. So wie er auf diesem Land liegt, seit es geboren wurde. Es ist der Fluch des Rassismus, der Fluch, ein Rassist zu sein.«

Ich runzelte die Stirn. »Das versteh ich nicht. Im Buch Genesis steht doch, dass die Nigger dazu verdammt sind, der Welt als Sklaven zu dienen. Die Überlegenheit der weißen Rasse ist also von Gott gegeben. Warum bezeichnen wir es dann als einen Fluch? Wäre das Wort Segen oder Geschenk nicht passender?«

Der alte Mann lächelte. »Lasst es mich erklären. Der Fluch kam im 16. Jahrhundert nach Amerika, und zwar durch die ersten europäischen Siedler. Sie waren es, die unser Land auf dem Prinzip der weißen Vorherrschaft aufbauten, auf dem Rücken von afrikanischen Sklaven. Die Haltung von Sklaven wurde damals in immer mehr europäischen Ländern verboten. Bei uns hier im freien Amerika gab es keine solchen Gesetze. Also wanderten viele Europäer in unser Land aus und schifften sich billige Arbeitskräfte aus Afrika herüber, die ihnen zu neuem Reichtum verhalfen. Doch mit der Einfuhr von Sklaven, die ja unter dem Fluch Kanaans standen, brachten die europäischen Siedler eben diesen Fluch über unser Land. Der Fluch der Sklaverei und das Prinzip der weißen Vorherrschaft reichten sich die Hand, und das, was daraus entstand, ist ›der Fluch.‹«

»Hmm«, murmelte ich und versuchte, seinen Ausführungen zu folgen. »Aber wenn das alles stimmt, was Ihr da sagt: Wie kam der Fluch dann zu uns? Ich meine, das alles liegt vier Jahrhunderte zurück!«

»Das stimmt. Aber ein Fluch ist ein Fluch«, sagte Bruder Carl mit weise erhobenem Zeigefinger. »Der Fluch der Sünde kam zum Beispiel vor zweitausend Jahren in diese Welt und besteht bis heute, richtig? Ähnlich ist es mit diesem Fluch. Die Regierung kann den Niggern alle Rechte geben, die sie wollen, es wird nichts daran ändern, dass Amerika auf dem Prinzip der weißen Vorherrschaft errichtet wurde. Es ist die Basis, auf der unser Land entstanden ist. Und der Fluch liegt nicht nur auf dem Land. Er zieht sich wie ein roter Faden durch ganze Familienchroniken hindurch. Und jetzt kommt's: Wer auch immer den Fluch innerhalb seiner Familie bis zum Ursprung zurückverfolgt, landet unweigerlich bei genau *dem* europäischen Vorfahren, der als Erster nach Amerika eingewandert ist. Ich wette, bei Euch ist es genauso. Welcher Eurer Vorfahren war der erste, der dem Klan beitrat?«

»Das war mein Urgroßvater«, sagte ich.

»Und war er gleichzeitig auch der Erste Eurer Familie, der nach Amerika kam?«

»Ja«, stellte ich verblüfft fest. »Ja, er war tatsächlich der Erste! Er kam aus England!«

»Ich wusste es!«, rief Bruder Carl triumphierend und seine Augen leuchteten. »Ich wusste es! Und seht Ihr: Obwohl es zu dem Zeitpunkt keine Sklaven mehr gab, war Euer Urgroßvater trotzdem von dem Prinzip der weißen Vorherrschaft überzeugt, und damit legte sich der Fluch auf Eurem Familienstammbaum nieder. Und hier seid Ihr nun, vier Generationen später, Großdrache von Indiana. Euer Urgroßvater wäre wahrhaftig stolz auf Euch!«

»Wow«, murmelte ich. Das waren ja ungeheure Zusammenhänge! *Es gibt den Fluch also wirklich! Don hat recht gehabt. Deswegen hab ich mich schon als kleiner Junge zum Klan hingezogen gefühlt, als wäre es meine Familie. Deswegen wirkt der Klan wie ein Magnet auf mich. Der Fluch ist kein Mythos! Er ist Realität! Er liegt auf mir, seit ich geboren wurde! Ich habs bloß nicht gewusst!*

Das klopfende Geräusch eines Hammers auf Holz riss mich aus meiner Gedankenwelt. Hinter dem Podium stand ein Mann in weißem Gewand und verkündete mit erhabener Stimme: »Seine Majestät, der Kaiserliche Kaiser, und Seine Majestät, der Kaiserliche Hexenmeister des Klans! Erhebt euch und salutiert!«

Bill Chaney, in einer brandneuen violetten Satinrobe mit violetter Kapuze und goldenem Umhang, schritt auf das Podium zu. Ihm folgte ein älterer Herr, den ich zum ersten Mal sah, der Kaiserliche Kaiser Robert E. Scoggin aus South Carolina. Er trug einen braunen Anzug und Krawatte. Alle Anwesenden erhoben sich und streckten den rechten Arm in ihre Richtung aus. Dann applaudierten wir. Als wir uns wieder setzten und die Stühle zurechtrückten, ergriff ich die Gelegenheit, Bruder Carl eine letzte Frage zu stellen, bevor das Meeting begann.

»Bruder Carl. Dieser Fluch – ich meine, nicht, dass ich das jemals wollte – aber aus reiner Neugier: Kann er gebrochen werden?«

Der alte Mann schüttelte den Kopf. »Nichts kann den Fluch brechen. Ich bin seit über hundert Jahren auf der Welt und habs nie erlebt, dass er gebrochen wurde. Es ist Magie, junger Mann. Es ist in Eurem Blut, und eines Tages werdet Ihr es an Eure Kinder weitervererben. Das ist der Fluch. Das ist Euer Schicksal, Dick C. Haywood. Es gibt kein Entrinnen.«

Der Kaiserliche Hexenmeister begann mit seiner Begrüßungsansprache. Aber ich war mit den Gedanken immer noch bei dem, was Bruder Carl mir eröffnet hatte. Es war faszinierend, aber irgendwie auch ein wenig gespenstisch. Ich fragte mich, ob mein Vater je dasselbe Drängen in sich verspürt hatte wie ich. Damals in der Garage hatte Don mir etwas über ihn erzählen wollen, aber Jake hatte ihn daran gehindert. Vielleicht war es an der Zeit, ihn dafür zur Rede zu stellen. Ich musste wissen, was zwischen dem Klan und meinem Vater gelaufen war. Unbedingt.

Am Nachmittag in der Kaffeepause suchte ich Jake auf, nahm all meinen Mut zusammen und fragte ihn kurzerhand: »Jake, es gibt da etwas, was mir keine Ruhe lässt. Mein Vater. Hatte er jemals etwas mit dem Klan zu tun?«

Jake schlürfte an einer Tasse Kaffee. »Dein Vater hatte nichts mit dem Klan zu schaffen«, sagte er. »Genau wie dein Großvater. Zwei verlorene Generationen. Du bist der Erste seit deinem Urgroßvater ...«

»Das weiß ich«, schnitt ich ihm ungeduldig das Wort ab. »Aber du verschweigst mir etwas. Sag mir die Wahrheit: Ist da irgendetwas gelaufen zwischen dem Klan und meinem Vater?«

»Na schön.« Jake stellte die Kaffeetasse auf den Untersatz in seiner rechten Hand. »Eine Geschichte erzähl ich dir. Du erinnerst dich doch an die Aufstände in Kokomo und an diese Liste von allen Geschäften im Süden Kokomos, die die Nigger planten zu bombardieren. Das Autohaus deines Vaters stand auch auf der Liste.«

»Ja, ich erinnere mich. Ich war damals elf Jahre alt. Mein Vater und meine Brüder haben nächtelang bei den Scheunen Wache gehalten, falls die Nigger angreifen sollten. Wären wir nicht gewarnt worden, hätten sie die Scheunen in Brand gesteckt, da bin ich mir sicher.«

»Ganz genau. Und was denkst du, wer deinem Vater gesagt hat, dass sein Geschäft auf der Liste stand?«

»Das FBI.«

»Und was denkst du, wer dem FBI die Liste zugespielt hat?«

»Keine Ahnung. Wer?«

»Wir«, sagte Jake. »Der Klan.«

Ich war doch ziemlich überrascht. »Der Klan? Der Klan war das? Aber ... seit wann hilft der Klan dem FBI?«

»Das war das einzige Mal, dass wir so etwas getan haben. Wir hatten uns ein paar Nigger vorgeknöpft, um ihnen eine Lektion zu erteilen. Dabei fanden wir die Liste und haben sie dem FBI gegeben. Allerdings glaubten wir nicht daran, dass das FBI irgendjemanden beschützen würde. Also gingen wir zu deinem Vater und boten ihm unseren Schutz an. Aber er hat abgelehnt.«

»Davon hab ich gar nichts mitgekriegt«, murmelte ich stirnrunzelnd.

»Natürlich nicht«, sagte Jake. »Es gibt vieles, was du nicht weißt. Wir haben schon immer über eurer Familie gewacht. Und wir werden es immer tun. Schon allein um deines Urgroßvaters willen.«

»Was ist mit meinen Brüdern? Sind sie jemals mit dem Klan in Kontakt gekommen?«

»Steven haben wir mal vor dem Supermarkt angesprochen und ihm eine Karte des Ku-Klux-Klan gegeben. Aber er ist nicht darauf angesprungen.«

Ich dafür umso mehr!, dachte ich. Ich hatte ja keine Ahnung gehabt, dass die Begegnung mit Stevie vor dem Supermarkt kein Zufall, sondern pure Absicht gewesen war! Es erstaunte mich sowieso immer wieder, wie wenig ich eigentlich wusste.

»Und David?«

Jake nahm einen Schluck Kaffee und schüttelte den Kopf. »An David haben wir uns gar nicht erst rangemacht. Er hatte andere Interessen.«

»Was ist mit meinem Großvater?«

»Hör auf zu graben, Dick. Ich hab dir schon genug erzählt«, sagte Jake und warf einen Blick auf seine Armbanduhr. »Wir sollten uns setzen. Das Meeting geht gleich weiter.«

Ich kannte Jake gut genug, um zu wissen, dass es keinen Sinn hatte, ihn noch weiter zu bestürmen. Wenn er sagte, das Thema sei beendet, dann war es beendet. Aber ich konnte mich nicht beklagen. Immerhin hatte ich ein paar wirklich erstaunliche Dinge über meine Familie in Erfahrung gebracht.

Es folgte ein sehr langatmiger Teil, in dem es vor allem um die neue Organisation ging und wie sie funktionieren würde. Die Diskussion plätscherte dahin, und ich musste mir Mühe geben, dabei nicht einzunicken. Doch dann geschah etwas, was mich völlig durcheinanderbrachte. Der Kaiserliche Hexenmeister trat hinters Podium und kam zu einer Art Preisverleihung. Es ging darum, verschiedene Personen im Raum für ihre treuen Dienste mit einem individuell angefertigten Ring zu ehren. Chaney holte einen der Ringe hervor und erklärte: »Auf jedem dieser Ringe ist auf der einen Hälfte das Symbol des Klans eingraviert und wie viele Jahre die Person im Klan gedient hat, und auf der anderen Hälfte findet sich das Symbol unserer Schwesterorganisation, der Freimaurer, und wie viele Jahre die Person bei den Freimaurern gedient hat.«

Ich glaubte nicht richtig gehört zu haben. »Freimaurer?«, flüsterte ich und beugte mich verwirrt zu Jake hinüber, der neben mir saß.

»Wovon, bitteschön, spricht er da? Was haben wir mit den Freimaurern zu schaffen?«

»Es ist unsere Schwesterorganisation«, erklärte mir Jake mit gedämpfter Stimme, um die Versammlung nicht zu stören. »Die Familie nutzt die Freimaurerloge, um die Führer enger aneinanderzubinden. Sie sind gleich durch zwei Treueschwüre aneinandergebunden: durch den des Klans und den der Freimaurer. Dadurch sind sie doppelt verpflichtet, einander gegenseitig zu schützen und unsere Geheimnisse zu bewahren. Jeder Klanführer ist Mitglied bei den Freimaurern. Du wirst eines Tages auch beitreten müssen.«

»Ich will aber kein Freimaurer sein!«, protestierte ich im Flüsterton. »Was soll ich da?«

»Sei still«, wies mich Jake zurecht. »Wir reden später darüber. Du *wirst* beitreten.«

Ich war gar nicht begeistert von diesem Gedanken. Ich? Ein Freimaurer? Niemals! Während des restlichen Wochenendes achtete ich ganz besonders auf die Hände der Klanführer und ob sie einen Ring mit dem Freimaurerzirkel am Finger trugen. Zu meiner Bestürzung musste ich feststellen, dass dem tatsächlich so war. Mit ein paar wenigen Ausnahmen trug fast jeder einen solchen Ring. Das passte mir überhaupt nicht. Der KKK war eine sinnvolle Organisation. Aber die Freimaurer? Das waren doch nichts anderes als ein Haufen alter Geschäftsmänner mit seltsamen Ritualen und dubiosen Weltansichten. Was bitte schön sollte ich dort?

Klar, wenn es keinen Weg darum herum gab, würde ich wohl oder übel beitreten. Aber ich beschloss, es so lange hinauszuzögern, wie ich nur konnte.

Am Sonntagnachmittag war das Führertreffen zu Ende und wir fuhren alle in unsere Heimatstaaten zurück. Es war ein sehr spannendes Wochenende gewesen, und ich war voller Entschlossenheit, Indiana in den mächtigsten und am schnellsten wachsenden KKK-Staat des Nordens zu verwandeln. Es ging mir dabei weniger um den Klan als um meine eigene Popularität. Ich hatte an diesem Treffen Blut gerochen, und mich dürstete nach Macht. Mehr Macht. Mehr Ruhm. Mehr Untergebene, die alle nach meiner Pfeife tanzten. Und der Tag würde kommen, dessen war ich mir sicher, an dem ich in die Schuhe von Bill Chaney treten und die gesamte Nation anführen würde. Mein Urgroßvater hatte den Fluch über unsere Familie gebracht, und ich würde fortführen, was er begonnen hatte. Das war meine Bestimmung. Eines Tages würde ich Kaiserlicher Hexenmeister werden und vielleicht sogar als Befreier der weißen Rasse in die Geschichte eingehen. Eines Tages wäre ich so weit, eines Tages in nicht allzu weiter Ferne.

24 Der Anschlag

Zwei Jahre lang herrschte ich über Indiana mit eiserner Faust. Niemand wagte es, mich anzutasten. Niemand wagte es, sich meinen Befehlen zu widersetzen. Niemand wagte es, meine Entscheidungen zu hinterfragen. Ich bekam alles, was ich wollte. Ich bekam jeden, den ich wollte. Ich hatte meine engen Freunde und Berater, auf die ich hörte. Alle anderen waren mir im Prinzip egal und dienten nur dazu, meine Macht zu vergrößern.

Ich hatte immer zwei Brieftaschen mit zwei Identitäten dabei. Wenn ich in eine Polizeikontrolle kam, griff ich entweder nach meiner linken hinteren Hosentasche und wies mich als Dick C. Haywood, 24 Jahre alt, aus, oder ich klaubte die Brieftasche aus der rechten hinteren Hosentasche und war ich selbst, Richard C. Harris, 20 Jahre alt. Ich und meine Leute wurden ständig vom FBI überwacht. Ein bestimmter FBI-Beamter war besonders hartnäckig und folgte uns fast überallhin. Irgendwann wurde es mir zu bunt und wir drehten den Spieß um. Während der Mann *uns* folgte, begannen wir auch *ihm* zu folgen. Wir durchleuchteten seine Familie und sein gesamtes Umfeld. Und eines Tages, auf einer einsamen Landstraße, zwangen wir ihn anzuhalten und drohten ihm, seiner Familie etwas anzutun, wenn er nicht aufhörte, uns zu überwachen. Danach ließ uns der Agent in Ruhe, und wir sahen ihn nie wieder.

Überhaupt waren wir Meister darin, Leute (auch Klansmänner, die einen Fehler gemacht hatten) verschwinden zu lassen. Ob einige von ihnen umgebracht worden waren? Möglich. So genau weiß ich das nicht, denn als Führer wurde ich absichtlich nicht in Details eingeweiht, um meine reine Weste zu wahren. Alles, was ich zu hören bekam, wenn jemand das Problem beseitigt hatte, war, dass die Zielperson uns keine Schwierigkeiten mehr machen würde. In den meisten Fällen war es allerdings so, dass wir die Leute einfach derart einschüchterten, bis sie von selbst ihre Koffer packten und nie mehr zurückkamen.

Einmal nahmen wir uns aus purer Langeweile ein paar Prediger zur Brust. Wir ließen sie regelrecht ins Messer laufen. An einem gewöhnlichen Donnerstag warfen wir bei zwei Dutzend Kirchen unterschiedlichster Denominationen Klanwerbematerial in den Briefkasten. Am Sonntag besuchte jeder von uns einen Gottesdienst, jeder in einer der entsprechenden Kirchen. Wenn der Pastor den Klan mit keinem Wort erwähnte oder nur eine kurze Bemerkung dazu machte, ließen wir ihn in Ruhe. Wenn er aber aufgrund unserer Literatur seine ganze Predigt umstellte und über den Klan zu wettern begann, dann, ja dann hatte sich der gute Pastor ins eigene Fleisch geschnitten. Wir begannen ihn und seine Familie so lange zu terrorisieren, bis er mit seiner Psyche völlig am Ende war und mit Frau und Kindern aus Kokomo wegzog.

Ja, wir hatten eine Menge Spaß. Doch im Frühjahr 1978 wurde aus Spaß plötzlich bitterer Ernst. Mein Imperium, das ich mir in den vergangenen zwei Jahren aufgebaut hatte, begann mit einem Mal zu bröckeln. Gefährlich zu bröckeln ...

Es geschah an einem Freitagabend im April. Josh, Dennis, ein Klansmann namens Phil und ich waren bei mir zu Hause und spielten eine Runde Billard. Ich hatte Phil einen Monat zuvor die Freundin ausgespannt. Na ja, nur halb ausgespannt. Phil und Mary hatten eh ständig Zoff, und nachdem sie zum vierten Mal innerhalb von zwei Monaten Schluss gemacht hatten, tröstete ich Mary eben ein wenig, und sie wurde dann meine Freundin (Nummer fünf zu diesem Zeitpunkt ... glaub ich). Phil und ich redeten offen darüber, er sagte, es wäre okay, und er hatte auch bald darauf eine Neue. Dass er Mary aber eigentlich immer noch liebte, verschwieg er mir.

Wir waren also gemütlich im Wohnzimmer am Billardspielen. Mein Vater und Barbara (sie hatten in der Zwischenzeit geheiratet) waren auf einer Geschäftsreise in Cincinnati, und so hatten wir die Villa für uns alleine. Gegen ein Uhr morgens sagte ich Josh und Dennis, ich würde ihren Schutz für heute nicht länger benötigen und sie könnten nach Hause gehen, was sie denn auch taten. Phil wollte noch etwas bleiben. Wir spielten eine weitere Runde Billard und danach ein Runde Darts. Phil verlor allerdings rasch das Interesse und ließ mich alleine weiterspielen, während er sich aufs Sofa setzte und begann, seinen .38er-Revolver zu reinigen.

Gerade als ich mich reckte, um einen Pfeil aus der Dartscheibe zu ziehen, hörte ich einen Schuss. Im selben Moment fuhr ein stechender Schmerz in meinen linken Oberarm, so, als hätte ihn jemand mit einem Vorschlaghammer zerschmettert. Ich schaute an mir runter und sah, wie Blut von meinem Arm tropfte. Ich hatte kein Ahnung, wie schlimm es war, aber eines wusste ich: Phil hatte auf mich geschossen. Der Schuss hatte sich nicht aus Versehen aus seinem Revolver gelöst. Es war pure Absicht gewesen, und wenn ich jetzt nicht handelte, war ich ein toter Mann.

Blitzschnell griff ich nach meiner Waffe und wirbelte herum. Ich versuchte, Phil zu erschießen, aber meine rechte Hand zitterte so stark, dass ich nicht richtig zielen konnte und zu lange brauchte, um abzudrücken. Meinen linken Arm konnte ich auch nicht zu Hilfe nehmen. Er tat einfach nur höllisch weh und hing schlaff herunter, während der gesamte Hemdsärmel sich rot färbte und Blut von meinem Ellbogen und der Ärmelspitze tropfte. Phil nutzte die Gelegenheit zur Flucht. Er eilte nach draußen und hechtete in seinen Wagen, den er in der Einfahrt geparkt hatte. Ich stolperte ihm fluchend hinterher. Die Reifen qualmten, als Phil Gas gab. Er fuhr die Straße runter, riss das Lenkrad herum und brauste in überhöhtem Tempo davon. Ich rannte ihm wutschnaubend hinterher und feuerte mehrere Schüsse auf das Auto ab, bis die Heckscheibe zersplitterte. Phil fuhr einen Schlenker, dann bog er quietschend in eine Seitenstraße und war weg. Ich blieb mitten auf der Straße stehen, keuchend und voller Zorn.

»Du bist erledigt!«, schrie ich ihm nach, obwohl er mich längst nicht mehr hören konnte. »Du miese Ratte! Lass dich hier nie wieder blicken, hörst du?!«

Ich tastete nach meinem Arm, zuckte aber gleichzeitig zusammen vor Schmerzen. Mir wurde schwindlig.

»Du bist so was von tot, Phil!«, knirschte ich und folgte meiner eigenen Blutspur zurück ins Haus. Ich schlurfte zum Telefon und wählte Dennis' Nummer. Meine Nerven flatterten. Ich konnte den Hörer kaum in der Hand halten. Alles in mir bebte, auch meine Stimme.

»Dennis, ich bin angeschossen worden.« Das war alles, was ich sagte. Dann legte ich auf. Ich wusste, Dennis würde Hilfe holen. Unterdessen musste ich irgendwie versuchen, die Blutung zu stoppen. Ich holte ein Geschirrtuch aus der Küche und presste es auf die Wunde. Ich wagte es nicht, mir die Verletzung genauer anzusehen. Mir war auch so schon speiübel. Um nicht ohnmächtig zu werden, legte ich mich einfach mitten im Wohnzimmer auf den Boden. Meine Magnum hielt ich entsichert in der rechten Hand, nur für den Fall, dass dieser Verrückte zurückkam. Zwischendurch presste ich das Geschirrtuch gegen den linken Oberarm, obwohl es nicht viel brachte. Ich blutete wie ein Schwein, und das Tuch war innerhalb weniger Minuten vollgesogen.

Ich schloss die Augen, um mich ein wenig zu entspannen, was mir jedoch nicht gelang. Meine Gedanken rotierten. Immer wieder musste ich daran denken, dass soeben ein Mordanschlag auf mich verübt worden war und das von einem Klansmann, den ich für einen Freund gehalten hatte. Dass Phil mich hatte töten wollen, stand für mich außer Frage. Er hatte die Waffe nur gereinigt, um es wie ein Unfall aussehen zu lassen. Dann hätte er dem Klan und der Polizei gegenüber behaupten können, er hätte nicht gewusst, dass der Revolver geladen war und es wäre selbstverständlich niemals seine Absicht gewesen, auf mich zu schießen. Und ich Idiot hatte meine beiden Bodyguards nach Hause geschickt, weil ich mich in Sicherheit wähnte. Von wegen Sicherheit! Wie konnte ich nur so blind sein? Ich hätte doch merken müssen, dass etwas im Busch war. Aber wer rechnete schon mit so etwas!?

Es kam mir wie eine Ewigkeit vor, bis ich endlich hörte, wie die Haustür aufging. Dann aufgeregte Stimmen und eilige Schritte. Jemand beugte sich über mich und streckte mir den Zeigefinger ins Gesicht. Es war Jake.

»Ich hab dir gesagt, du sollst aufhören, mit den Mädchen anderer Männer rumzumachen! Hab ich es dir nicht gesagt?«

»Jake!«, rief ich erleichtert. »Du bist hier!«

Ich konnte nicht fassen, dass er tatsächlich persönlich vorbeigekommen war, um nach mir zu sehen. Das war sonst nicht seine Art. Jake besuchte keine Leute. Während meiner ganzen vier Jahre beim Klan war er kein einziges Mal bei mir zu Hause gewesen. Aber jetzt war er hier, mitten in meinem Wohnzimmer, der große Jake Monroe, der Großtitan des Mittleren Westens, und trotz seiner kurzen Moralpredigt sah ich ihm an, dass er aufrichtig besorgt war.

»Danke, dass du gekommen bist«, sagte ich. »Ich weiß, du hast mich gewarnt. Ich weiß, ich hätte auf dich hören sollen. Es tut mir Leid, Jake.«

Jake ging nicht auf meine Entschuldigung ein und wandte sich an meine Bodyguards Slikk und Dennis. »Jungs, nehmt ihm das Hemd ab. Mal sehn, wie schlimm es ist. Dick, habt ihr so was wie einen Verbandskasten im Haus?«

»Ja, im Bad im ersten Stock«, gab ich ihm Auskunft.

»James!«, rief Jake. Ich sah aus dem Augenwinkel, wie Don und James das Wohnzimmer betraten.

»Ja, Boss?«

»Bring mir Tücher, damit wir die Wunde sauber machen können.«

»Ja, Boss.«

»Don! Geh ins Bad im ersten Stock und schau nach Verbandsmaterial und Desinfektionsmittel.«

»Geht klar, Boss«, nickte Don und verschwand aus meinem Blickfeld.

Slikk und Dennis knieten neben mir nieder und halfen mir, das blutige Hemd auszuziehen. Ich hätte am liebsten losgeschrien, so sehr schmerzte die Wunde. Aber ich biss die Zähne zusammen. Ich war der Großdrache von Indiana. Ich konnte es mir nicht leisten, wehleidig zu sein. Ich traute mich noch immer nicht, die Wunde anzusehen. Von meinem Ellenbogen bis zu meiner Hand hatte ich fast kein Gefühl mehr. Das machte mir Angst. James kam mit ein paar Handtüchern zurück, und Jake wischte damit das Blut von meinem Arm. Es war so viel Blut, dass ich mich fragte, ob ich überhaupt noch welches in meinem Körper hatte.

»Mal sehen, ob wir einen Arzt brauchen«, murmelte Jake. »Vielleicht können wir es ja auch selbst erledigen.«

»Was erledigen?«, fragte ich erschrocken. Panik erfasste mich. *Die haben doch nicht etwa vor, mir den Arm zu amputieren?!*

»Na die Kugel rausholen«, klärte mich James auf.

»Ihr wollt sie *selbst* rausholen?« Mich schauerte bei der Vorstellung. Das erinnerte mich an Kriegsfilmszenen, bei denen der Held sich irgendwo im Dschungel die Kugel aus seinem eigenen Körper fischt, mit bloßen Händen und ohne Betäubung. Und das war es, was sie mit *mir* vorhatten?!

»Wieso denn nicht?«, meinte James. »Haben wir schon oft gemacht. Keine große Sache. Die ist schwupps raus, du wirst sehen. Na, Boss, wie tief steckt sie drin?«

»Gar nicht«, sagte Jake, nachdem er sich die Wunde angesehen hatte. »Da ist keine Kugel im Arm. Es war offenbar nur ein Streifschuss.«

»Ein *Streifschuss*?« James lachte. »Du hast uns wegen eines *Streifschusses* hergerufen, Dick? Soll das ein Witz sein?«

»Heißt das, es wird wieder gut?«, fragte ich hoffnungsvoll.

Jake nickte. »Du hast Glück gehabt, Dick. Entweder, Phil ist ein lausiger Schütze, oder du hast dich genau im richtigen Moment weggedreht. Ich glaube, das muss nicht mal genäht werden. Wir müssen nur die Blutung stoppen. Ein Druckverband dürfte reichen.«

Mir fiel ein Stein vom Herzen. Ein tonnenschwerer, gewaltiger Felsbrocken von der Größe eines Hochhauses. Keine Kugel im Arm. Keine Dschungeloperation ohne Narkose. Keine Amputation. Gott sei Dank! Slikk und Dennis halfen mir auf und setzten mich auf einen Stuhl. Mir war schwindlig von dem vielen Blut, das ich verloren hatte. Don holte mir eine Cola aus dem Kühlschrank. Erst jetzt sah ich, dass auch Ben, Josh, Tyson und Ethan da waren. Die ganze Gang hatte sich in meinem Haus versammelt. Das hatte es wahrlich noch nie gegeben. Ich war echt froh, dass mein Vater und Barbara in Cincinnati waren und nicht plötzlich hereinplatzten und das ganze Blut und die vielen Klansmänner sahen. Ich wäre mächtig in Erklärungsnot geraten.

»Was geschieht mit Phil?«, fragte ich, während Jake den Verband anlegte.

»Brauchst du nicht zu wissen«, lautete Jakes unbestimmte Antwort. »Und du brauchst auch nicht mehr danach zu fragen. Wir kümmern uns darum. Alles klar?«

Ich wusste, was Jake damit meinte, und hakte nicht weiter nach. Im Grunde war es mir egal, was sie mit Phil anstellten. Hauptsache, er kam mir nicht mehr in die Quere. Und das würde er nicht, wenn der Klan sich »um ihn kümmerte«.

James stand beim Fenster und schob den Vorhang etwas zur Seite.

»Hey, Dickie«, sagte er. »Da draußen stehen jede Menge Klansmänner und all deine Freundinnen, vergangene, gegenwärtige und zukünftige. Die haben wohl über den CB-Funk mitgekriegt, was passiert ist, und wollen wissen, wie's dir geht.«

Oder ob ich tot bin, schoss es mir spontan durch den Kopf. Mir wurde speiübel bei diesem Gedanken. Ich hatte mich nie zuvor mit solchen Überlegungen auseinandergesetzt. Dabei wusste ich sehr wohl, wie sehr die unteren Klansmänner danach geiferten, dass einer der oberen abdankte – freiwillig oder nicht – und dadurch eine Lücke in der Klanhierarchie entstand, die mit einem der unteren Amtsanwärter aufgefüllt werden musste. Von wegen Blutsbrüder. Ich konnte mir ihre Gesichter regelrecht vorstellen, wie sie da draußen vor meinem Haus standen und wie Geier darauf lauerten, dass ihnen jemand eine Leiche präsentierte – *meine* Leiche.

Mich fröstelte. Ich erinnerte mich zurück an mein zweites jährliches Führertreffen, das erst kürzlich stattgefunden hatte. Ich erinnerte mich daran, wie ich mich in dem Bankettsaal voller Großdrachen, regionaler und nationaler Klanführer umgeschaut hatte und mir mit einem Mal bewusst geworden war, dass ich bei aller Bruderschaft im Grunde keinem Einzigen in dem Raum (mit Ausnahme von Jake und Don) über den Weg traute. Ich saß am Tisch mit einigen der härtesten, brutalsten und durchtriebensten Männern des gesamten Landes. Wir hatten zwar alle denselben Schwur geleistet und waren durch einen Blutpakt auf Lebzeiten aneinandergebunden. Aber diese Männer, die mir lächelnd die Hand schüttelten und auf die

Schulter klopften und meine feurige Rede an jenem Nachmittag mit stehenden Ovationen würdigten, waren alles andere als meine Brüder. Jeder von ihnen, dessen war ich mir sicher, hätte ohne mit der Wimper zu zucken jeden anderen Klanführer im Raum kaltblütig umgebracht, sofern es ihm dazu gedient hätte, innerhalb der Klanhierarchie eine Sprosse höher zu steigen.

Sie alle gierten nach mehr Macht und mehr Prestige und einem Amt, das ihnen noch mehr Einfluss verlieh, als sie bereits besaßen. Und wenn es nicht danach aussah, als würde ein solches Amt in absehbarer Zeit frei (indem die amtierende Person zurücktrat, befördert wurde oder verstarb), konnte es schon mal vorkommen, dass ein wenig nachgeholfen wurde, um den Prozess zu beschleunigen. Ich wusste, dass so etwas gang und gäbe war im Klan. Und ich fragte mich ernsthaft, ob Mary wohl der einzige Grund gewesen war, warum Phil auf mich geschossen hatte. Es war ein abscheulicher Gedanke, doch je länger ich darüber nachdachte, desto wahrscheinlicher erschien es mir. Klar wusste Phil, dass er durch meinen Tod nicht gleich zum Großdrachen ernannt werden würde. Aber irgendjemand würde nach oben rücken und damit vielleicht ein anderes Amt für ihn freimachen. Mein Gott, ich hätte mir nie träumen lassen, dass ich eines Tages von meinen eigenen Leuten ins Visier genommen würde.

Gibt es vielleicht noch andere, die meinen Tod wünschen?, durchfuhr es mich plötzlich. *Die machthungrig genug sind, um dafür zu töten?*

Vielleicht standen sie genau in diesem Augenblick draußen vor meiner Tür. Vielleicht befanden sie sich sogar hier drinnen, in meinem Haus! Nein! Kaum gedacht, zwang ich mich, den Gedanken gleich wieder zu verwerfen. Das hier waren meine Freunde, meine Brüder, meine Familie. Sie würden mir nie und nimmer in den Rücken fallen. Keiner von ihnen. Niemals! An so etwas durfte ich nicht einmal *denken*.

Phil sah ich übrigens nach diesem Abend nie wieder. Es hieß, er hätte mitten in der Nacht seine Koffer gepackt und wäre nach Tennessee gezogen. Mir war's recht. Ein Mann weniger, der mir nach dem Leben trachtete. Doch es sollte nicht der letzte sein.

25 Enttarnung

Die Schusswunde verheilte ganz gut. Das Leben ging weiter, sowohl an der Uni wie im Klan, und schon bald hatte ich den Anschlag vergessen. Aber dann, gerade mal zwei Monate später, holte mich die Realität wieder mit voller Wucht ein: Mir kam zu Ohren, dass Tyson vorhatte, mich umzubringen. Als mein persönlicher Bodyguard war das nicht weiter schwierig für ihn. Alles, was er tun musste, war, *nichts* zu tun, wenn ich das nächste Mal in Gefahr geriet und seinen Schutz benötigte. Ich hatte Todesangst. Ständig blickte ich über meine Schulter, ich konnte nicht mehr klar denken und war völlig mit den Nerven fertig. Nächtelang lag ich wach in meinem Bett, meine Magnum schussbereit in der Hand, und weinte wie ein kleines Kind. Was hatte ich nur aus meinem Leben gemacht? Die Bilanz meines Lebens war einfach nur erbärmlich: zwanzig Jahre jung, ständig überwacht vom FBI und der Polizei, und den eigenen Leibwächter im Nacken, der mich töten lassen wollte. Wie sollte das noch enden?

Eines Nachts, als ich vor lauter Angst wieder nicht einschlafen konnte, kam mir plötzlich die perfekte Idee, das Problem zu lösen: *Ich brauche ein höheres Amt mit mehr Schutz! Das ist alles! Warum bin ich da nicht früher draufgekommen? Gleich morgen rufe ich Chaney an und bitte ihn um eine Position auf staatlicher Ebene. Dann krieg ich mehr und bessere Bodyguards, tausche Tyson gegen jemanden aus, der mir gegenüber loyal ist, und die Sache ist geritzt.*

Ich wischte mir die Tränen aus dem Gesicht und spürte, wie meine Lebensgeister zu mir zurückkehrten. Ja, das war die Lösung! Chaney würde mir meine Bitte nicht abschlagen können. Immerhin hatte ich zwei Jahre lang einen hervorragenden Job als Großdrache von Indiana geleistet. Ich hatte die Organisation vergrößert und viel neues und vor allem junges Blut dazugewonnen. Ich hatte dem Klan eine Zukunft gegeben. Jetzt war es an der Zeit, dass der Klan sich für meine gute Arbeit bei mir revanchierte. Ich konnte es kaum erwarten, mit dem Kaiserlichen Hexenmeister zu reden. Ich legte meinen Revolver in die Nachttischschublade, drehte mich auf die andere Seite, schloss die Augen, und zum ersten Mal seit Langem fiel ich in einen tiefen und ruhigen Schlaf.

Am nächsten Morgen wachte ich voller Tatendrang auf und sprang gut gelaunt aus dem Bett. Es war Freitag, der 20. August 1976. Ich duschte, zog mich an, ging in die Küche und verwöhnte mich selbst mit einem amerikanischen Frühstück mit Rührei, Speck, Pfannkuchen und einem heißen und starken Kaffee.

»Heute wird ein guter Tag!«, sagte ich zu mir selbst. »Ich spür es bis in den kleinsten Zeh! Dick C. Haywood, heute startest du so richtig durch!«

Nachdem ich ausgiebig gefrühstückt und mir die Zähne geputzt hatte, rief ich Bill Chaney an. Er war allerdings nicht da. Ich versuchte es den ganzen Tag, bis ich ihn endlich abends um neun Uhr erreichte. Chaney war sehr erfreut, von mir zu hören. Ich kam gleich zur Sache und sagte ihm, dass ich für eine größere Herausforderung bereit wäre und mir vorstellen könnte, ein nationales Amt zu übernehmen. Chaney am anderen Drahtende schien zu lächeln. Ich wusste, er mochte Leute mit Ambitionen, Leute wie mich, die klare Ziele vor Augen hatten.

»Nun, Dick«, sagte er. »Ich wünschte, ich könnte dir mehr anbieten. Das einzige nationale Amt, das in nächster Zeit offen wird, ist das des nationalen Kludds, des Priesters. Aber du bist nun mal kein Priester.«

»Dann werd ich eben einer!«, platzte es wie aus der Kanone geschossen aus mir heraus. »Was muss ich dafür tun? Egal, was es ist, ich tu's! Ich meine, wenn es darum geht, öffentliche Reden zu schwingen, darin hab ich ja schon Erfahrung.«

»Erfahrung? Du bist einer der Besten, die ich je in der Familie gehört habe, und ich bin schon einige Jahre dabei, Junge.« Er machte eine Pause und dachte nach.

Ich kaute nervös auf meiner Unterlippe herum. *Sag Ja!*, bat ich ihn innerlich. *Bitte sag Ja! Sag einfach Ja!*

»Wie wäre es damit«, schlug der Kaiserliche Hexenmeister wohlwollend vor. »Du beginnst, die Bibel zu lesen, schreibst dir ein paar gut klingende Zitate heraus und flichst sie in deine Reden ein. Und ich werde zu gegebener Zeit alles Nötige veranlassen. Einverstanden?«

»Zu gegebener Zeit?«, wiederholte ich und konnte meine Ungeduld kaum noch verbergen. »Wie bald wäre das denn?«

»Wie bald möchtest du denn anfangen?«

»Na ja, ich dachte so in einer Woche«, antwortete ich unverblümt.

»In einer Woche?!«, rief Chaney. »Junger Mann, zaubern kann ich nun auch wieder nicht. Im Moment *haben* wir noch einen nationalen Kludd. Ich weiß nicht, ob eine Woche reicht, um die entsprechenden Vorbereitungen zu treffen, wenn du verstehst, was ich meine. Auch wenn ich schon seit Längerem darüber nachdenke, das Amt einem anderen zu geben, möchte ich die Dinge nicht überstürzen. So etwas will gut durchdacht sein.«

»Sir, je schneller Ihr es einfädeln könnt, desto besser«, sagte ich. »Ich würde das Priesteramt wirklich liebend gerne übernehmen, Sir.«

Ich hätte natürlich auch jeden anderen Job auf nationaler Ebene angenommen. Es ging mir ja nicht um den Posten, sondern um den Schutz, den der Posten mit sich brachte. Aber das Amt des Geistlichen war durchaus reizvoll. Die Kludds gehörten zu den am meisten respektierten Klanführern überhaupt. Schließlich waren wir die wahren Christen und nahmen die Bibel sehr ernst. Vor jedem unserer Meetings las unser Klanprediger einen Abschnitt aus der Bibel vor, gab eine kurze Interpretation dazu und schloss mit einem Gebet, um Gott um seinen Segen für die anstehenden Geschäfte zu bitten. Das würde ich mit links hinkriegen. Ich war ein begnadeter Rhetoriker.

»Ich werde sehen, was ich tun kann«, versprach mir Chaney. »Es war gut, mit dir zu plaudern, Dick. Du wirst bald von mir hören. Und richte Jake meine Grüße aus.«

»Mach ich, Sir, danke. Ich werde mein Bestes geben als neuer Geistlicher. Das verspreche ich. Vielen Dank für diese Chance, Sir. Ich weiß das wirklich zu schätzen.«

Ich legte den Hörer auf und schlug triumphierend mit der Faust in die Luft. *Yes!* Ich hatte den Job! Ich würde der neue nationale Kludd und all meine Probleme waren gelöst. Alles, was ich dafür tun musste, war, ein paar Sprüche aus der Bibel zu zitieren. Nichts leichter als das. Ich beschloss, mich unverzüglich an die Arbeit zu machen, um Chaney gleich bei meiner nächsten öffentlichen Rede mächtig zu beeindrucken.

Ich ging in mein Zimmer und hielt nach einer Bibel Ausschau. Die erste, die ich fand, war eine King-James-Bibel, die einst meiner Großmutter gehört hatte. Doch die Sätze klangen derart altmodisch, dass ich das verstaubte Teil gleich wieder ins Regal zurückstellte. Dann fand ich eine Revised Standard Bible. Die war zwar nicht in altem Englisch geschrieben, aber trotzdem extrem langweilig und platt. Ich pustete die Luft aus den Wangen. Hatte ich denn keine andere Bibel mehr? Eine etwas modernere Version, die man als normalsterblicher Mensch lesen *und* verstehen konnte?

Aber natürlich, fiel es mir wieder ein. *Da muss noch eine sein! Die von der presbyterianischen Kirche, die dieser komische Kauz letztes Jahr vorbeigebracht hat.*

In der presbyterianischen Kirche zwei Straßen weiter war es Tradition, den jungen Leuten, die den Highschool-Abschluss geschafft hatten, eine Bibel zu schenken. Ich ging zwar seit dem Tod meiner Mutter nicht mehr zur Kirche, aber offenbar war ich immer noch als Mitglied gelistet. Und vor einem Jahr klingelte überraschend ein Sonntagsschullehrer an der Tür und überreichte mir eine Bibel mit meinem Namen drin. Sie hätten etwas aufgeräumt und wären dabei auf diese signierte Bibel gestoßen, die seit einem Jahr im Schrank stünde, weil ich sie nie abgeholt hätte. (Als ob ich davon gewusst hätte.) Und da nun mal mein Name drinstünde und sie die Bibel deswegen schlecht einem anderen Highschool-Absolventen schenken könnten und ich außerdem gleich um die Ecke wohnte, hätten sie gedacht, sie könnten sie ja kurz vorbeibringen. Der Mann überreichte mir die Bibel, wünschte mir sehr förmlich Gottes Segen für mein Leben, und fort war er. Der Blitzbesuch hatte keine Minute gedauert, aber dafür hatte ich jetzt eine Bibel mehr für meine Staubsammlung.

Wo hab ich sie bloß hingetan?, überlegte ich. Ich fand sie schließlich in einem der Schiebefächer auf dem Regal über meinem Bett. Es war eine Living-Bible. Sie hatte keinen Ledereinband und sah aus wie ein gewöhnliches Taschenbuch, hatte sogar ein paar Fotos drin.

Die Sprache war flüssig, und die Texte lasen sich wie Zeitungsberichte. Ja, damit konnte ich was anfangen. Aber wo sollte ich beginnen? Ich hatte noch nie in der Bibel gelesen. Es gab offenbar ein Altes und ein Neues Testament, was auch immer das bedeutete. Ich entschied mich für das Neue Testament und schlug spontan das Johannesevangelium auf. Dann legte ich meine Waffe zur Seite, machte es mir mit Schreibblock und ein paar Keksen auf meinem Bett bequem und begann zu lesen.

Volltreffer!, dachte ich nach den ersten paar Zeilen. *Das ist die Geschichte von Jesus. Ich schreib mir ein paar Zitate von Jesus auf. Das macht sich bestimmt prima in einer Rede.*

Die ersten drei Kapitel las ich ziemlich zügig durch. Dann kam ich zu Kapitel vier mit der Überschrift: »Die samaritanische Frau am Brunnen«.

Die Geschichte kenn ich doch! Das ist eine der Lieblingsgeschichten des Klans!

Ich hatte die Geschichte noch nie selbst gelesen. Aber sie war schon oft bei unseren Klantreffen zitiert worden. Es ging um diese samaritanische Frau, die Jesus beim Wasserschöpfen an einem Brunnen begegnete. Samariter waren Mischlinge, halb jüdisch, halb heidnisch. Wir vom Klan nannten sie Rassenmischer. Jesus bat also die Frau, ihm etwas zu trinken zu geben, und sie war darüber total schockiert, weil Juden nicht mit Samaritern verkehrten. An diesem Punkt der Geschichte schloss der Klanprediger jeweils die Bibel und sagte: »Nun, wenn selbst die Juden schon schlau genug waren, sich nicht mit Rassenmischern einzulassen, wie viel mehr wir! Auch wir verkehren nicht mit Rassenmischern!«

Die Kernaussage der Geschichte lautete also, dass Rassenmischer schlecht waren und wir nichts mit ihnen zu tun haben sollten. So wurde es im Klan gepredigt, und es wäre mir nie in den Sinn gekommen, dies zu hinterfragen. Umso verblüffter war ich, als ich beim Lesen feststellte, dass die Geschichte nach dieser Aussage der Frau noch gar nicht zu Ende war. Nach diesem Vers ging es erst richtig los! Jesus begann sich mit der Frau zu unterhalten, *obwohl* sie eine Rassenmischerin war. Er akzeptierte sie. Eine *Rassenmischerin*! Die

Frau ging sogar zurück in ihr Dorf und holte alle Bewohner zum Brunnen, damit sie sich anhörten, was Jesus zu sagen hatte. Und er wies diese Rassenmischer nicht etwa zurück, sondern blieb auf ihr Drängen hin noch zwei volle Tage in ihrem Dorf. In einem Dorf voller Rassenmischer! Ich glaubte nicht, was ich da las. Die Kernaussage der Geschichte war genau das Gegenteil von dem, was der Klan lehrte: Jesus verdammte keine Rassenmischer, sondern *nahm sie an*! Mir wurde ganz heiß und in mein Erstaunen mischte sich immer mehr Empörung.

Der Klan hat mich belogen! Das, was sie behaupten, steht so gar nicht in der Bibel! Sie haben die Geschichte total verdreht! Wie können sie so was tun?

Dass der Klan Zeitungsartikel und Fakten über Neger verfälschte, war eine Sache. Aber hier ging es um die Bibel! Um das Wort Gottes! Hier ging es um das christliche Fundament, auf dem der Ku-Klux-Klan gegründet worden war! Ich war kein Heiliger, und zur Kirche ging ich auch nicht. Aber wenn es etwas gab, was ich nie und nimmer infrage gestellt hätte, dann die Autorität der Bibel.

Gespannt blätterte ich weiter. Ich musste herausfinden, ob es noch mehr Stellen gab, die der Klan anders interpretierte, als sie dastanden. Und ich wurde fündig. Je mehr ich über Jesus las, desto mehr fiel es mir wie Schuppen von den Augen. Von wegen die Ritter des Ku-Klux-Klan wären die wahren Christen! Sie repräsentierten das pure Gegenteil von dem, was Jesus gesagt und getan hatte. Die Aussagen der Bibel waren so glasklar, dass jedes Kind sie verstehen konnte: Jesus war kein Rassist, sondern ein Menschenfreund! Er hasste die Menschen nicht, er *liebte* sie, egal, ob sie schwarz, weiß, Juden, Samariter, Römer oder Rassenmischer waren! Er liebte sie so sehr, dass er sich sogar aus Liebe zu ihnen ans Kreuz nageln ließ!

Ich las und las. Ich konnte gar nicht mehr aufhören zu lesen. Die Stunden vergingen. Die Kekse waren längst aufgegessen, der Schreibblock für meine schlauen Zitate immer noch leer. Ich saß im Schneidersitz auf meinem Bett und verschlang das gesamte Johannesevangelium in einem Zug. Als ich am Ende las, wie Jesus nach seiner Auferstehung Petrus am See von Tiberias dreimal fragte, ob er ihn liebte, und ihm danach sagte, er solle ihm nachfolgen, standen mir längst die Tränen in den Augen. Ich klappte die Bibel zu, und mit einem Mal wusste ich, was ich zu tun hatte: Ich musste aus dem Klan aussteigen! Nie zuvor war mir dieser Gedanke gekommen. Bei allen brenzligen Situationen, selbst, als ich um mein Leben fürchten musste, hatte ich nie, auch nicht ein einziges Mal in Erwägung gezogen, den Ku-Klux-Klan zu verlassen. Aber nachdem ich die ganze Nacht in der Bibel gelesen hatte, sah ich plötzlich alles in einem völlig anderen Licht, den Klan – und auch mich selbst. Es war, als hätte mir jemand die Augen geöffnet. Und der Drang, dieser verlogenen und zerstörerischen Welt des Ku-Klux-Klan zu entrinnen und mein Leben zu ändern, war so stark, dass ich innerlich zu glühen begann. Mit einem Knoten von der Größe eines Tennisballes im Hals faltete ich die Hände und stammelte ein Gebet: »Gott, ich hab so viel Scheiße gebaut. Es tut mir so leid. Es tut mir alles so furchtbar leid. Ich weiß nicht, ob du mir verzeihen kannst. Ich weiß nicht, ob du mit einem Kerl wie mir irgendetwas anfangen kannst oder nicht. Aber wenn es irgendeine Möglichkeit gibt, wie du mich da lebend rausholen kannst, dann verspreche ich dir, ich *verspreche* dir, ich werde herausfinden, was es bedeutet, ein wahrer Christ zu sein. Und dann will ich einer sein. Ich werde dir nachfolgen! Ich tu, was auch immer du von mir verlangst, aber bitte, *bitte* hilf mir aus diesem Schlamassel raus! Bitte!«

Ich kann nicht behaupten, dass ich nach diesem Gebet irgendwelche überschwänglichen Glücksgefühle empfand. Aber eines hatte ich: den eisernen Willen, aus dem Klan auszusteigen. Und zwar sofort.

Am nächsten Morgen in aller Frühe rief ich den Kaiserlichen Hexenmeister an. Chaney war sehr überrascht, von mir zu hören. Es war gerade einmal elf Stunden her, seit wir miteinander gesprochen hatten. Ich redete nicht lange um den heißen Brei herum: »Sir«, sagte ich mit fester Stimme, »ich steige aus dem Klan aus. Ich wollte nur, dass Ihr das wisst.«

»Aber sicher!«, sagte Chaney lachend. »Ebenfalls einen schönen guten Morgen, Dick. Was verschafft mir zu so früher Stunde die Ehre?«

»Ich meine es ernst«, wiederholte ich. »Ich steige aus. Ich habe gestern Nacht die Bibel gelesen, so wie Ihr es von mir verlangt habt. Ich bin draußen.«

Chaney klang irritiert und ein wenig gereizt. »Was meinst du damit, du hast die Bibel gelesen und jetzt bist du draußen? Du weißt genau, dass der Klan voll und ganz hinter dem steht, was die Bibel lehrt!«

»Eben nicht. Die Aussagen der Bibel widersprechen den Lehren des Klans, und zwar gewaltig. Ich habe die ganze Nacht in der Bibel gelesen und eine Menge begriffen. Und was da steht, hat *nichts* mit dem zu tun, was der Klan vertritt. Dieses ganze Gerede von wegen wir wären die wahren Christen ist ein einziger Schwindel! Jesus sagt, wir sollen unseren Nächsten *lieben*. Aber wir lehren, wir sollen unseren Nächsten hassen. Wie kann das biblisch sein? Ich werde da nicht länger mitmachen. Ich steig aus!«

»Jetzt beruhig dich erst mal«, beschwichtigte mich Chaney. »Du weißt nur nicht, wie man die Bibel richtig interpretiert. Wenn du willst, sende ich dir einen Klanpriester vorbei. Er kann die Stellen mit dir durchgehen, die du nicht verstehst.«

»Ich brauche keinen Priester, Sir!«, lehnte ich sein Angebot entschieden ab. »Ich kann lesen, und ich bin nicht dumm. Ich weiß, was ich heute Nacht gelesen habe. Und ich sage Euch, ich kann nicht mehr länger hinter dem stehen, was der Klan predigt. Ich bin raus aus dem Klan.«

Am anderen Drahtende war es für ein paar Sekunden still. Chaney schien zu überlegen. »Du willst also wirklich aussteigen, ja?«

»Ich bin bereits ausgestiegen, Sir. Ich will nichts mehr mit der Familie zu tun haben.«

»Aus dem Klan steigt man nicht einfach so aus, mein Junge«, redete mir Chaney mit anschwellender Stimme ins Gewissen. »Mal abgesehen davon, dass du Großdrache von Indiana bist: Du hast einen Treueschwur geleistet, erinnerst du dich? Du hast dich der Familie zu lebenslanger Mitgliedschaft verpflichtet!«

»Na und?«, erwiderte ich trotzig. »Dann bin ich eben lebenslang ein Mitglied des Klans. Aber ich werde an keinem Meeting mehr teilnehmen und an keiner Kundgebung. Ich werde auch keine Reden mehr halten. Ich werde überhaupt nichts mehr für den Klan tun. Ihr und alle anderen habt mich belogen, und ich werde mich auf die Suche nach dem wahren Christentum machen. Das ist mein Entschluss, und davon weiche ich nicht zurück!«

Ich schmetterte den Hörer auf die Gabel, bereute meine wahnwitzige Aktion aber im nächsten Augenblick. Mir wurde schlecht. Ich hatte soeben den Kaiserlichen Hexenmeister, den höchsten Mann des KKK, in der Leitung hängen lassen! War ich noch bei Trost?

Es dauerte denn auch keine zehn Minuten, bis das Telefon klingelte. Jake war am Apparat. Ich konnte mich nicht erinnern, dass Jake mich jemals angerufen hatte. Er rief nur Leute an, die über ihm standen. Leuten wie mir ließ er Nachrichten überbringen.

Er war außer sich vor Wut. Der Telefonhörer in meiner Hand vibrierte, als Jake mich zurechtwies: »Sag mal, hast du den *Verstand* verloren? Du knallst in einem Gespräch mit dem Kaiserlichen Hexenmeister einfach den *Hörer* auf? Was glaubst du eigentlich, wer du bist? Und was soll dieser Schwachsinn von wegen, du würdest aus dem Klan aussteigen? Du bist fertig mit dem Klan, wenn *ich* sage, dass du fertig mit dem Klan bist! Hast du mich verstanden?!« Seine Stimme dröhnte vor Entrüstung. »*Ich* hab dich erfunden! *Ich* hab dir die Position gegeben, in der du stehst! Du gehörst *mir*, Junge! Dass du mir das nie vergisst!«

»Jake«, sagte ich und versuchte, ruhig zu bleiben. »Der Klan ist nicht das, was er vorgibt zu sein. Ich habe letzte Nacht die Bibel gelesen und ...«

»Chaney hat es mir erzählt«, fiel mir Jake zerknirscht ins Wort. »Verflucht noch mal, was ist nur in dich gefahren? Fehlt nur noch, dass du zu den Cops oder den Jungs vom FBI läufst, um sie mit Insidermaterial zu füttern.«

Jetzt war ich es, der verärgert war. »Das ist alles, worum du dir Sorgen machst? Dass ich mit dem FBI rede? Ich hasse die Polizei! Ich hasse das FBI! Du weißt, wie sehr ich sie hasse. Ich hatte in den vergangenen Jahren nichts als Scherereien mit ihnen. Warum sollte ich denen irgendetwas von uns preisgeben?«

»Dann bin ich ja beruhigt«, meinte Jake etwas gefasster. »Wenigstens in einem Bereich scheint dein Gehirn noch intakt zu sein. Aber was dieses religiöse Zeug angeht, Dick: Wenn du dich mit einem unserer Geistlichen darüber unterhalten möchtest, brauchst du es nur zu sagen.«

»Nein danke. Ich weiß, was ich gelesen habe. Ich werde aussteigen, Jake. Du kannst mich nicht davon abbringen. Ich bin in einer halben Stunde bei dir, dann können wir reden.«

»Gute Idee, lass uns reden«, meinte Jake versöhnlich. »Vielleicht hattest du einfach zu viel Stress in letzter Zeit und brauchst eine Pause von all deinen Verpflichtungen und öffentlichen Auftritten. Nimm dir Zeit, und wenn du so weit bist, kommst du rüber und wir beide unterhalten uns in aller Ruhe.«

Und das war es, was ich tat: Ich setzte mich in mein Auto und fuhr zu Jake. Das war es, was ich in den vergangenen vier Jahren schon immer getan hatte. Wenn es mir langweilig war, wenn ich einen Rat brauchte, wenn ich traurig oder wütend war, wenn ich in Schwierigkeiten steckte, wenn ich eine gute Prüfung geschrieben hatte, egal, in was für einer Lage oder was für einer Stimmung ich gerade war: Ich fuhr rüber zu Jake. Sein Zuhause war mein Zuhause. Seine Familie war meine Familie. Jake hatte mich unter seine Fittiche genommen. Er war mir wie ein Vater gewesen. Er hatte mir immer das Gefühl gegeben, stolz auf mich zu sein, als wäre ich sein eigen Fleisch und Blut.

Auf einmal fühlte ich eine unendliche Leere in mir.

Wie kann ich Jake das nur antun? Wie soll ich ihm gegenübertreten nach allem, was er für mich getan hat, und ihm sagen, es wäre vorbei? Wie kann ich ihm und allem, woran ich in den vergangenen vier Jahren geglaubt habe, einfach so den Rücken kehren?

Ich wusste, dass ich es tun musste. Dennoch fühlte ich mich als Verräter. Mir graute vor der Konfrontation und ich wünschte mir, ich hätte es bereits hinter mich gebracht. Nie hatte ich für die Strecke zu Jakes Haus so lange gebraucht. Nie war mein Herz schwerer gewesen. Es kam mir vor, als würde ich zu meiner eigenen Beerdigung fahren. Dies war mein letzter Besuch bei Jake, denn nach dem heutigen Tag würde ich nicht mehr bei ihm willkommen sein, so viel stand fest.

Ich erreichte Jakes Haus kurz vor zehn Uhr morgens. Mehrere Autos standen in der Einfahrt, auch die von Don und James. Den Vorwürfen der beiden musste ich mich wohl oder übel auch stellen. Das würde keine leichte Aufgabe sein. Ich trat ein, meine Füße waren schwer wie Blei. Jake, Don und James saßen wie immer im Wohnzimmer und sahen gleichzeitig auf. Eine Mischung aus Ratlosigkeit und Verdrossenheit lag in ihren Gesichtern. Die Luft war zum Schneiden. Don, den normalerweise nichts so schnell aus der Fassung brachte, sprang von der Couch und schritt in blinder Wut auf mich zu. Er griff nach seiner halbautomatischen Pistole, lud sie durch, packte mich am Arm und presste mir den kalten Lauf an die Gurgel. Nie zuvor hatte ich den Hünen so aufbrausend erlebt.

»Was zum Teufel soll das werden, Junge?!«, brüllte er mich an, sein Gesicht dicht vor meinem. »Du wirst die Familie nicht verlassen! Ich will verflucht sein, wenn ein Großdrache den Klan verlässt!«

»Ich schätze, dann wirst du wohl verflucht sein«, antwortete ich beherzt, obwohl ich mir schier in die Hosen machte vor Angst. »Du kannst mir drohen, so viel du willst, ich werde trotzdem aussteigen.«

Ich schielte auf den Pistolenlauf an meinem Adamsapfel und fürchtete, Don könnte jeden Moment abdrücken. Gott sei Dank kam es nicht dazu.

»Nimm die Waffe runter und setz dich!«, befahl ihm Jake streng. »Wir wollen Dick nicht erschießen, sondern mit ihm reden.«

Aber Don weigerte sich. »Ich werde es nicht zulassen, dass uns jemand derart in den Rücken fällt!«, rief er mit bebenden Wangen, worauf Jake ihn mit eisiger Miene anblickte und in scharfem Ton anwies: »Du nimmst jetzt sofort die Waffe aus dem Gesicht des Großdrachen oder ich jag dir höchstpersönlich eine Kugel in die Stirn! Egal, ob du ein nationaler Führer bist oder nicht! Haben wir uns verstanden?!«

Erst jetzt kriegte sich Don wieder einigermaßen ein, senkte die

Waffe und schlurfte grummelnd zurück zum Sofa. Immer noch mit etwas weichen Knien nahm ich Jake gegenüber Platz und knetete nervös meine Finger. Sie waren eisig kalt. Jake musterte mich einen Moment, ohne ein Wort zu sagen. Ich wagte es kaum, ihm in die Augen zu schauen.

»Also, Richard«, sagte Jake nach einer langen Pause. »Was ist los? Wo liegt das Problem?«

»Das Problem ist, dass ich gestern Nacht die Bibel gelesen habe«, sagte ich, so selbstsicher es mir in der angespannten Atmosphäre möglich war. »Ich hab herausgefunden, dass viele Dinge, die der Klan lehrt, falsch sind und völlig anders in der Bibel stehen.«

»Du wirst ja wohl nicht das ganze Ding in einer Nacht durchgelesen haben«, meinte Don und kniff argwöhnisch die Augen zusammen. »Mit wem hast du geredet? Mit einem Pastor?«

»Ich hab mit keinem geredet. Aber ich hab das ganze Johannesevangelium durchgelesen, und dabei ist mir vieles aufgegangen.«

»Was denn zum Beispiel?«, fragte James.

»Zum Beispiel die Geschichte von der samaritanischen Frau am Brunnen: Habt ihr gewusst, dass die Moral von der Geschichte überhaupt nicht die ist, die unsere Kludds uns weismachen wollen, sondern genau das Gegenteil?«

»Du hast doch 'nen Knall«, murrte Don feindselig. »Ein Prediger studiert Jahre, um das Teil zu verstehen. Und du willst den Durchblick in einer einzigen Nacht erlangt haben?«

»Lies die Geschichte doch selbst«, forderte ich ihn auf. »Da steht nichts davon, dass Jesus die samaritanische Frau hasst, weil sie eine Rassenmischerin ist. Mit keinem Wort steht das da geschrieben.«

»Was willst du damit sagen?«, fauchte James. »Bist du jetzt etwa ein Niggerlover oder was?«

»Das hab ich nicht behauptet«, verteidigte ich mich, kratzte all meinen Mut zusammen und fuhr mit geschwellter Brust fort: »Aber eines behaupte ich: Der Jesus, über den ich gestern Nacht gelesen habe, machte keinerlei Unterschied zwischen den Menschen verschiedener Rassen, seien es Rassenmischer, Juden, Weiße – oder sogar Nigger!«

Grabesstille legte sich über den Raum. Es war, als hätte ich mit meiner kühnen Behauptung Gott persönlich zum Duell herausgefordert, als wäre durch meine blasphemische Aussage die gesamte Menschheit dem Untergang geweiht worden. Don und James blickten hinüber zu Jake, Jake blickte hinüber zu Don und James, dann zu mir, dann wieder zu Don und James. Keiner wusste, was er auf meine Aussage erwidern sollte.

Sekunden des Schweigens verstrichen, die sich anfühlten wie eine halbe Ewigkeit. Dann endlich ergriff Jake das Wort: »Für derartiges Reden oder Denken ist kein Platz im Klan«, sagte er schroff. »Richard, du bist ein kluger junger Mann. Vielleicht solltest du die Dinge noch einmal gut überdenken. Aber was auch immer du tust, unternimm nichts, was du später bereuen könntest.«

»Oder du bereust es mit einer Kugel im Kopf«, knirschte Don, ein unmissverständliches Glühen in den Augen.

»Ich denke, du solltest gehen«, sagte Jake kühl, ohne Dons Drohung zu entschärfen. »Don, James und ich haben eine Menge zu besprechen.«

Ich nickte, stand auf und ging an den dreien vorbei zur Tür. Jake war bereits tief in Gedanken versunken. Bittere Enttäuschung lag auf seinem Gesicht. Es war ihm anzumerken, dass ihm der Verlust seines Schützlings mehr zu schaffen machte, als er es je zugegeben hätte. Er hatte mich gefördert, geformt, positioniert. Er hatte alles in mich investiert – und jetzt war er dabei, alles zu verlieren. Es kam mir vor, als wäre Jake innerhalb von Minuten um Jahre gealtert. Es schmerzte, ihn so gebrochen zu sehen. Auch wenn er mit aller Kraft dagegen ankämpfte, so merkte ich doch, dass er den Tränen nahe war. Ich wollte ihn nicht verletzen, aber ich konnte auch nicht verleugnen, was ich in der vergangenen Nacht erkannt hatte. Ich *musste* den Klan verlassen. Es gab keine Alternative.

Als ich an den Wachen auf der Veranda vorbeiging und mich von Jakes Haus entfernte, schaute ich noch einmal zurück. Mir wurde auf einmal ganz melancholisch zumute. Dieses Haus war vier Jahre lang mein Zuhause gewesen, meine Zuflucht, der Ort, an dem ich meine ganzen Teenagerjahre verbracht hatte. Und jetzt war alles vorbei. Ich spürte, wie mein Hals eng wurde. Ich wusste zwar, dass ich die richtige Entscheidung getroffen hatte, aber es kam mir trotzdem vor, als wäre ein Teil von mir gestorben. Bei aller Meinungsverschiedenheit: Die Leute in diesem Haus waren meine Freunde gewesen. Und ich konnte nur hoffen, ja beten, dass mein Ausstieg sie nicht zu meinen ärgsten Feinden machte. Denn dann hatte ich ein echtes Problem, das wusste ich nur allzu gut.

Mein Blick fiel hinüber auf Lisas Zimmer. Ich sah, wie der Vorhang sich leicht bewegte und wie sich jemand dahinter zu verstecken versuchte. Ich wusste, es war Lisa.

Lisa ...

Ein tiefer Schmerz ging durch meine Brust. Ich hatte sie geopfert, als ich dem Klan beigetreten war. Und jetzt, wo ich aus dem Klan austrat, verlor ich sie ein zweites Mal. Ich hatte sie geliebt. All die Jahre lang hatte ich heimlich gehofft, eines Tages ihr fester Freund zu sein. Und dennoch war nie etwas daraus geworden, erst wegen meiner und jetzt wegen ihrer Verbindung zu Jake. Er war ihr Vater, und nach allem, was geschehen war, würde er höchstpersönlich dafür sorgen, dass sie sich von mir fernhielt.

Ich blickte zu ihr hoch. Sie schob den Vorhang ein wenig zur Seite und blickte zu mir herunter. Sie stand einfach nur da. Sie weinte nicht, sie lächelte nicht. Sie sah mich einfach nur an, und in diesem einen Moment wusste ich, dass dies ein Abschied für immer war. Ich musste sie loslassen. So sehr ich sie auch mochte, so sehr es auch schmerzte: Ich musste sie loslassen, um mit der Vergangenheit abzuschließen und frei zu sein für das neue Leben, das vor mir lag.

»Leb wohl, Lisa«, murmelte ich. Und auch wenn ich ihre Stimme nicht hören konnte, sah ich doch, wie sich ihre Lippen bewegten und sie mir leise zuflüsterte:

»Leb wohl, Richard.«

26 Ausstieg eines Großdrachen

Ich hielt es für das Beste, gleich auch mit meinen Bodyguards reinen Tisch zu machen, und beschloss, als Erstes im »Perkins« vorbeizuschauen und mit Slikk zu reden. Es war Samstag, und er hatte Dienst. Ich fuhr hin, setzte mich in eine Nische am Fenster und bestellte einen Burger mit Pommes und Cola.

»Slikk, wir müssen reden«, sagte ich, als er meine Bestellung aufnahm.

»Lass mich raten: Du hast dich mit zwei Mädchen gleichzeitig am selben Ort verabredet und brauchst meine Hilfe, um den Dritten Weltkrieg zu verhindern.« Er zwinkerte mir spitzbübisch zu. »Gib mir ein paar Minuten. Ich bin gleich bei dir.«

Er rauschte davon, bediente ein paar Gäste, dann kam er mit meinem Essen zurück, stellte es auf den Tisch und rutschte mir gegenüber in das rote Abteil.

»So, mein Freund. Ich bin ganz Ohr.«

»Slikk«, sagte ich und sah ihn ernst an. »Ich steig aus. Jake und der Kaiserliche Hexenmeister wissen schon Bescheid. Ich werde nicht länger beim Klan mitmachen. Weder als Großdrache noch sonst wie.«

Slikk starrte mich entgeistert an. »Das ist nicht dein Ernst, oder?«

»Mein voller Ernst. Ich hab gestern Nacht in der Bibel gelesen und herausgefunden, dass die Lehren des Klans nicht das Geringste mit dem christlichen Glauben zu tun haben. Ich kann nicht länger hinter dem stehen, was der Klan vertritt. Ich bin durch mit dem Thema.«

Slikk saß da wie ausgestopft. Er atmete nicht, er blinzelte nicht mal mit den Augen und war so perplex, dass er vergaß, den Mund wieder zu schließen. Ich nutzte sein Schweigen, um ihm alles zu erzählen, angefangen mit meiner Idee, eine höhere Position im Klan einzunehmen, um besser geschützt zu sein, über Chaneys Angebot, mich zum Priester zu machen, dann meine nächtliche Lektüre des Johannesevangeliums, meine erstaunlichen Erkenntnisse bis zu meinem Gespräch mit Jake vor einer halben Stunde.

»Ich weiß nicht, was ich sagen soll«, murmelte Slikk, als ich fertig war. Er kratzte sich nachdenklich an der Stirn. »Der Großdrache von Indiana wirft das Handtuch. Krasse Sache, Mann. Hast du dir das auch gut überlegt?«

»Hab ich«, sagte ich und sah Slikk direkt an. »Warum steigst du nicht mit mir aus?«

Slikk lachte höhnend. »Du willst, dass ich den Klan verlasse? Du hast echt Nerven, Richie. Wir können da nicht einfach so rausspazieren. Ich meine, ich vielleicht schon. Aber du, du bist Großdrache. Die werden dich nicht so leicht hergeben.«

»Ich weiß«, murmelte ich und atmete tief durch. »Und selbst wenn: Ich hab mir in den vergangenen Jahren eine Menge Feinde gemacht. Ich werde Schutz benötigen.«

»Ach, darüber mach dir mal keine Sorgen, alter Knabe«, beruhigte mich Slikk und machte eine flüchtige Handbewegung. »Egal, ob du Großdrache bleibst oder zu einem kleinen Furz mutierst: Ich pass schon auf dich auf. Dafür sind Freunde schließlich da.« Er zwinkerte mir zu. »Außerdem kommst du ja ohne mich eh nicht klar.«

Ich schmunzelte. »Danke, Slikk. Das weiß ich zu schätzen.«

Wir schwiegen eine Weile. Ich begann, meinen Burger zu essen, und Slikk stibitzte ein paar Pommes vom Teller.

»Und was hast du jetzt vor?«, fragte er mich nach einer langen Pause.

»Ich will ein neues Leben beginnen und mehr über Gott herausfinden und über das wahre Christentum. Weißt du, ich hab in einer Nacht mehr über Jesus gelernt als in zwölf Jahren als Mitglied der presbyterianischen Kirche. Und es hat mich echt gepackt, was da geschrieben steht.«

»Na ja, Kirche ist nicht so mein Ding«, räumte Slikk ein und stopfte sich ein paar Pommes in den Mund. »Wenn du mich fragst: Die Bibel ist nichts als ein Buch voller Legenden und Märchen. Aber was soll's. Tu, was du für richtig hältst.« Er warf einen Blick durchs Restaurant. »Ich muss wieder an die Arbeit. Wenn du was brauchst, ich bin heute Abend bei Mandy, okay?«

»Ihr seid wieder zusammen? Ich dachte, du hättest sie letzte Woche mit Sandra betrogen.«

Slikk kicherte. »Ach, das ist Schnee von gestern. Mandy ist verrückt nach mir. Tja, was soll man machen. Die Frauen lieben mich. Also wenn was ist, ruf mich an, okay?«

»Okay.«

Slikk rutschte aus dem Abteil heraus und erhob sich. »Ach, und Richie«, sagte er und sah mich bedeutungsvoll an. »Nur um eines klarzustellen: Komm ja nicht auf die Idee, von heute auf morgen deine Koffer zu packen und auf Nimmerwiedersehen zu verschwinden. Oder ich schwöre dir, ich dreh dir den Hals um, wenn ich dich finde, verstanden?«

Ich lächelte. »Ist notiert.«

Den Nachmittag und frühen Abend verbrachte ich die meiste Zeit am Telefon, um meine Bodyguards und ein paar meiner Freunde über meinen Austritt zu informieren. Dann setzte ich mich mit einer Cola in den Garten und überlegte mir, was als Nächstes zu tun wäre. Ich wusste, ich wollte mehr über Jesus erfahren. Vielleicht sollte ich am Sonntag einfach mal einen Gottesdienst besuchen. Aber in welcher Kirche? Die presbyterianische, in der ich aufgewachsen war, kam schon mal nicht in Frage. Dass die beim Entrümpeln zufällig auf meinen Namen gestoßen waren, zeugte nicht gerade von einem großen Interesse an mir. Nein, da würde ich bestimmt nicht hingehen. Aber wo sonst? Vielleicht zu den Baptisten?

Nein, dachte ich. *Alle Klanprediger, die ich je getroffen habe, waren Baptisten. Das Letzte, was ich jetzt brauche, ist ein Klanprediger.*

Bestimmt gab es unter den Baptisten auch Pastoren, die nicht im Klan waren, wahrscheinlich sogar jede Menge, aber ich wollte es nicht riskieren.

Vielleicht die katholische Kirche?, überlegte ich, verwarf die Idee aber gleich wieder. *Nein, die Führerin des Klans in Howard County ist Katholikin. Da geh ich nicht hin.*

Tja, was für Kirchen standen denn sonst noch zur Wahl?

Aber natürlich!, schoss es mir auf einmal durch den Kopf. *Slikks Vater! Die Kirche von Mr Moore!*

Frank war immer so nett zu mir gewesen, und das, obwohl er wusste, wer ich war und dass ich seinen Sohn da mit reingezogen hatte. Wenn es eine Kirche gab, die ich guten Gewissens betreten konnte, dann mit Sicherheit die Kirche, in der Frank bis zu seiner Pensionierung als Pastor tätig gewesen war. Wie hieß sie doch gleich? Freie Methodistengemeinde. Ja, genau da würde ich morgen hingehen.

Ich ging zurück ins Haus. Es war in der Zwischenzeit schon neun Uhr abends. Die Zeit war wie im Flug verstrichen. Ich rief bei Slikk zu Hause an und verlangte nach Mr Moore.

»Moore?«

»Hallo, Frank! Ich bin's, Richard Harris!«, begrüßte ich ihn gut gelaunt.

»Richard! Wenn du Christian suchst, er ist nicht da.«

»Ich weiß«, sagte ich. »Ich wollte dich nur kurz was fragen: Wie heißt noch mal die Gemeinde, wo du hingehst? Freie Methodistengemeinde? Das ist die an der East Markland Avenue, richtig?«

»Äh, ja«, antwortete Frank. »Ja, das ist richtig.«

»Und um wie viel Uhr beginnt der Gottesdienst?«

»Um zehn Uhr dreißig. Aber wieso interessiert dich das?«

»Weil ich morgen zum Gottesdienst kommen werde«, verkündete ich. »Das ist alles. Gute Nacht, Frank!«

»Gute Nacht«, murmelte Frank, äußerst verwirrt.

Ich legte auf, beflügelt von dem Gedanken, am nächsten Morgen in die Kirche zu gehen. Dies würde mein erster offizieller Schritt sein, um meinen Ausstieg aus dem Klan zu besiegeln. Ich wusste, es würde nicht leicht sein, aber ich war gewillt, alles zu tun, was nötig war, um mein Leben wieder auf den richtigen Kurs zu bringen. Als Nächstes rief ich Slikk und Dennis an und bat sie, mich zum Gottesdienst zu begleiten. Sie waren damit einverstanden. Ich las noch ein wenig in der Bibel, und um halb eins legte ich mich schlafen, zufrieden mit dem Ergebnis des Tages und voller Erwartung für den Besuch in der Freien Methodistenkirche. In dieser Nacht schlief ich selig wie ein kleines Kind – ganz im Gegensatz zu Frank.

Nach unserem kurzen Gespräch war der Ärmste fix und fertig gewesen. Betend und weinend tigerte er die ganze Nacht durchs Haus und flehte Gott an, ihn und seine Kirche vor einem Attentat zu verschonen. Ich hatte ja keine Ahnung davon, aber Frank stand wegen meines Anrufes wahre Todesängste aus. Als seine Frau ihn bat, endlich ins Bett zu kommen, offenbarte er ihr voller Entsetzen: »Weißt du denn nicht, wer morgen in unsere Gemeinde kommt? Der Großdrache des KKK! Der Kerl hat ein ganzes Gefolge bei sich! Seine Leibwächter haben Waffen unter ihren Mänteln, und unser Sohn ist auch einer von ihnen! Was wollen die von uns? Werden sie uns töten? Werden sie die Kirche in Brand stecken? Warum in Gottes Namen kommen sie ausgerechnet zu uns? O Gott, erbarme dich! O Herr, steh uns bei!«

Ich wachte am nächsten Morgen ausgeruht und entspannt auf, bereit, den Sonntag in Angriff zu nehmen. Ich zog meinen schicksten Anzug an, band mir meine edelste Krawatte um und wartete auf Slikk und Dennis. Auf dem Weg zur Kirche erklärte ich ihnen noch einmal, warum ich beschlossen hatte, auszusteigen, und bat sie, den Klan mit mir zu verlassen, als meine Freunde und meine persönlichen Bodyguards. Zu meinem Vorschlag, mit mir auszusteigen, nahmen sie zwar keine Stellung, versprachen mir aber beide, mich auch weiterhin zu beschützen.

»Keine Sorge, Dick, wir lassen dich nicht im Stich«, versicherte mir Dennis.

»Die sollen ruhig kommen und versuchen, dir auf die Fresse zu hauen«, sagte Slikk und knackte seine Fingerknöchel. »An mir kommen sie nicht vorbei.«

Wir erreichten die Kirche und traten ein. Vielleicht hundert Leute waren anwesend, standen in kleinen Gruppen zusammen und unterhielten sich. Ich in der Mitte, und meine Bodyguards rechts und links von mir, schritten wir den Gang hindurch. Ich bemerkte, dass Slikk mit einem Mal ungewöhnlich steif und schweigsam wurde. Ein paar Kirchgänger kamen auf ihn zu und freuten sich, ihn nach so vielen Jahren wieder einmal in der Gemeinde zu sehen. Aber Slikk schaute ihnen kaum in die Augen und blieb sehr kalt und unnahbar.

Auch Dennis verhielt sich irgendwie eigenartig, so, als würden alte Erinnerungen in ihm hochkommen. Ich sichtete Frank und seine Frau in einem der vorderen Kirchenbänke und steuerte auf sie zu.

»Hey, Richard!«, begrüßte er mich warmherzig wie immer. »Es freut mich sehr, dass du gekommen bist. Setzt euch doch zu uns.« Er schüttelte meine Hand und lächelte freundlich. Trotz seines Lächelns hatte ich den Eindruck, dass er aus irgendeinem Grund extrem angespannt und nervös war. Aber vielleicht täuschte ich mich auch.

Wir setzten uns und warteten, bis der Gottesdienst begann. Es war ein Gottesdienst, wie ich ihn nie zuvor erlebt hatte. Die Lieder waren viel lebendiger als in meiner alten Kirche. Und die Predigt war ebenfalls anders und sie traf mich mitten ins Herz, als der Pastor sagte: »Auf uns allen lastet ein Fluch, der Fluch der Sünde. Dieser Fluch kommt in unterschiedlicher Gestalt. Für die einen ist es der Fluch, nach Anerkennung und Ruhm zu streben. Für andere ist es der Fluch, nie gut genug zu sein. Für einige ist es der Fluch der Überheblichkeit, der Eifersucht oder des Hasses. Und wieder für andere ist es der Fluch, an ihren eigenen Fehlern kaputtzugehen.

Aber wisst ihr, was die Bibel in Galater 3, Vers 13 sagt: Jesus hat sich für uns *zum Fluch* gemacht. Wisst ihr, was das bedeutet? Das bedeutet: Als Jesus am Kreuz starb, hat er diesen Fluch, die Verdammnis über unserem Leben, die Schuld, die auf uns lastet, alle Verfehlungen, alles, was wir je in unserem Leben verbockt haben, all unsere unschönen Charakterzüge auf sich genommen. Und in dem Augenblick, als Jesus schrie: ›Es ist vollbracht!‹ und verstarb, in dem Moment hat sich die Anklageschrift, die gegen dich und mich gerichtet war, in nichts aufgelöst. In diesem einen Augenblick ist der Fluch, der auf der gesamten Menschheit lastete, gebrochen worden. Denn Jesus selbst, Gott höchstpersönlich, hat sich am Kreuz für uns zu diesem Fluch gemacht und hat ihn mit sich in den Tod gerissen und für alle Zeiten vernichtet, damit du und ich ein neues Leben beginnen können. Ein Leben ohne die Verdammnis, so wie es in Römer 8, Vers 1 geschrieben steht: ›So gibt es nun keine Verdammnis für die, die in Christus Jesus sind.‹ Mit anderen Worten: Der Fluch über deinem Leben ist gebrochen! Du bist frei! Du hast Gottes Gnade nicht verdient, du hast nichts dafür getan. Aber Gott hat dir in seiner Liebe dieses unfassbare Geschenk gemacht. Und alles, was du dafür tun musst, ist, es anzunehmen.«

Er machte eine Pause und blickte auf die Gemeinde. Mir wurde auf einmal ganz heiß.

Bruder Carl lag falsch! Der Fluch kann gebrochen werden! Er ist bereits gebrochen! Das ist es, was letzte Nacht mit mir geschehen ist!

Mein Herz klopfte so heftig, dass ich glaubte, es müsste zerspringen. Da war sie wieder, diese innere Wärme, dieses Gefühl der Geborgenheit und der Zugehörigkeit. Es war beinahe ein wenig verwirrend, denn das Gefühl war fast identisch mit dem, was ich über all die Jahre hinweg bezüglich des Klans empfunden hatte. Und doch war es anders, stärker, intensiver, ja so feurig, als würden hundert erleuchtete Kreuze in meinem Herzen brennen. Es fühlte sich an, als würde flüssiges Gold durch meine Adern schießen. Ich glühte geradezu innerlich.

Zum Schluss seiner Predigt forderte der Pastor die Leute auf, nach vorne zu kommen und sich vor dem Altar niederzuknien und Jesus ihr Leben zu geben. Wir sangen dazu die alte Hymne »Just as I am« (»So wie ich bin«). Mein Puls raste vor lauter Glück und Ergriffenheit. Ich beugte mich hinüber zu Frank und flüsterte ihm zu: »Genau das habe ich gestern Nacht getan! Ich habe Jesus mein Leben gegeben. Deswegen bin ich heute hier.«

Frank sah mich an, und seine Augen füllten sich mit Tränen. »Oh, halleluja!«, sagte er und lachte und weinte gleichzeitig. »Oh, danke, Jesus! Gepriesen sei dein Name! Danke, Herr Jesus! Oh, Herr, deine Güte ist so groß! Oh, halleluja!« Dann ließ er entspannt den Kopf in den Nacken fallen, schloss die Augen und betete leise weiter, ein glückseliges Lächeln auf den Lippen, während ihm glitzernde Tränen über die Wangen liefen. Bewegt von seiner Reaktion wurden auch meine Augen ganz feucht. Ich drehte mich nach links zu meinen beiden Bodyguards. Slikk saß völlig emotionslos da. Er sang zwar die Hymne mit, sogar auswendig, aber mit einem Gesichtsausdruck so hart wie Stein. Und Dennis ... Ja, wo war eigentlich Dennis?

Er saß jedenfalls nicht mehr auf der Kirchenbank. Ich sah mich um, und da entdeckte ich ihn vorne beim Altar. Dort kniete er, den Kopf gesenkt, und bat Jesus unter Tränen, in sein Leben zu kommen. Ich war sprachlos. Damit hätte ich nun wirklich nicht gerechnet. Als der Gottesdienst zu Ende war, stürmte ich gleich zu Dennis und umarmte ihn. Dennis wischte sich die Tränen aus dem Gesicht.

»Dick«, sagte er. »Danke, dass du mich hierhergebracht hast. Weißt du, ich hab nie mit dir darüber gesprochen, aber als ich jünger war, hat mir Gott viel bedeutet. Ich hab ihm versprochen, ich würde ihm mein Leben lang nachfolgen. Ich bin zum Altar vorgegangen, weil ich beschlossen habe, mein Versprechen endlich einzulösen. Und ich werde aus dem Klan aussteigen, genau wie du.«

»Dennis! Das ist großartig!«, rief ich begeistert. »Hey, Slikk!« Ich winkte Slikk zu uns nach vorne. Jetzt, wo die andächtige Atmosphäre des Gottesdienstes vorbei war, wirkte Slikk wieder viel lockerer. »Dennis wird den Klan ebenfalls verlassen!«, teilte ich ihm fröhlich mit. »Was ist mit dir?«

»Na ja«, meinte Slikk und kratzte sich am Kinn. »Wenn ich ehrlich sein soll, ohne dich, Richie, ergibt das alles irgendwie keinen Sinn mehr. Ich meine, ich bin deinetwegen eingetreten. Und es hat verflucht noch mal einen höllischen Spaß mit dir gemacht. Aber jetzt, wo du gehst, hab ich irgendwie auch keinen Bock mehr.«

»Das heißt, du schließt dich uns an?«, fragte ich und streckte ihm beide Hände zum Abklatschen entgegen.

Slikk zögerte einen Moment. Dann legte er den Kopf schief, musterte mich mit zusammengekniffenen Augen und setzte schließlich sein typisches Slikk-Grinsen auf. »Zum Teufel mit dem Klan! Ich bin draußen!«

»Yeah!«, rief ich.

»Willkommen im Club«, meinte Dennis.

Wir begannen alle zu lachen, klatschten uns gegenseitig ab und klopften uns auf die Schultern wie ein Basketballteam, das soeben einen Korb geworfen hatte. Unsere Stimmung war hervorragend. Natürlich hätte ich mir gewünscht, auch Slikk würde angesteckt von diesem unbeschreiblichen Verlangen nach Gott, das ich seit Freitagabend und Dennis seit gerade eben innerlich verspürte. Aber ich war schon glücklich darüber, dass mein bester Freund den Klan mit mir verlassen würde. Alles andere lag nicht in meiner Macht.

»So, und jetzt lasst uns von hier verschwinden«, sagte Slikk, der sich noch immer nicht ganz wohlfühlte in der Kirche seines Vaters. »Ich bin für einen saftigen Burger bei McDonald's.«

Wir folgten dem Menschenstrom nach draußen. Kaum hatte ich die Kirche verlassen, zog mich jemand am Arm beiseite. Es war Frank. Er strahlte wie ein Honigkuchenpferd. »Richard, ich bin so unglaublich stolz auf dich!« Er legte mir väterlich den Arm um die Schulter und proklamierte noch majestätischer als all die Male zuvor in die Runde: »Leute, das ist Richard C. Harris! Merkt euch meine Worte: Dieser junge Mann wird noch Großes tun für das Reich Gottes!«

So oft hatte ich diese Worte schon gehört. Doch zum ersten Mal war ich berührt von ihnen, obwohl ich nicht genau hätte sagen können, warum. Was war es wohl, das Slikks Vater all die Jahre dazu veranlasst hatte, diese Worte über mir auszusprechen? Und warum war er sich so sicher, dass ich, Richard C. Harris, eines Tages Großes für Gott vollbringen würde?

Nun, bevor ich Großes für Gott in Angriff nehmen konnte (was auch immer das heißen mochte), musste ich erst einmal zusehen, dass ich die nächsten Tage und Wochen unversehrt überstand. Jetzt, wo sogar zwei meiner Bodyguards beschlossen hatten, den Klan mit mir zu verlassen, würde Jake bestimmt kochen vor Wut. Und der Kaiserliche Hexenmeister auch. Ich machte mich also besser auf einiges gefasst.

27 Ein letztes Mal

Wie ein Lauffeuer verbreitete sich im KKK die Nachricht von meinem Austritt und davon, dass ich gleich zwei meiner Bodyguards mitgenommen hatte. Schon am Montag wusste das ganze Land Bescheid und Klansmänner von überall riefen beim Kaiserlichen Hexenmeister an, um zu erfahren, weshalb um Himmels willen der Großdrache von Indiana und zwei seiner Leibwächter den Klan verließen.

Chaney war so bestürzt und durcheinander, dass er nicht mehr ein noch aus wusste. Stundenlang beriet er sich mit Jake, was sie meinetwegen unternehmen sollten. Ich war ein sehr beliebter Großdrache gewesen, und Chaney und Jake wussten um meine Überredungskunst und meinen Einfluss unter den Mitgliedern. Wenn ich an einem einzigen Tag zwei gute Klansmänner abwarb, wie viele würden es dann erst in einer Woche oder einem Monat sein?

Aus Angst, ich könnte noch mehr Leute zum Ausstieg überreden, stellte mich Chaney landesweit unter Quarantäne. Niemandem war es erlaubt, sich mit mir zu treffen oder auch nur mit mir zu reden. Ich wäre auf einem seltsamen religiösen Trip, und man solle mich in Ruhe lassen. Wer trotz dieses strikten Verbots mit mir in Verbindung trete, würde aufs Härteste bestraft, und zwar vom Kaiserlichen Hexenmeister *höchstpersönlich*. So lautete die Anordnung, und niemand war so dreist, gegen ein solches Gebot zu verstoßen. Denn wer vom Landesführer höchstpersönlich gezüchtigt wurde, konnte froh sein, wenn er danach noch lebte. Trotzdem gab es ein paar Leute im Klan, die sich ab und zu heimlich bei mir meldeten, um mich über den neusten Stand der Dinge zu informieren. Es waren Leute, die meinen Entschluss respektierten und loyal zu mir blieben. Einer von ihnen war Ethan. Er war es auch, der mir von dem ganzen Wirbel um mich und dem Kontaktverbot erzählte, das der Kaiserliche Hexenmeister ausgesprochen hatte.

Für mich war Chaneys Beschluss ein Geschenk des Himmels und mein Freiticket in ein neues Leben. Ich hätte es nie für möglich gehalten, dass eine terroristische Geheimorganisation wie der KKK mich einfach so gehen lassen würde. Ich wusste ja, wozu der Klan fähig war. Ich wusste, wie die Familie ihre eigenen Leute bestrafte, wenn sie einen Fehler gemacht hatten. Viele waren über Nacht verschwunden, und keiner wusste so genau, was wirklich aus ihnen geworden war. Und ich, der Großdrache von Indiana, kam nicht nur mit dem Leben davon, sondern ohne einen einzigen Kratzer! Der Klan brach einfach jeglichen Kontakt zu mir ab, so, als hätte ich nie existiert. Etwas Besseres hätte mir gar nicht passieren können. Es war ein Wunder. Die Paranoia des Kaiserlichen Hexenmeisters rettete mir tatsächlich das Leben. Dass er mich nicht ermorden ließ, lag bestimmt auch daran, dass ich bei meinen Leuten sehr beliebt gewesen war. Wahrscheinlich hoffte Chaney insgeheim, ich würde es mir doch noch anders überlegen und reumütig zurückkehren. Aber darauf konnte er lange warten. Ich würde nicht zurückkehren. Nie im Leben.

Natürlich war ich nicht dumm und hielt mich an das, was ich Jake versprochen hatte: Ich schwieg. Ich verpfiff niemanden, ich ging weder zum FBI noch zur Polizei, um irgendwelche Leute vom Klan anzuschwärzen. Von Details illegaler Aktivitäten war ich ja weitgehend abgeschirmt gewesen und hätte der Polizei ohnehin nicht viel verraten können. Aber womit ich dem Klan das Genick hätte brechen können, wären Namen gewesen. Tonnenweise Namen. Ich kannte Namen von angesehenen Geschäftsmännern, Ärzten, Rechtsanwälten, Professoren und Politikern, die geheime Klanmitglieder waren. Ich kannte Namen von Firmen, die den Klan unterstützten. Ich kannte eine Menge treuer Kirchengänger, Christen aus verschiedensten Gemeinden, die dem Klan angehörten. Hätte ich ausgepackt, hätten sie alle einpacken können. Aber ich tat es nicht. Ich war nicht auf Rache aus. Ich war einfach nur froh, mit heiler Haut davongekommen zu sein, und wollte nicht mehr in der Vergangenheit herumstochern.

Das Gute (und Erstaunliche) dabei war: Ich hatte eine völlig saubere Weste. Ich war nie verhaftet, nie bei etwas Illegalem erwischt worden – obwohl das FBI und die Polizei krampfhaft versucht hatten, mich irgendeines Verbrechens zu überführen. Ich war nie lebensgefährlich verletzt worden. Und ich war jung, gerade einmal zwanzig Jahre alt, und hatte noch mein ganzes Leben vor mir.

Von nun an ging ich jeden Sonntag in den Gottesdienst. Die Freie Methodistengemeinde wurde mein neues Zuhause und Pastor Frank mein Mentor. Die wenigsten Kirchgänger wussten um meine Vergangenheit, und das war mir recht. Drei Monate nachdem ich in Franks Gemeinde gekommen war, schlug er mir vor, Sonntagsschullehrer zu werden. Ich hielt das für keine so gute Idee.

»Ich weiß fast nichts von der Bibel«, sagte ich.

Aber er meinte nur: »Der beste Weg, etwas zu lernen, ist immer noch der, es anderen beizubringen. Außerdem will keiner der anderen Sonntagsschullehrer die Gruppe der Viertklässler unterrichten, und ich denke, du wärst genau der Richtige für diese Kids.«

»Wieso? Was stimmt nicht mit der Gruppe?«

Frank schmunzelte geheimnisvoll. »Keine Sorge, die schaffst du mit links.«

Ich willigte ein, den Job zu übernehmen, und nach meiner ersten Stunde bei den Zehnjährigen war mir klar, warum sich alle vor dieser Klasse drückten: Es war die wildeste Bande der gesamten Kirche. Sie schrien, sie fluchten, sie kickten, sie warfen mir Dinge an den Kopf. Ich trug mehr Verletzungen von diesen frechen Knirpsen davon als in vier Jahren beim KKK. Einmal schlug mir ein Junge derart heftig mit einem Stock auf den Kopf, dass ich zu bluten begann. Das war zu viel. Ich packte den Bengel grob am Arm, schleppte ihn auf den Gang hinaus und knallte ihn gegen die Wand.

»So nicht, Bürschchen!«, knirschte ich, während ich ihm mit einer Hand die Kehle zudrückte und ihn einen Meter über dem Boden zappeln ließ. »Nicht mit mir! Ich versuch dir hier was aus der Bibel beizubringen! Du wirst dich jetzt benehmen, oder ich schwöre dir, das nächste Mal wird es übel für dich ausgehen! Haben wir uns verstanden?!«

Der Knabe, purpurrot im Gesicht, starrte mich voller Entsetzen an und nickte eifrig. Gerade in diesem Moment kam der Jugendpastor den Korridor entlanggelaufen.

»O je, o je, o je«, war alles, was er sagte, während er kopfschüttelnd an mir vorbeiging und absichtlich die Augen verschloss vor dem, was er da sah.

Ich kehrte mit dem eingeschüchterten Jungen in den Klassenraum zurück. Er setzte sich zahm wie ein Lämmchen auf seinen Stuhl und gab für den Rest der Stunde keinen Mucks mehr von sich. Und siehe da, nach ein paar weiteren Sonntagen und ein paar weiteren disziplinarischen Zwischenfällen hatte ich auf einmal die bravste Klasse von allen, und jeder Sonntagsschullehrer fragte sich, wie ich das nur hingekriegt hatte.

Frank wunderte sich nicht. Ein paar Mal redete er mit mir über meine raue Umgangsart und legte mir nahe, die Dinge in Zukunft vielleicht ein klein wenig sanfter anzugehen. Aber das war leichter gesagt als getan. Ja, es stimmte: Ich fluchte, ich schüchterte die Menschen ein, ich drohte ihnen, ich war oft überheblich, arrogant und manchmal sogar ziemlich boshaft und gemein. Das war das Verhalten, das ich mir in den vergangenen vier Jahren beim Klan angeeignet hatte. Und das konnte ich nicht einfach so von einem Tag auf den anderen ablegen. Frank wusste das auch und machte mir deswegen keine Vorwürfe. Er versuchte lediglich mit viel Liebe und Feingefühl, meinen Charakter zu schleifen und mir ein gesellschaftstauglicheres Auftreten zu vermitteln. Er hatte weiß Gott kein leichtes Spiel, doch er und auch die meisten Christen in der Gemeinde gaben sich unglaublich viel Mühe mit mir und waren extrem nachsichtig, wenn ich es mal wieder gründlich vergeigt und ein gesittetes Gemeindemitglied mit irgendeiner Drohung zu Tode geängstigt hatte.

Eine Person, die mich allerdings mehr veränderte als alle anderen zusammen, war Tricia. Ich lernte Tricia in der Jugendgruppe kennen, die jeden Donnerstagabend in der Gemeinde stattfand. Ich verliebte mich hoffnungslos in dieses Mädchen. Sie war total hübsch, total nett und total reif für ihr Alter. Anfangs hielt ich sie für viel älter, dabei hatte sie noch nicht mal ihren Führerschein. Sie war gerade einmal fünfzehn, fünf Jahre jünger als ich. Aber als ich sie fragte, ob sie meine Freundin sein wolle, wusste ich, dass sie die eine war, mit der ich den Rest meines Lebens verbringen wollte. Ich war der glücklichste Mensch auf Erden.

Die nächsten zwei Jahre verflogen wie im Nu. Ich wechselte die Uni und begann, Theologie zu studieren. Ich wollte Pastor werden, genau wie Frank. Ich hatte ein komplett neues Leben, neue Freunde, neue Ziele, und bald kam mir mein altes Leben als Großdrache des KKK nur noch vor wie ein unwirklicher Traum. Doch der Schein trog. Der Klan überwachte auch noch zwei Jahre nach meinem Austritt jeden meiner Schritte. Ich merkte zwar nicht viel davon, obwohl ich es insgeheim vermutete. Aber eines Tages, als ich mich mit Ethan in einer Bar verabredete, weil ich ihn um einen Gefallen bitten wollte, sprach ich ihn darauf an und war ziemlich überrascht von seiner Antwort.

»Natürlich lässt dich Jake beobachten. Was hast du denn gedacht? Er hat die Hoffnung noch nicht aufgegeben, dass du irgendwann reumütig zurückkehrst und wieder dein Amt übernimmst.«

»Im Ernst? Er denkt tatsächlich, das würde ich tun?«

»Ja, das denkt er«, bestätigte mir Ethan und trank einen Schluck von seinem Bier. »Und er ist nicht der Einzige. Du bist ein sehr populärer Großdrache gewesen, Dick. So einen wie dich findet man nicht an jeder Straßenecke. Der Klan würde dich jederzeit mit Handkuss zurücknehmen.«

»Nein danke«, winkte ich ab. »Ich möchte noch eine Weile am Leben bleiben.«

»Hey! Wir haben dich immer gut beschützt! Sogar dann, wenn du keine Ahnung davon hattest.«

Ich stutzte. »Wie meinst du das?«

Ethan sah mich geheimnisvoll an. »Erinnerst du dich an die Bombentrainings draußen auf dem Land?«

»Klar«, sagte ich.

»Erinnerst du dich daran, wie jedes Mal, wenn wir unsere Bomben aus der Scheune trugen, sich jemand anbot, deine zu tragen?«

Ich runzelte die Stirn. »Ja, ich erinnere mich. Ich dachte, es wäre wegen meiner Position als Großdrache.«

»Das war es auch. Wir wollten sichergehen, dass du dich nicht aus

Versehen in die Luft jagst wie dieser Idiot damals. Also haben wir stets dafür gesorgt, dass eine deiner Bombenzutaten nicht echt war.«

»Wie nicht echt?«, fragte ich verdutzt.

»Sie war nicht scharf. Die Bombe, die du gebastelt hast, hätte gar nicht zünden können.«

»Aber ... Ich hab doch gesehen, wie sie explodierte.«

»Das war nicht deine Bombe«, erklärte mir Ethan. »Derjenige, der deine Bombe für dich trug, brachte sie von der Scheune in einen kleinen Raum. Dort wurde sie gegen eine scharfe ausgetauscht. Und die war es dann, die draußen auf dem Feld explodierte. Du solltest lernen, wie man Bomben baut, aber wir wären niemals das Risiko eingegangen, das Leben unseres Großdrachen zu gefährden. Dafür warst du zu wichtig.«

»Ist ja ein Ding«, murmelte ich. »Davon hatte ich keine Ahnung.«

»Solltest du auch nicht. Und wer eingeweiht war, hatte die strikte Anweisung, es dir nicht zu sagen. Aber jetzt, wo du nicht mehr dabei bist, spielt es wohl keine Rolle mehr.« Er seufzte. »Ja, Dick. Ist echt schade, dass du ausgestiegen bist. Klar gab es Leute, die deinen Tod wünschten. Aber es gab auch welche, die ihr Leben für dich gegeben hätten. Für viele wirst du immer der Großdrache von Indiana bleiben. Vergiss das nicht.«

Ich fühlte mich ein wenig geschmeichelt und wusste nicht recht, was ich darauf erwidern sollte. Also sagte ich gar nichts, trank meine Cola halb leer und kam dann auf mein Anliegen zu sprechen, welches der eigentliche Grund unseres Treffens war.

»Hör zu, Ethan. Ich muss mit Jake sprechen. Nach zwei Jahren Stillschweigen kann ich nicht einfach so bei ihm aufkreuzen. Also wäre es toll, wenn gemunkelt würde, dass ich mit dem Großtitan des Mittleren Westens etwas Persönliches zu bereden hätte.«

Das war die offizielle Art, wie man im Klan einen Antrag stellte, nicht per Telefon, nicht per Brief, sondern per Mund-zu-Mund-Propaganda.

»Klar, dafür kann ich sorgen«, willigte Ethan ein. »Warum willst du ihn denn sehen? Spielst du etwa doch mit dem Gedanken zurückzukommen?«

Ich lachte. »Nein. Ist was ganz anderes. Meine Freundin Tricia muss in der Schule eine Facharbeit schreiben. Sie hat das Thema ›Ku-Klux-Klan‹ gewählt, und ich hab ihr dafür erstklassiges Material versprochen.«

»Na, da bist du ja bei Jake an der richtigen Adresse. Ich bring dein Gesuch in Umlauf. Jake wird sich bei dir melden.«

Gesagt, getan. Ethan kümmerte sich darum, dass sich das Gerücht verbreitete, ich wolle mich mit Jake treffen, und es dauerte nicht lange, da kam das Gerücht zurück, Jake wäre damit einverstanden.

Es war ein seltsames Gefühl, nach so langer Zeit wieder zu Jake zu gehen. Ich hatte Tricia gleich zu Beginn unserer Beziehung die Karten auf den Tisch gelegt. Sie und auch ihre Familie wussten, dass ich der ehemalige Großdrache von Indiana war, und Tricia hatte mir gesagt, das wäre kein Problem für sie. Aber jetzt, wo ich mich nach zwei Jahren freiwillig zurück in die Höhle des Löwen wagte, hatte sie schon ein bisschen Angst um mich. Ich beruhigte sie und versicherte ihr, sie bräuchte sich absolut keine Sorgen zu machen. Wenn der Klan mir etwas hätte antun wollen, wäre das längst geschehen.

Ich parkte in Jakes Einfahrt und trat auf die Veranda. Zwei neue Bodyguards, die ich nicht kannte, bauten sich breitbeinig vor mir auf. Ich benutzte ein paar geheime Klanhandzeichen und Klanpassworte, um klarzustellen, dass ich mehr Insiderwissen hatte, als sie beide zusammen. Dann sagte ich, der ehemalige Großdrache von Indiana wünsche den Großtitan und Nachtfalken des Klans zu sprechen – und die beiden Hünen gaben unverzüglich den Weg frei.

Ich trat ein. Jake saß wie gewohnt in seinem Lieblingssessel, die Schrotflinte in Reichweite an der Wand hinter ihm und eine .357 Magnum auf dem Couchtischchen vor ihm. Er stand auf, um mich zu begrüßen. Er lächelte, und es war kein gespieltes Lächeln. Ich hatte den Eindruck, dass er sich aufrichtig freute, mich zu sehen.

»Lange nicht gesehen«, sagte er. »Schön, dass du gekommen bist, Richard. Geht's dir gut?«

»Ja, es geht mir sehr gut. Ich hab hier was für dich. Ich dachte, das sollte ich wohl besser zurückgeben.« Ich hielt eine graue Anzugstasche hoch und legte sie sorgfältig über einen Stuhl. Dass sich darin das Gewand des Großdrachen befand, wusste Jake, ohne dass ich es ihm sagte. Er blickte auf die Tasche, und für ein paar Sekunden wirkte er ein wenig melancholisch.

»Setz dich doch«, sagte er

Ich nahm ihm gegenüber Platz, und um die Stimmung wieder etwas anzuheben, fragte ich Jake: »Und, wie läuft's im Klan?«

»Gut. Es läuft gut.«

»Und Lisa?« Ich konnte mir die Frage nicht verkneifen. »Was macht sie so? Ich hab sie nicht mehr im ›Perkins‹ gesehen.«

»Ja, sie arbeitet jetzt woanders, ich hab vergessen, wo.«

Vergessen?, dachte ich und musterte ihn mit hochgezogener Augenbraue. *Wer's glaubt!* Ich wusste, dass er mich anlog. Aber andererseits: Warum sollte er mir sagen, wo seine Tochter arbeitete? Ich war ja jetzt ein Fremder.

Jake zündete sich eine Zigarette an und lehnte sich entspannt zurück. »Dieses Wochenende fahren wir zu einer Kundgebung in Südindiana. Hast du Lust mitzukommen?«

»Nein danke«, winkte ich höflich ab. »An den Wochenenden engagiere ich mich jetzt in der Kirche, weißt du.«

»Ach ja, richtig. Ich hab gehört, du willst Pastor werden.«

»Ja. Noch zwei Jahre, dann bin ich mit dem Studium fertig.«

»Unser Großdrache sattelt auf Prediger um«, meinte Jake und schüttelte den Kopf. »Komische Vorstellung irgendwie.« Er nahm einen Zug von seiner Zigarette und wechselte das Thema. »Hast du das von Bill Chaney schon gehört?«

»Nein, was ist mit ihm?«

»Er sitzt im Bundesgefängnis in Marion.«

»Bill ist im Gefängnis?«

»Er hat einer Werbeagentur, die keine Klantransparente für uns drucken wollte, einen Molotowcocktail gegen die Tür geworfen. Dummerweise war er betrunken, und die Polizei hat ihn zwei Straßen weiter eingeholt. Seine Kleider rochen nach Benzin, und auf dem Beifahrersitz lagen ein in Benzin getränktes Tuch und Handschuhe. Mehr Beweise waren nicht nötig für eine Verurteilung. Zuerst haben sie ihn bei den normalen Häftlingen einquartiert, aber du kennst Bill. Innerhalb einer Woche hat er einen Klan gegründet, wohlgemerkt mit Gefangenen *und* Gefängniswärtern als Mitglieder. Und er war ihr Anführer. Tja, danach haben sie ihn verlegt, damit er keinen Kontakt mehr zu anderen Insassen hat. Jetzt hat er seine eigene kleine Privatwohnung, sogar mit Telefon.«

Ich lachte. »Klingt ganz nach Bill. Dann leitet er den Klan jetzt also vom Gefängnis aus?«

»Er versucht, die Konföderation so gut es geht zusammenzuhalten. Aber ganz so leicht ist das nicht.«

»Kann ich mir vorstellen. Wie lange muss er denn sitzen?«

»Ein, zwei Jahre, glaube ich. Seine Inhaftierung war ein harter Schlag für den Klan. Mal sehn, wie's weitergeht.« Er inhalierte und blies den Rauch aus. »Genug gequatscht. Was kann ich für dich tun, Dick?«

»Ich brauche Klanliteratur«, sagte ich. »Meine Freundin schreibt in der Schule eine Arbeit über den Klan.«

»Ach wirklich? Das ist großartig!« Er stand auf und bedeutete mir, ihm zu folgen. »Ich hab tolles neues Material, das ich dir geben kann. Komm mit in die Garage!«

Ich zuckte kurz zusammen. Die Garage. An die hatte ich nicht gedacht, als ich hergekommen war. Mein Herz begann höher zu schlagen. Früher hatte ich ganze Nachmittage in der Garage verbracht. Doch jetzt war mir dieser Raum unheimlich. Er hatte etwas Böses an sich, und ich war ehrlich gesagt nicht scharf darauf, mich dieser diabolischen Atmosphäre noch einmal auszusetzen. Aber Jake schritt bereits durch die Küche zum Hinterausgang, und ich trottete ihm mit gemischten Gefühlen hinterher.

»Hey Jake«, sagte ich, als ich sah, dass in der Küche eigentlich jede Menge Klanliteratur herumlag. »Das hier reicht völlig aus. Mehr brauch ich nicht.«

Jake drehte sich um. »Ach was. Alles alter Kram. Das gute Material ist draußen in der Garage!«

Ich wusste, dass er mich anlog. Und ich wusste auch, dass er mir keine andere Wahl ließ, als ihn in die Garage zu begleiten. Es ging ihm nicht um Klanliteratur. Es ging ihm einzig und allein darum, dass ich ein letztes Mal meinen Fuß über die Schwelle seiner Garage setzte und mich ein letztes Mal in ihren Bann ziehen ließ. Jake wusste um den Fluch. Er wusste um die magische Anziehungskraft der Garage, der man sich nur schwer entziehen konnte, wenn man ihr Magnetfeld erst einmal betreten hatte. Ich wusste es ebenfalls, und es machte mir Angst.

Jake öffnete die Tür. Ich schickte ein Stoßgebet zum Himmel, atmete tief ein und betrat die Garage. Es war alles so, wie ich es in Erinnerung hatte: Die verklebten Wände, die Zeitungsberichte über Bombenanschläge, Attentate und Morde. Es hatte sich nichts verändert – auch nicht der Reiz, der von diesem Raum ausging.

»Erinnerst du dich? Du hast diesen Ort geliebt«, sagte Jake. »Du hast Stunden damit verbracht, all die Zeitungsartikel an den Wänden zu lesen. Ich hab ein paar neue hinzugefügt. Zum Beispiel vom Greensboro-Massaker letzten November. Schau dich ruhig um. Nimm dir so viel Zeit, wie du brauchst. Ich such dir so lange ein paar gute Broschüren raus. Es gibt da eine ganz bestimmte, die ich dir geben möchte. Wenn ich nur wüsste, wo ich sie hingelegt habe ...«

Er tat, als würde er mit Suchen beginnen. In Wirklichkeit wollte er nur Zeit schinden. Ich ließ meinen Blick durch den Raum schweifen, und innerhalb weniger Sekunden hatte es mich. Die Faszination, der Zauber, das trügerische Wohlbefinden, der Sog des Fluches. Alles war mit einem Schlag wieder da, und ich ertappte mich bei dem Gedanken, ein wenig zu verweilen, nur ein paar Minuten, vielleicht ein paar Stunden, um die neusten Artikel durchzulesen. Was konnte schon schlecht daran sein, die Garage ein letztes Mal auf mich wirken zu lassen? Was sprach dagegen, ein letztes Mal an den Wänden entlangzuschlendern, mit den Fingern über die ausgefransten Ecken der Zeitungsausschnitte zu fahren und den vertrauten Geruch alten Papiers und Druckerschwärze einzuatmen?

Nein!, ermahnte ich mich und ballte meine Fäuste. *Reiß dich zu-*

sammen, Richard! Lass dich nicht mehr von dieser Welt verführen! Du bist ausgestiegen! Du hast dein Leben geändert!

Jake suchte noch immer nach dem vermeintlichen Artikel, der wahrscheinlich gar nicht existierte. Mir wurde es heiß, und dann wieder eisig kalt. Ich wollte so schnell wie möglich verschwinden, und gleichzeitig hielt mich etwas zurück und drängte mich zu bleiben.

»Ich muss weg hier!«, murmelte ich zu mir selbst. Doch meine Füße rührten sich nicht von der Stelle. Ich tastete mit meinen Augen die Wände ab und blieb an Jakes Heldengalerie hängen, an den Fotos der Klansmänner, die im Namen des KKK und der weißen Rasse getötet hatten. Sie starrten mich von allen Seiten an, mit hohlen Augen: die Mörder der drei Bürgerrechtler in Mississippi – Edgar Ray Killen, Wayne Roberts, Sheriff Cecil Price; die Mörder von Viola Liuzzo – Collie Wilkins, Eugene Thomas, William Eaton und Gary Rowe; Thomas Hagan, der Mörder des Bürgerrechtlers Malcom X, und viele andere, deren Namen ich nicht kannte. Sie alle blickten auf mich herab und flüsterten mir leise zu, was für ein Verräter ich war und dass ich niemals Ruhe finden würde, wenn ich nicht zum Klan zurückkehrte.

Du bist einer von uns!, raunten die Stimmen mir zu. *Du gehörst hierher! Das hier ist dein Leben, deine Bestimmung! Du bist ein Ritter des Ku-Klux-Klan, dazu auserwählt, Großes für den Klan zu vollbringen. Wir sind deine Familie. Du brauchst uns, und wir brauchen dich. Sei kein Narr und kehr zurück! Du spürst es doch auch. Tief in dir drin weißt du, dass hier dein Platz ist, hier, beim KKK!*

Nein!, konterte ich. *Mein Platz ist nicht hier! Es ist alles Lüge und Betrug! Ich werde niemals zurückkehren, niemals!*

Du musst!, säuselte es in mir. *Du hast keine andere Wahl. Der Fluch liegt seit deinem Urgroßvater auf deiner Familie. Seit deiner Geburt bist du dazu bestimmt, dem Klan zu dienen. Bis in den Tod. So hast du es selbst geschworen und mit deinem Blut besiegelt. Du bist an uns gebunden.*

Das ist nicht wahr!, rechtfertigte ich mich. *Der Fluch über meinem Leben ist gebrochen! Ich habe Jesus mein Leben gegeben, und damit kann mir der Fluch nichts mehr anhaben! Ich stehe nicht mehr unter seinem Einfluss!*

Und ob du das tust!, hämmerte es in meinem Kopf. *Erinnerst du dich nicht an die Worte von Bruder Carl? Der Fluch kann nicht gebrochen werden. Bruder Carl ist seit über hundert Jahren dabei. Er hat es nie erlebt, dass jemand davon loskam. Und du bildest dir ein, es besser zu wissen?*

Ich weiß, dass ich frei bin!, schrie es in meinem Herzen. *Der Fluch ist gebrochen! Ich weiß es! Ich weiß es! Ich weiß es!*

Der Kampf in meinem Innern tobte immer heftiger. Es fühlte sich an, als würden zwei Mächte um mich streiten. Meine Seele wurde hin und her geschleudert. Das Blut pulsierte in meinen Adern. Mir wurde schlecht. Und schwindlig. Und ich hatte auf einmal furchtbare Kopfschmerzen.

Ich muss raus hier!, dachte ich und versuchte, die Schlagzeilen und Fotos an den Wänden zu ignorieren. Doch sie bohrten sich immer tiefer in meine Gedanken. Ja, sie schienen sich regelrecht von den Wänden zu lösen und langsam auf mich zuzuschweben. Wortfetzen flammten vor mir auf.

Mord! Rache! Tod! Fluch!

Ich wusste, dass mir meine Fantasie einen Streich spielte, und dennoch hatte ich das Gefühl, all die Gräueltaten des Klans würden sich wie eine Schlange um meinen Körper wickeln und mich langsam erwürgen.

White Power! Tod allen Niggern! Zur Hölle mit den Rassenmischern!

Headlines und Stimmen vermischten sich in mir zu einem einzigen grausamen Tornado. Ich bekam keine Luft mehr.

Ku-Klux-Klan, gestern, heute und für immer!

Ich schmeckte Galle in meinem Mund.

Wir sind die Wahrheit! Wir sind die wahren Christen! Non Silba Sed Anthar!

Ich muss raus hier!

Ich wirbelte herum und stolperte aus der Tür heraus. Kaum stand ich draußen auf dem Rasen, war der Sturm schlagartig vorbei. Auch die Übelkeit und die Kopfschmerzen waren wie weggeblasen. Nur mein Herz schlug noch immer heftig gegen meine Brust. Was auch immer sich da in der Garage abgespielt hatte, es war etwas Dämonisches gewesen, etwas, das ich nicht noch mal erleben wollte. Ich blies die Luft aus den vollen Wangen und wartete auf Jake. Ich wollte nur noch weg.

Als Jake sich eine halbe Minute später zu mir gesellte, sah er mich verwundert an. »Warum die Eile? Du hast dich ja nicht mal richtig umgeschaut.«

»Ich hab noch einiges zu tun«, sagte ich ausweichend. »Ich sollte jetzt besser gehen.«

Jake zuckte die Achseln. »Gut, wie du meinst. Hier.« Er drückte mir einen Stapel Klanzeitschriften und Broschüren in die Hand. »Ich hoffe, das hilft deiner Freundin bei ihrer Arbeit. War schön, dich zu sehen, Richard. Vielleicht schaust du mal wieder vorbei.«

»Ja, vielleicht«, murmelte ich, obwohl ich nicht vorhatte, jemals wieder hier aufzutauchen. Dieser Ort war gespenstisch, und auch Jake strahlte etwas Dunkles aus, als würde er die Magie der Garage in sich selbst tragen. Mir war nicht mehr wohl in seiner Gegenwart und ich beeilte mich, das Gespräch zu beenden.

»Bis dann, Jake«, sagte ich steif und schaute ihm ein letztes Mal in seine kalten, schwarzen Augen. Es stimmte: Ich gehörte nicht mehr zu seiner Familie. Und Jake gehörte nicht mehr zu meiner.

»Bis dann«, sagte Jake.

Er kehrte ins Haus zurück und ich ging zu meinem Wagen, beladen mit einem Berg voller Klanpropaganda, aber mit butterweichen Knien und einem gehörigen Schrecken in den Gliedern. Eins war mir klar geworden: Gewisse Türen sollte man nicht wieder öffnen, wenn sie erst einmal geschlossen waren. Ich fuhr davon, ohne auch nur einmal zurückzublicken. Das Kapitel KKK war für mich abgeschlossen, ein für alle Mal.

28 Big brother is watching you

Nachdem ich über die Monate hinweg den Eindruck hatte, dass mir niemand mehr nach dem Leben trachtete, entließ ich meine beiden Bodyguards. Dennis zog in eine andere Gegend, und ich verlor den Kontakt zu ihm. Slikk und ich waren in den ersten Jahren nach meinem Ausstieg noch Freunde, aber unsere Interessen klafften im Lauf der Zeit immer weiter auseinander, und schließlich trennten sich unsere Wege. Er wurde Geschäftsmann bei irgendeiner großen Firma in Chicago, und ich ging weiter aufs College.

Im Jahr 1982, als ich 24 Jahre alt war, beendete ich mein Studium und heiratete Tricia. Ich wurde Pastor einer Gemeinde im Süden von Illinois, rund dreihundert Kilometer von Kokomo entfernt. Mit dem Klan hatte ich nichts mehr zu tun – mit dem Fluch allerdings schon.

Natürlich hatte der Klan, was die Bibel anging, die Dinge zu seinen Gunsten verdreht. Doch nicht nur der Klan. Der Besitz von Sklaven war jahrhundertelang mit der Bibel rechtfertigt worden, und zwar mit einer einzigen Bibelstelle: 1. Mose 9,24-27. Die Kirche behauptete einfach, Hams Nachkommen hätten sich in Afrika angesiedelt, und deswegen wäre der Fluch Gottes auf allen Afrikanern und sie müssten der restlichen Welt als Sklaven dienen. Diese Auslegung war äußerst praktisch für die Weißen, die somit guten Gewissens Amerika auf dem Rücken der Schwarzen aufbauen konnten. Die Überlegenheit gegenüber den Negern war ja von Gott höchstpersönlich abgesegnet.

Dass Noah erstens nicht seinen Sohn Ham, sondern seinen Enkel Kanaan verflucht hatte und sich zweitens die Nachkommen Kanaans nicht in Afrika, sondern im Mittleren Osten niedergelassen hatten, interessierte keinen. Und so kam es, dass aufgrund der Fehlinterpretation dreier Bibelverse die Menschen eines ganzen Kontinents im Namen Gottes und mit der vollen Unterstützung der Kirche unterdrückt, gekidnappt und als Sklaven verkauft wurden.

Aber der Fluch Kanaans war nur die eine Seite der Medaille. Da war ja noch der Fluch des Rassismus, der Fluch der weißen Vorherrschaft. Dass die Unterdrückung der Schwarzen auf einem furchtbaren biblischen Irrtum basierte, änderte nichts an der Tatsache, dass unsere Vorväter Amerika auf der Annahme der weißen Vorherrschaft gegründet hatten. Und dieses Denken war bis heute tief in den Köpfen der Menschen verankert, bewusst oder unbewusst.

Ich machte mir in den Jahren nach meinem Austritt viele Gedanken darüber, was es mit dem Fluch auf sich hatte und ob man Rassismus wirklich als einen solchen bezeichnen konnte. Ich kam zum Schluss, dass dem so war. Der Glaube, dass eine Rasse der anderen überlegen ist, ist in seiner Wurzel kein kulturelles, kein wirtschaftliches und auch kein soziales Problem. Es ist ein geistliches Problem. Man muss nicht Mitglied des KKK sein, um rassistisch zu denken. Der Fluch klopft an die Tür von uns allen, und es liegt an uns, ob wir die Tür öffnen oder nicht. Gut, die wenigsten von uns würden sich als Rassisten bezeichnen. Wir haben ja nichts gegen Schwarze, gegen Ausländer, gegen Juden, gegen Homosexuelle, gegen Mischlinge, gegen Asylanten. Doch wir wollen auch nichts mit ihnen zu tun haben, oder? Es ist sehr einfach, die innere Ablehnung gegen andere Menschengruppen zu verbergen, wenn man nur in seiner eigenen Clique verkehrt. Bei mir war das nicht anders. Ich war wohl kein Klansmann mehr, hatte aber auch keine Schwarzen oder Mischlinge als Freunde. Meine Gemeinde war eine weiße Gemeinde. Meine Freunde waren weiß. Meine Welt war weiß. Doch Gott beschloss das zu ändern ...

Es war März 1992. Ich war inzwischen 34 Jahre alt, glücklich verheiratet und stolzer Vater von zwei wunderhübschen Mädchen. Ich hatte meinen Masterabschluss gemacht und unterrichtete parallel zu meinem Pastorenjob Kommunikationswissenschaften an einer Universität in Westville, Indiana. Irgendwie fand eine meiner schwarzen Studentinnen heraus, dass ich der ehemalige Großdrache von Indiana war. Sie sprach mich darauf an und bat mich, vor der schwarzen Studentenvereinigung einen Vortrag über meinen Ausstieg aus dem KKK zu halten. Ich lachte.

»Du glaubst nicht im Ernst, ich würde mich vor eine Gruppe schwarzer Studenten hinstellen und ihnen sagen, dass ich früher Großdrache des KKK war und Leute wie sie bis aufs Blut gehasst und verfolgt habe.«

Doch die Studentin ließ nicht locker, und schließlich willigte ich ein. »Unter einer Bedingung«, sagte ich. »Ich werde Schutz brauchen. Die Türen des Hörsaales müssen mit Wachmännern gesichert werden.«

Alles wurde arrangiert. Der Ansturm auf meinen Vortrag war gewaltig. Der Saal war bis auf den letzten Platz gefüllt. Gebannt lauschten die Studenten meiner Lebensgeschichte. Ich sah, wie eine Person rechts außen sich die ganze Zeit Notizen machte, dachte mir aber nichts dabei. Die Vorlesung war vorbei, ich ging nach Hause zu meiner Familie, spielte mit meinen Kindern und zog mich dann in mein Büro zurück, um mich auf die Sonntagspredigt vorzubereiten. Nichts deutete darauf hin, dass irgendetwas falsch gelaufen war. Doch was ich nicht ahnte, war, dass die Studentenvereinigung einen Reporter eingeladen hatte, dessen Artikel in halb Amerika abgedruckt wurden. Deswegen hatte dieser eine Mann rechts außen sich so viele Notizen gemacht.

Der nächste Morgen kam, und auf einmal war die Hölle los. Meine Geschichte war die Titelstory sämtlicher Zeitungen des Mittleren Westens der USA. Die Schlagzeilen überschlugen sich: »Bibel verwandelt KKK-Führer in Klanfeind!«, »Großdrache von Indiana steigt aus!«, »Klansmann spricht gegen Rassismus!«.

Mein Telefon hörte nicht mehr auf zu klingeln. Es kamen Anrufe aus Chicago, Detroit, Indianapolis. Der Klan war in Rage. Ich hatte sie öffentlich bloßgestellt, und sie nahmen das sehr persönlich. Sie verlangten von mir, dass ich meine Aussagen zurücknahm, was ich natürlich nicht konnte. Der Artikel war bereits draußen und Hunderttausende hatten ihn gelesen. Vierzehn Jahre lang hatte ich den Mund gehalten. Vierzehn Jahre lang hatte der Klan mich in Ruhe gelassen und alles war friedlich gewesen. Und jetzt das. Nie und nimmer hätte ich eine Vorlesung über mein Leben beim KKK gehalten, wäre ich über die Anwesenheit der Presse informiert gewesen. Von nun an würde es wohl kein Verstecken mehr geben. Meine ruhigen Tage waren ein für alle Mal vorbei.

Drohbriefe begannen in meinem Briefkasten zu landen. Der Klan zapfte mein Telefon an. Sie beschatteten mich, wenn ich zur Uni oder in meine Gemeinde ging. Sie kreuzten meinen Weg beim Einkaufen oder an der Tankstelle und machten bestimmte Handbewegungen, die Erkennungszeichen des Klans waren. Sie versuchten mir Angst einzujagen. Aber da ich mit ihren Methoden bestens vertraut war, prallten ihre Einschüchterungsmethoden wirkungslos an mir ab. Das Problem war, dass mir nun auch die Paparazzi im Nacken saßen. Ich war über Nacht so populär geworden, dass jeder eine neue Schlagzeile über mich bringen wollte.

Da ich mich nun mal geoutet hatte, gab es kein Zurück mehr. Ich war stets vorsichtig in dem, was ich den Journalisten erzählte, und nannte bewusst keine Namen. Aber ich sagte auch klar meine Meinung.

Einmal wurde ich zu einem Fernsehinterview nach Indianapolis eingeladen. Der Klan fand es heraus, und während ich mit dem Auto nach Indianapolis unterwegs war, ging beim Fernsehstudio prompt eine anonyme Bombendrohung ein. Alle wurden aus dem Gebäude evakuiert. Das Bombenentschärfungskommando wurde alarmiert, um die Bombe zu finden. Die Fernsehredaktion rief meine Frau an.

»Nehmen Sie Kontakt zu Ihrem Mann auf! Sagen Sie ihm, das Interview findet nicht statt. Sagen Sie ihm, er soll um Himmels willen nicht nach Indianapolis kommen!«

Aber damals gab es noch keine Handys, und meine Frau hatte keinerlei Möglichkeiten, mich unterwegs zu erreichen. Also wurde die Polizei mit Helikoptern losgeschickt, um mich zu suchen und aufzuhalten. Es war zu befürchten, dass der Klan wusste, auf welcher Route ich nach Indianapolis fahren würde, und einen Anschlag auf mich plante, vielleicht sogar, bevor ich die Stadt erreichte. Ich hatte natürlich keine Ahnung, dass mein Leben in Gefahr war. Als ich das Fernsehstudio erreichte, versperrte mir eine Truppe schwarz gekleideter Männer mit Schutzwesten, Helmen und Maschinenpistolen den Weg. Sie richteten ihre Waffen auf mich, und einer der Männer näherte sich dem Wagen und klopfte an die Scheibe. Verwirrt kurbelte ich sie herunter.

»Was ist hier los? Bin ich verhaftet?«

»Sind Sie Mr Harris?«

»Ja, ich bin Mr Harris. Das Fernsehen hat mich zu einem Interview herbestellt. Sie können gerne nachfragen, wenn Sie mir nicht glauben.«

»Sir, das Interview wurde wegen einer Bombendrohung abgesagt«, erklärte mir der Polizist. »Wir müssen Sie leider bitten, unverzüglich wieder zu gehen. Ein paar meiner Männer werden Sie aus der Stadt eskortieren.«

Gott sei Dank ging die Geschichte glimpflich aus. Es wurde keine Bombe gefunden, und ich kam unversehrt wieder aus Indianapolis raus. Dennoch nahm ich die Bombendrohung nicht auf die leichte Schulter. Der Klan wurde eindeutig aggressiver, und ich begann mir ernsthaft Sorgen um die Sicherheit meiner Familie zu machen. Als dann der *Indianapolis Star* ein paar Tage später einen zweiseitigen Sonderbericht über mich veröffentlichte, platzte dem Klan des Mittleren Westens endgültig der Kragen. Sie ließen mir unmissverständlich ausrichten, dass ich auf der Stelle aus Indiana und dem Mittleren Westen verschwinden müsste, wenn ich und meine Familie am Leben bleiben wollten. Ich wusste, ich war ein toter Mann, wenn ich es nicht tat. Und so ließ ich mich von meiner Kirche nach Florida versetzen, zweitausend Kilometer von meiner Heimat entfernt, weit genug, dass sich die Wut des Klans wieder legen konnte.

Dummerweise bekam die Presse davon Wind und witterte eine neue Schlagzeile. Kaum stand meine Abreise fest, posaunte das Fernsehen auch schon in den Abendnachrichten heraus, der ehemalige Großdrache von Indiana würde den Staat verlassen und nach Florida ziehen. Sie erwähnten sogar die Stadt, in die ich ziehen würde: West Palm Beach. Das war nicht gerade sehr hilfreich für einen Neustart. Der Klan von Indiana kontaktierte daraufhin unverzüglich den Klan von Florida, damit dieser mir einen entsprechenden Empfang bereiten konnte. Es ging nicht darum, mich zu töten, lediglich darum, mir auf altbekannte Weise zu zeigen, dass der Klan mich auch in Florida im Auge behalten würde.

Noch bevor wir in West Palm Beach ankamen, hatte der Klan bereits ausfindig gemacht, wo wir wohnen würden, und unsere Telefonleitung angezapft. Außerdem überfluteten sie in der Nacht vor unserem Einzug das gesamte Wohnviertel mit KKK-Postern. An jedem Laternenpfahl, an jedem Telefonmasten rund um unser Haus und um unsere Kirche herum hingen Plakate mit KKK-Parolen. Nie zuvor hatte es so etwas gegeben. Unsere neuen Nachbarn mussten geglaubt haben, ihnen stünde eine Invasion des Ku-Klux-Klan bevor, umso mehr, da das Viertel ausschließlich von Lations und Haitianern bewohnt war. Dass die Drohung nicht ihnen, sondern mir galt, konnten sie natürlich nicht ahnen.

Die Gemeinde, der man mich als Pastor zugeteilt hatte, war ebenfalls multikulturell. Wir hatten alles: Latinos, Mexikaner, Asiaten, Chinesen, Russen, Haitianer – und uns, die einzige weiße amerikanische Familie weit und breit! Ausgerechnet mir, einem ehemaligen Großdrachen des Ku-Klux-Klan, Verfechter der weißen Vorherrschaft und Rassenfeind Nummer eins, vertraute Gott eine Gemeinde an, die ein einziges kunterbuntes Mosaik aus Farben, Völkern, Kulturen und Sprachen war. Wir wussten nie so genau, in was für einer Sprache wir eigentlich die Gottesdienste abhalten sollten, damit wenigstens die Hälfte der Anwesenden etwas verstand – Englisch, Spanisch, Französisch, Kreolisch, Portugiesisch, Russisch oder Chinesisch? Meine weiße Welt zerbröckelte, sowohl in der Kirche wie privat. Unsere Kindermädchen waren aus Haiti und sprachen Französisch. Unsere beiden Töchter spielten nicht mehr mit weißen, sondern mit schwarzen Puppen. Ich war in der Minderheit und angewiesen auf die Unterstützung von genau den Leuten, die ich früher verabscheut hatte. Es war eine echte Herausforderung, aber genau diese Herausforderung brauchte ich, um meine rassistische Vergangenheit Stück für Stück ablegen zu können.

In den folgenden Jahren tauchte der Klan immer mal wieder sporadisch in meinem Leben auf, nur, damit ich nicht vergaß, wie mächtig und allwissend er war. Einmal flog ich zu einer Konferenz nach Arizona. Es war schon dunkel, als ich mit dem Mietwagen zu meinem Hotel aufbrach. Ich fuhr eine Strecke über Land, und plötzlich erblickte ich drei große, brennende Kreuze neben dem Highway. Sie standen in einem Abstand von vielleicht zwanzig Metern nebeneinander und erleuchteten den Nachthimmel.

Ja, ja, ich weiß, dachte ich unbeeindruckt. *Big brother is watching you.*

Ich war kein bisschen eingeschüchtert von der Begrüßung des Klans. Die Bevölkerung hingegen war in hellem Aufruhr. In dieser Gegend hatte noch nie jemand von irgendwelchen Klanaktivitäten gehört. Das plötzliche Auftauchen des gefürchteten Klansymbols jagte allen einen gehörigen Schrecken ein. Die brennenden Kreuze schafften es sogar in die TV-Spätnachrichten.

»Ist der Klan jetzt auch bei uns in Arizona?«, fragte eine Reporterin mit besorgter Miene. »Was hat das zu bedeuten?«

Ich wusste die Antwort auf diese Frage. Aber ich behielt sie wohlweislich für mich. Als ich wieder zu Hause war, erzählte ich meiner Frau, was für eine Panik die Kreuze bei den Leuten ausgelöst hatten.

»Schon irgendwie verrückt«, meinte ich. »Früher war *ich* derjenige, der befahl, jemandem ein Kreuz anzuzünden. Und jetzt ist es auf einmal andersrum.«

Tricia sagte: »Es muss furchtbar sein, wenn du mitten in der Nacht aufwachst, weil draußen etwas knistert, und wenn du zum Fenster rausschaust, siehst du ein lichterloh brennendes Kreuz in deinem Vorgarten stehen.«

»Ja, wir haben damit so einige in den Wahnsinn getrieben«, gestand ich und meine Gedanken schweiften in die Vergangenheit. »Einmal haben wir einem Pastor zwei Kreuze gleichzeitig angezündet, eines in seinem Vorgarten und eines vor seiner Kirche. Der Mann war danach völlig fertig und ist mit seiner Familie fortgezogen.« Ich schüttelte den Kopf. »Ich war echt ein mieser Kerl damals. Weißt du, ich hab es genossen, Menschen leiden zu sehen.«

»Aber Gott hat dich verändert«, ermunterte mich meine Frau und lächelte. »Du bist nicht mehr der, der du einmal warst.«

»Das stimmt. Trotzdem. Wenn ich es könnte, würde ich die Menschen, die ich gequält habe, um Vergebung bitten.«

Ein paar Wochen später fand in der Stadt eine Zusammenkunft aller Pastoren statt. Beim Mittagessen saß ich einem vielleicht fünfzigjährigen Pastor gegenüber. Er war etwas korpulent, hatte grau meliertes Haar und trug eine Brille. Sein Name war Larry. Er war erst vor Kurzem in die Stadt gezogen. Aus irgendeinem mir unerfindlichen Grund kam mir Pastor Larry bekannt vor, so, als wären wir uns schon einmal begegnet. Wir unterhielten uns angeregt, und plötzlich erwähnte Larry etwas von Kokomo. Ich spitzte die Ohren.

»Du kommst aus Kokomo?«

»Ich hatte dort mal eine Pastorenstelle«, antwortete mir Larry. »Das war in den Sechzigern, Siebzigern.«

»Welche Kirche?«, fragte ich neugierig.

»Die evangelisch-methodistische Kirche an der Main Street«, gab mir Larry Auskunft, während er an seinem Steak herumsäbelte. Ich sah ihn an, und mit einem Schlag erkannte ich ihn. Er war es! Der Pastor, dem wir zwei Kreuze angezündet hatten! Ich erinnerte mich daran, als wäre es gestern gewesen. Mein Gott! Ich saß genau dem Mann gegenüber, dem wir das Leben zur Hölle gemacht hatten, einfach aus der Laune heraus. Mir wurde heiß und kalt zugleich.

»Und ... wie war es so in Kokomo?«, fragte ich ihn. »Hat es dir gefallen?«

»Anfangs schon. Aber dann sind wir plötzlich ins Visier des Ku-Klux-Klan geraten. Der war damals sehr aktiv in Kokomo, musst du wissen. Die haben mich und meine Familie ständig bedroht und schikaniert, und das eineinhalb Jahre lang. Meine Tochter Hannah wollte nicht mehr zur Schule gehen aus Angst, es würde wieder eine tote Ratte in einer Henkersschlinge in ihrem Spind hängen. Meine Frau Caroline hatte Albträume. Ich konnte mich kaum mehr auf meine Arbeit konzentrieren und fragte mich die ganze Zeit: Wieso wir? Was haben wir dem Klan angetan, dass sie uns derart hassen? Und dann, eines Nachts ...«

»Haben sie euch zwei Kreuze angezündet, eines in eurem Vorgarten und eines an der Tür eurer Kirche«, führte ich Larrys Erzählung fort. »Und sie haben eure Telefonleitung und das Koaxialkabel eurer CB-Funkstation gekappt, damit es länger dauert, um Hilfe zu holen.«

Der Pastor starrte mich an, als käme ich vom Mond. »Ja, richtig. Genau so war es. Aber woher weißt du das?«

»Weil ich es angeordnet habe.«

Pastor Larry saß da, wie vom Donner gerührt. Er schien die Welt nicht mehr zu verstehen. »Wie? Angeordnet? Was ... was willst du damit sagen?«

»Ich war beim KKK. Das mit den Drohbriefen, den toten Ratten und den Kreuzen, das war alles meine Idee«, erklärte ich ihm, während mein Herz wie wild gegen meine Brust klopfte. »Ich war der Großdrache von Indiana.«

»Wie bitte?!« Der gute Mann ließ seine Gabel in den Teller fallen. Mit offenem Mund saß er da und brachte keinen Ton mehr heraus.

Ich schilderte ihm in kurzen Worten, dass wir ihm absichtlich Klanliteratur untergejubelt hatten, um zu sehen, ob er daraufhin seine Sonntagspredigt umstellen würde. Als er genau das tat, hatten wir unser Motiv und begannen, ihn und seine Familie systematisch kaputt zu machen. Ich erzählte ihm auch, wie ich mit zwanzig Jahren aus dem Klan ausgestiegen war, weil ich durch das Lesen der Bibel Jesus gefunden hatte.

»Es tut mir so unendlich leid, was ich dir und deiner Familie angetan habe«, murmelte ich zum Schluss. »Ich weiß nicht, ob du mir je vergeben kannst.«

Larry nahm die Brille von der Nase, um sich die Tränen aus den Augen zu wischen. »Komm her, mein Bruder«, sagte er und erhob sich. Ich stand auf, und bevor ich ihn daran hindern konnte, drückte er mich an seine Brust. »Natürlich vergebe ich dir. Wie könnte ich dir nicht vergeben? Du warst Großdrache des Ku-Klux-Klan und hast Jesus gefunden! Das ist ein Wunder, Richard! Das ist ein absolutes Wunder!«

Er löste sich von der Umarmung und lachte vor Begeisterung. »Ich freu mich ja so, dass du den Ausstieg geschafft hast! Aus dem Ku-Klux-Klan! Was für ein Zeugnis, Richard, was für ein Zeugnis!«

»Und du bist mir wirklich nicht böse?«

Larry blinzelte eine Träne weg und machte eine flüchtige Handbewegung. »Das war in grauer Vorzeit, mein Freund. Meine Familie hat sich längst erholt. Und wie du siehst, hab ich den Horror ebenfalls gut überstanden.« Er tätschelte sich amüsiert seinen rundlichen Bauch und betrachtete mich kopfschüttelnd. »Mein Gott, ich kann es noch immer nicht glauben, dass wir uns ausgerechnet hier über den Weg laufen. Mein Peiniger ist Pastor geworden, was sagt man dazu? Die Wege des Herrn sind unergründlich.«

»Ja, das kann man wohl sagen«, nickte ich genauso fasziniert.

Wir setzten uns wieder an den Tisch, und während wir aßen, plauderten wir ungezwungen über die Vergangenheit und scherzten sogar darüber, was für eine Angst ich ihm und seiner Familie damals eingejagt hatte. Es war ein unglaublich befreiendes Gespräch, und wir lachten so herzhaft und so viel, als wäre nie etwas zwischen uns vorgefallen.

Tatsächlich wurden Pastor Larry und ich gute Freunde. Und ein paar Jahre später, als Larry das Amt eines Bezirksdekans und damit die Verantwortung über mehrere Kirchen übernahm, stellte er mich sogar als Pastor einer seiner Kirchen ein. Wer hätte das vor sechzehn Jahren gedacht? Die Wege des Herrn sind tatsächlich unergründlich.

Epilog

Über dreißig Jahre sind seit meinem Ausstieg aus dem KKK vergangen. Heute lebe ich mit meiner Familie in Lakeland und fühle mich im Sonnenstaat Florida relativ sicher. Für den Klan hier im Süden bin ich einfach nur ein weiterer Bürgerrechtler, den sie nicht mögen. Sie haben lange Zeit meine Telefonleitung angezapft, mich aber ansonsten in Ruhe gelassen. Aber für den Klan im Mittleren Westen ist mein Ausstieg etwas sehr Persönliches. Für sie bin ich immer noch derjenige, der sie öffentlich bloßgestellt und ihnen das Messer in den Rücken gestoßen hat. Das werden sie mir ein Leben lang nicht verzeihen, und es gibt auch heute noch Leute, die mich am liebsten dafür umbringen würden. Einmal wäre es ihnen beinahe gelungen.

Es geschah im Sommer 2004 auf dem Flughafen in Detroit. Ich hatte eine Woche lang Vorträge gehalten und ein paar Radiointerviews gegeben und war froh, dass es keinerlei Zwischenfälle mit dem Klan gegeben hatte. Eigentlich vermied ich Reisen in den Mittleren Westen, aber ich hatte gedacht, nach einem Vierteljahrhundert könne man davon ausgehen, dass sich die Wut des Klans langsam gelegt hätte. Nun, ich lag falsch. Ich stieg ins Flugzeug ein, setzte mich auf meinen Platz im hinteren Teil der kleinen Maschine und war in Gedanken bereits zu Hause bei meiner Frau und meinen beiden Töchtern.

Das Flugzeug rollte auf die Startbahn und stellte sich in die Warteschleife zum Abheben. Nichts deutete darauf hin, dass irgendetwas nicht stimmte. Aber plötzlich drehte das Flugzeug um und kehrte zum Flugsteig zurück. Ich dachte mir, sie hätten vielleicht einen technischen Defekt am Flugzeug festgestellt. So etwas konnte ja mal vorkommen. Hoffentlich verspäteten wir uns deswegen nicht allzu sehr. Ich schielte über meinen Sitznachbarn hinweg zum Fenster hinaus und stellte fest, dass die Fluggastbrücke wieder an der Maschine andockte.

Merkwürdig, dachte ich.

Der Einstieg wurde geöffnet, und drei Männer in Anzug und Krawatte kamen an Bord. Sie sahen aus wie FBI-Agenten, hatten einen Haufen Papiere in der Hand und verlangten, den Kapitän zu sprechen.

Scheint ja was Ernstes zu sein, dachte ich, als sie mit all den Papieren im Cockpit verschwanden. *Vielleicht suchen sie jemanden.*

Es dauerte eine Minute, dann kamen die Männer zurück und sprachen raunend mit einer Flugbegleiterin. Einer von ihnen hielt ihr ein Dokument unter die Nase und zeigte immer wieder auf eine bestimmte Stelle. Die Flugbegleiterin nickte eifrig mit dem Kopf und deutete den Gang hinauf. Ich war mir sicher, dass es sich bei dem Papier um die Passagierliste handelte und dass die Beamten das Flugzeug gestoppt hatten, weil sie eine ganz bestimmte Person suchten, die sich an Bord dieser Maschine befand.

Die Beamten schritten mit versteinerter Miene den Mittelgang hinauf. Als sie näher kamen, sah ich ihre Dienstmarken. Es waren zwei US-Marshals und ein FBI-Agent. Ein Murmeln ging durch die Reihen. Alle warteten gespannt, wer es sein würde, der nächstens von den Beamten aus dem Sitz gerissen und in Handschellen abgeführt werden würde. Etwas anderes kam überhaupt nicht in Frage. Immerhin hatten sie das Flugzeug von der Startbahn zurückgeholt. Wen auch immer sie suchten, es ging zweifelsohne um einen Schwerverbrecher, einen entflohenen Sträfling, einen Terroristen oder dergleichen. Mir rutschte schier das Herz in die Hose, als die Männer haltmachten – neben *mir*! Sie hatten sogar ein Foto von mir in Händen!

Was um alles in der Welt ...?!

Die Männer betrachteten das Foto, betrachteten mich, betrachteten erneut das Foto, und ich wäre am liebsten in Grund und Boden versunken. Die Blicke sämtlicher Fluggäste waren auf mich gerichtet.

»Sind Sie Dr. Harris?«, fragte mich einer der beiden US-Marshals.

»Äh, ja«, sagte ich und versuchte mir meine Nervosität nicht anmerken zu lassen. »Der bin ich.«

»Dr. Richard Harris?«

»Ganz genau.«

»Aus Lakeland in Florida?«

»Ja.«

Wieder ließen die Beamten ihren kritischen Blick zwischen mir und dem Foto hin und her gleiten, als würden sie entweder dem Foto oder mir nicht trauen. Langsam wurde mir ihre Geheimnistuerei zu bunt.

»Okay«, sagte ich und nahm all meinen Mut zusammen, »was geht hier vor? Was ist los?«

»Nichts«, versicherte mir der FBI-Agent. »Es ist alles in bester Ordnung, Mr Harris. Wir wollten nur sichergehen, dass Ihnen nichts zugestoßen ist.«

»Zugestoßen? Wie meinen Sie das?«

»Es besteht kein Grund zur Sorge«, beruhigte mich der Mann, ohne mir meine Frage zu beantworten. »Jetzt, wo wir überprüft haben, dass Sie unversehrt auf Ihrem Platz sitzen, werden wir veranlassen, dass die Maschine unverzüglich startet und Sie sicher aus dem Luftraum von Detroit bringt. Entschuldigen Sie bitte die Störung, Mr Harris. Wir wünschen Ihnen einen angenehmen Flug.«

Ich verstand nur Bahnhof. Die drei Männer drehten sich um und hatten es auf einmal furchtbar eilig, das Flugzeug zu verlassen. Kaum war die vordere Tür wieder verschlossen, rollte die Maschine erneut zur Startbahn. In der Zwischenzeit warteten bereits sechs Flugzeuge auf die Starterlaubnis. Aber anstatt uns hinter ihnen einzureihen, fuhren wir einfach an ihnen vorbei, und zwei Minuten später hoben wir auch schon ab.

Ich hatte keine Ahnung, was sich da soeben abgespielt hatte und warum zwei US-Marshals und ein FBI-Agent nötig waren, um zu überprüfen, ob mir etwas zugestoßen war. Was, bitteschön, hätte mir denn zugestoßen sein sollen? Erst am nächsten Tag, als ich mich bei der Flughafenbehörde so lange durchgefragt hatte, bis ich endlich jemanden am Draht hatte, der Bescheid wusste, erfuhr ich, was sich hinter den Kulissen abgespielt hatte:

Das FBI hatte erfahren, dass der ehemalige Großdrache von Indiana – meine Wenigkeit – sich für eine Woche im Mittleren Westen aufhalten und am Sonntag um 20:05 mit Delta Air Lines von Detroit nach Tampa fliegen würde. Daraufhin wurden ein paar Agenten zum Flughafen beordert, um nach verdächtigen Personen Ausschau zu halten. Sie wussten nichts Konkretes, hielten es aber durchaus für möglich, dass ich wegen meiner brisanten Vergangenheit als KKK-Führer ein potenzielles Ziel für einen Anschlag sein könnte. Schließlich hatte es meinetwegen schon früher Bombendrohungen bei Fernseh- und Radioanstalten gegeben, und auch wenn das alles Jahre zurücklag, wollte das FBI nichts riskieren und war in höchster Alarmbereitschaft.

Und siehe da: Ihre dunkle Vorahnung bewahrheitete sich. Da war tatsächlich ein Mann, der mich umbringen wollte. Er hatte es sogar mit einem Rasiermesser und meinem Foto in der Tasche durch die Sicherheitskontrolle geschafft, ehe FBI-Agenten wegen seines nervösen Verhaltens auf ihn aufmerksam wurden und ihn aufhielten. Offenbar wollte er mir kurz vor dem Abflug die Kehle durchschneiden und im Flugzeug meinen Platz einnehmen. Bis meine Leiche irgendwo in einer Toilette gefunden und meine Identität geklärt worden wäre, hätte mein Mörder bereits mit meiner Bordkarte im Flug nach Tampa gesessen.

Mir wurde ein bisschen mulmig zumute, als ich erfuhr, dass ich nur um Haaresbreite einem Mordanschlag entgangen war. In den Mittleren Westen würde ich jedenfalls definitiv nicht mehr zurückkehren.

Von nun an war ich noch vorsichtiger bei der Wahl meiner Vorträge und Interviews. Vor allem Livesendungen beim Radio und Fernsehen lehnte ich konsequent ab. Bei einer Anfrage im Mai 2005 machte ich allerdings eine Ausnahme:

Edgar Ray Killen, der Mann, der an der Ermordung der drei Bürgerrechtler in Mississippi im Jahre 1964 beteiligt gewesen, aber nie des Mordes für schuldig befunden worden war, kam erneut vor Gericht. Beim ersten Prozess 1967 war er von einer ausschließlich weißen Jury freigesprochen worden. Mississippi fürchtete nun, wenn er diesmal erneut freigesprochen würde, könnte es in der Stadt zu Krawallen kommen. Die Jackson-Mississippi-Radiostation bat mich daher, zum Zeitpunkt der Urteilsverkündung live auf Sendung zu sein. »Falls es tatsächlich zu Aufständen kommt, brauchen wir jemanden, der zu den Leuten spricht und sie beruhigt«, erklärte mir der Redakteur. »Auf Sie, einen ehemaligen Großdrachen des KKK, würden die Menschen bestimmt hören.«

»Okay«, willigte ich ein. »Aber ich werde *nicht* zu Ihnen ins Studio kommen. Ich werde nur per Telefon mit dem Sender verbunden sein, und die Moderatorin muss dafür sorgen, dass die Zuhörer das auch wissen.«

»Und wieso, wenn ich fragen darf?«

»Glauben Sie mir, Sie wollen nicht, dass der Klan denkt, ich wäre live bei Ihnen vor Ort. Sie wären nicht das erste Studio, das meinetwegen Bombendrohungen erhält. Ich will nicht dafür verantwortlich sein, wenn der KKK ein paar Leute mit Brandbomben vorbeischickt, um das Interview zu sabotieren.«

Gott sei Dank verlief alles friedlich. Edgar Ray Killen wurde endlich, 41 Jahre nach seinem Verbrechen, des Totschlags für schuldig befunden und zu dreimal zwanzig Jahren Haft verurteilt. Die befürchteten Ausschreitungen blieben aus, und auch der Radiosender blieb von Anschlägen verschont.

Als ich 1978 aus dem Klan ausgestiegen war, hatte ich eigentlich gedacht, ich wäre nun kein Rassist mehr. Aber dann merkte ich, dass noch so einige Vorurteile und rassistische Gedanken in mir schlummerten, und Gott konfrontierte mich zuweilen mit ein paar unangenehmen Fragen:

Begegnest du den Menschen anderer Rassen wirklich auf gleicher Augenhöhe oder schaust du insgeheim auf sie herab, weil du dich für etwas Besseres hältst? Was ist mit Freundschaften zwischen dir und farbigen Menschen? Wenn du jemanden zum Reden brauchst, würdest du sie dann anrufen? Wenn du im Garten eine Grillparty veranstaltest, würdest du sie dazu einladen? Und zwar nicht aus Pflichtgefühl, sondern einfach, weil du gerne mit ihnen zusammen bist? Und was, wenn eine deiner Töchter eines Tages mit einem Schwarzen nach Hause kommen und sagen würde, sie wolle ihn heiraten? Würdest du deinen zukünftigen Schwiegersohn mit Freude in deine Familie aufnehmen?

Ich will ehrlich sein: Es dauerte Jahre, bis ich all diese Fragen mit einem klaren und überzeugten Ja beantworten konnte. Aber heute kann ich mit gutem Gewissen sagen, dass ich es tue. Mein allerbester Freund ist ein Schwarzer. Eine meiner Töchter ist mit einem Schwarzen verlobt, und ich liebe ihn wie einen eigenen Sohn. Der Fluch des Rassismus ist gebrochen, über mir und über meiner gesamten Familie. Ich würde sogar noch einen Schritt weitergehen: Gott hat den Fluch nicht nur gebrochen, sondern in puren Segen verwandelt. Ich habe eine wundervolle Familie. Meine beiden Töchter haben 2011 ihren Collegeabschluss gemacht. Zu Barbara, der Frau meines Vaters, die der Klan meinetwegen bereit gewesen wäre umzubringen, habe ich heute ein sehr herzliches Verhältnis. Mein Vater hat sich vor ein paar Jahren durch eine meiner Predigten für Jesus entschieden. Ich selbst kniete mit ihm vor dem Altar und durfte miterleben, wie er sein Leben Gott weihte. Das war ein ganz besonderer Moment.

Und noch jemand anderes gab sein Leben Jesus: Slikk. Im Jahr 2009 erhielt ich überraschend eine E-Mail von ihm. Er schrieb mir, er hätte zufällig im Radio ein Interview von mir gehört und auf meiner Website meine Mailadresse gefunden. Er schrieb, er sei Geschäftsführer eines großen Konzerns und würde in Chicago leben. Und er habe sich bekehrt und sein Leben ins Reine gebracht. Mir wurde ganz warm ums Herz, als ich das las. Slikk, mein bester Freund, hatte endlich zu Gott gefunden. Sein Vater, Frank Moore, wäre so stolz auf ihn gewesen. Leider ist Frank schon vor ein paar Jahren verstorben. Er ist einer jener Menschen gewesen, die mein Leben maßgeblich geprägt haben.

Von Jake, Don, James und auch von Lisa hab ich nie mehr etwas gehört. Vor ein paar Jahren habe ich versucht, übers Internet herauszufinden, was aus Lisa geworden ist. Aber ich konnte sie nicht mehr finden, nicht mal über die Highschool-Jahrbücher. Es war, als hätte sie nie existiert.

Heute bin ich Doktor der Kommunikationswissenschaften und unterrichte an der Southeastern University in Lakeland. Außerdem bin ich Pastor einer Gemeinde, ebenfalls in Lakeland, und teile die Räumlichkeiten mit einer Spanisch sprechenden Gemeinde. Manchmal feiern wir gemeinsam Gottesdienst, etwas, was es in Amerika nur selten gibt. In vielen Kirchen hat man leider den Eindruck, die Aufhebung der Rassentrennung wäre noch nicht vollzogen worden. Rassismus ist ein Thema, über das nicht gesprochen wird. Und wenn es jemand tut, macht er sich damit nicht überall beliebt. Ich habe im Radio und im Fernsehen viele Interviews gegeben, aber nur selten bei christlichen Sendern. Ich fragte ein bekanntes christliches TV-Magazin, welches in über 200 Ländern ausgestrahlt wird, ob sie Interesse an meinem Zeugnis hätten. Doch es hieß, das Thema Rassismus sei zu riskant für ihre Sendung, und sie würden damit viele Zuschauer verärgern.

Sogar in meiner eigenen Gemeinde erlebte ich diesbezüglich einen schweren Rückschlag. Ich habe aus meiner Vergangenheit nie ein Geheimnis gemacht. Alle meine Gemeindemitglieder wussten, dass ich einst dem KKK angehört hatte und mich nun dagegen aussprach. Aber dann trug ich meine Erlebnisse zusammen und veröffentlichte sie in einem Buch. Wieder tauchten mein Name und mein Appell gegen Rassismus vermehrt in den Medien auf, was zur Folge hatte, dass auf einen Schlag 40 Prozent der Mitglieder aus der Gemeinde austraten. Damit hatte ich nicht gerechnet. Das war hart. Doch es bestärkte mich auch darin, dass die unbequeme Botschaft der Rassenversöhnung genau das ist, was die Menschen hören müssen.

Egal, wie oft man versuchen wird, mich zu stoppen: Ich werde mich weiter dafür einsetzen, dass Menschen nicht mehr nach ihrer Hautfarbe beurteilt werden, sondern nach ihrem Charakter, und dass wir lernen so zu werden wie Jesus: nämlich farbenblind. Dies ist meine Berufung. Wenn ich es schaffe, dass nur ein paar Leute auf dieser Welt beginnen umzudenken, dann bin ich zufrieden. Und wenn ich eines Tages im Himmel ankomme und Pastor Frank mich sichtet, strahlend auf mich zugestürmt kommt, mir den Arm um die Schulter legt und mich allen möglichen Leuten vorstellt, dann will ich seiner Worte würdig sein, wenn er verkünden wird:

»Leute, das ist Richard C. Harris! Das ist der Mann, der Großes getan hat für das Reich Gottes!«

29 Zusatzinfos

KKK und Rechtsextremismus in Europa

Der Klan hat sich in den letzten Jahren immer besser mit den Nazis vernetzt und ist in der Zwischenzeit auch in Europa aktiv. 1991 fand in Brandenburg ein Treffen zwischen Ian Stuart Donaldson, Gründer des verbotenen Neonazi-Netzwerks *»Blood & Honour«*, und Denis Mahon, einem früheren Leiter der *»White Knights of the Ku-Klux-Klan«* statt. Die Gründung einer deutschen Klansektion sollte mit diesem Treffen eingeleitet werden. Rechtsextreme Skinheads, insbesondere von *»Blood & Honour«*, berufen sich schon lange auf das rassistische Gedankengut des Ku-Klux-Klan. Der KKK nutzt die Plattform von *»Blood & Honour«* stark zur Mitgliederwerbung.

In Deutschland kam es Ende der 90er-Jahre zu mehreren Gewalttaten, die auf das Konto des Ku-Klux-Klans gehen. In Charlottenburg wurde ein Obdachloser von Anhängern des KKK erschlagen. Carsten Szepanski, der Anfang der 90er-Jahre als einer der gefährlichsten Neonazis in Brandenburg galt und sich selbst zum Führer der *»White Knights oft the Ku-Klux-Klan«* ernannte, kam 1992 wegen versuchten Mordes an einem Nigerianer acht Jahre in Haft. Im Juni 1993 verurteilte das Amtsgericht Hamburg-Norderstedt zwei Jugendliche wegen Brandanschlägen auf die Häuser ausländischer Familien. Sie hatten vor deren Häusern Holzkreuze angezündet und Plakate mit rassistischen Klanparolen aufgehängt.

In der Zwischenzeit gibt es von den *»European White Knights of the KKK«*, welche sich an den United Klans of America (UKA) orientieren, Untergruppen in Deutschland, Österreich, Schweden und Belgien.

Am 15. August 2011 fand mitten in Berlin eine Kreuzerleuchtungszeremonie statt. Der deutsche Ku-Klux-Klan wird vom Rechtsextremismus-Experten Bernd Wagner als sehr gefährlich eingestuft. Gewalt sei nicht auszuschließen, so heißt es.

David Duke, der dem Klan in den 70er-Jahren zu einem neuen Image verholfen hat, ist längst zu einer Führungsfigur des internationalen Rechtsextremismus aufgestiegen. Die Schweiz hat im gesamten Schengenraum ein Aufenthaltsverbot gegen ihn ausgesprochen. Doch das scheint den Rassisten wenig zu beeindrucken. Im Dezember 2011 wurde Duke in Köln festgenommen, als er zu einem Neonazi-Treffen unterwegs war, bei dem er eine Rede halten sollte. Unter der Auflage, Deutschland umgehend zu verlassen, wurde er wieder freigelassen. Unbekümmert reiste er daraufhin weiter nach Österreich. Hier lassen ihn die Behörden nicht nur in Ruhe, in Zell am See hat er sogar seit 2007 seinen Zweitwohnsitz.

Das ultimative Ziel des Klans ist es auch nach über 140 Jahren noch, die Regierung zu stürzen und eine ethnische Säuberung durchzuführen.

KKK-Begriffe

Kaiserlicher Hexenmeister (Imperial Wizard): Landesführer; violettes Gewand mit goldenem Umhang
Kaiserlicher Kaiser (Imperial Emperor): ehemaliger Landesführer
Großtitan (Great Titan): Führer mehrerer Staaten; rotes Gewand mit grünem Umhang
Großdrache (Grand Dragon): Führer eines Staates; grünes Gewand mit violettem Umhang
Erhabener Zyklop (Exalted Cyclops): Präsident einer Klaneinheit
Klaliff: Vizepräsident
Klokard: Dozent
Kludd: Geistlicher, Priester
Kligrapp: Schriftführer
Klabee: Schatzmeister
Kladd: Versammlungsleiter
Klarogo: Innerer Wächter

Klexter: Äußerer Wächter
Klokan: Befrager
Nachtfalke (Nighthawk): Sicherheitschef der Klavern sowie Träger des feurigen Kreuzes; schwarzes Gewand mit schwarzem Umhang
Klavern: Versammlungsraum
Kloran: weißes Ritualbuch, die Bibel des Klans
Non Silba Sed Anthar: »Nicht für sich selbst, sondern für andere«

KKK-Chronik

1865 Klangründung
1868 Pulaski-Massaker. 1300 republikanische Wähler werden vom KKK systematisch gelyncht.
1955 Rosa Parks weigert sich, ihren Sitz im Bus einem Weißen zu überlassen. Dies ist der Beginn der Bürgerrechtsbewegung und führt schließlich zur Aufhebung der Rassentrennung.
1961 Die Freedom Rider fahren mit Bussen in die Südstaaten, um das erlassene Gesetz über die Aufhebung der Rassentrennung in Bussen, Gaststätten und Wartesälen zu testen.
1963 Dr. Martin Luther King hält seine berühmte Rede »I have a dream« vor 200 000 Menschen in Washington D.C.
1964 Drei Bürgerrechtler werden in Mississippi vom KKK umgebracht (dargestellt im Film *Mississippi Burning*).
1965 Bürgerrechtlerin Viola Liuzzo wird vom KKK erschossen.
1965 Die neuen Wahlrechtsgesetze treten in Kraft – Afroamerikaner dürfen zum ersten Mal in der amerikanischen Geschichte uneingeschränkt wählen.
1968 Dr. Martin Luther King wird ermordet.
1974 David Duke bringt eine Wiederbelebung des KKK
2005 Edgar Ray Killen wird für den Mord an den drei Bürgerrechtlern im Jahre 1964 verurteilt.

KKK in Deutschland

2011 (August) In Berlin findet eine Kreuzerleuchtungszeremonie des deutschen Ku-Klux-Klan statt.
2011 (Dezember) David Duke wird in Köln verhaftet und wieder freigelassen.
2012 (März) In mehreren Städten des Ruhrgebiets werden Klangruppierungen gegründet. Sie bezeichnen sich nicht als Hassgemeinschaft, betonen aber, dass sie nur »christliche Deutsche mit germanischer Abstammung« in ihre Reihen aufnehmen.

Damaris Kofmehl

Der Bankräuber
Die wahre Geschichte des Farzad R.

Paperback, 13,5 x 20,5 cm, 304 Seiten
Nr. 395.281, ISBN 978-3-7751-5281-5

Ein maskierter Mann stürmt eine Bank im Allgäu und erbeutet 50 000 Mark. Der Täter ist Iraner, gerade 18 Jahre alt und hat bereits eine »Karriere« auf der Straße hinter sich. Es folgen bittere Jahre hinter Gittern, bis Farzad einen radikalen Entschluss fasst ...

Damaris Kofmehl

Lori Glori
Die bewegende Geschichte einer Sängerin – Zwischen Ruhm und Gefängnis

Paperback, 13,5 x 20,5 cm, 336 Seiten
Nr. 395.321, ISBN 978-3-7751-5321-8

Sie teilt die Bühne mit den Größen des Musikbusiness. Doch dann zieht ihr eine Fehlentscheidung den Boden unter den Füßen weg. Während ihre Stimme bei anderen für Hits sorgt, landet Lori erst auf der Straße und dann im Gefängnis. Dies ist ihre Geschichte.

Bitte fragen Sie in Ihrer Buchhandlung nach diesen Büchern!
Oder schreiben Sie an: SCM Hänssler, D-71087 Holzgerlingen;
E-Mail: info@scm-haenssler.de; Internet: www.scm-haenssler.de

dran

Das Magazin zum Selberglauben

Leidenschaft leben. Kritisch fragen. Mit Jesus abgehen. Stolpern. Gottes Flüstern hören und geistliche Themen durchdenken. Kurz: dran ist für das Leben mit Jesus zwischen Hotel Mama und Karrierestart, zwischen Schreibtisch, Streit und Shoppingtrip. Tiefgehend und künstlerisch, laut und leise – dran ist so wie wir. Denn: Wer selberglaubt, bleibt selber dran.

dran erscheint 9 mal im Jahr. Ein Abonnement erhalten Sie in Ihrer Buchhandlung oder unter

www.bundes-verlag.net
Tel. 02302 93093-910
Fax 02302 93093-689

SCM Bundes-Verlag

Kostenlos testen unter:

www.dran.de